PETER PÜTZ

DIE
DEUTSCHE AUFKLÄRUNG

WISSENSCHAFTLICHE BUCHGESELLSCHAFT
DARMSTADT

1. Auflage 1978
2., unveränderte Auflage 1979
3., unveränderte Auflage 1987

Die Deutsche Bibliothek – CIP-Einheitsaufnahme

Pütz, Peter:
Die deutsche Aufklärung / Peter Pütz. – 4., überarb.
und erw. Aufl. – Darmstadt: Wiss. Buchges., 1991
   (Erträge der Forschung; Bd. 81)
   ISBN 3-534-06092-X
NE: GT

Bestellnummer 06092-X

Das Werk ist in allen seinen Teilen urheberrechtlich geschützt.
Jede Verwertung ist ohne Zustimmung des Verlages unzulässig.
Das gilt insbesondere für Vervielfältigungen,
Übersetzungen, Mikroverfilmungen und die Einspeicherung in
und Verarbeitung durch elektronische Systeme.

4., überarbeitete und erweiterte Auflage
© 1991 by Wissenschaftliche Buchgesellschaft, Darmstadt
Gedruckt auf säurefreiem und alterungsbeständigem Werkdruckpapier
Satz: Setzerei Gutowski, Weiterstadt
Druck und Einband: Wissenschaftliche Buchgesellschaft, Darmstadt
Printed in Germany
Schrift: Linotype Garamond, 9.5/11

ISSN 0174-0695
ISBN 3-534-06092-X

PETER PÜTZ
DIE DEUTSCHE AUFKLÄRUNG

ERTRÄGE DER FORSCHUNG

Band 81

Aufklärung in allen Ständen besteht eigentlich
in *richtigen Begriffen von unsern wesentlichen Bedürfnissen.*

(Lichtenberg um das Jahr 1790.
In: Sudelbücher. Heft J 246; Promies I, 688.)

INHALT

Einleitung 1

I. Aufklärung wird Begriff 9

II. Aufklärung wird Problem 22

III. Die historische Entfaltung des Problems 47
   1. Religionsgeschichtlich 47
   2. Philosophiegeschichtlich 65
   3. Geistesgeschichtlich 79
   4. Kulturgeschichtlich 115
   5. Nationalgeschichtlich 125
   6. Sozialgeschichtlich 133

IV. Dekonstruktion als radikalisierte Aufklärung 165

Ausblick 189

Allgemeine Literatur zur Aufklärung 193

Namenregister 197

EINLEITUNG

Themenstellung und Publikationsrahmen („Erträge der Forschung") erlegen dem Verfasser Beschränkungen auf, die das übliche Maß einleitender Bescheidenheitsbeteuerungen überfordern. Nicht zu leisten ist eine definitorische Antwort auf die Frage: „Was ist Aufklärung?" Auch nicht zu leisten ist eine Skizze aufklärerischer Tendenzen von der Antike über mittelalterliche und neuzeitliche Renaissancen bis zur Gegenwart im Sinne von Aufklärung als eines zeitlich nicht gebundenen Auftrags zur gesamtmenschlichen Selbstbefreiung. Nicht einmal zu leisten ist ein Abriß der Aufklärungsepoche des 18. Jahrhunderts. Es geht grundsätzlich nicht darum, Herkunft und Entwicklung der Aufklärung zu erforschen, sondern die Erforschung der Aufklärung zu sichten und möglicherweise zu analysieren. Die Untersuchung hat daher in einer Phase anzusetzen, in der Aufklärung nicht nur betrieben, sondern als problematische Erscheinung thematisiert wurde. Dies geschah nicht erst in der zünftigen „Sekundärliteratur", sondern bereits inmitten der Aufklärung im letzten Viertel des 18. Jahrhunderts, vor allem in den Diskursen und Debatten maßgebender Zeitschriften. Aus diesem Grunde widmen sich die beiden ersten Kapitel des Buches den Fragen, wie Aufklärung zum Begriff und wie sie zum Problem wurde.

Geht die Untersuchung in dieser Richtung über den gewöhnlichen Forschungsbericht im engeren Sinne hinaus, so muß sie in anderer Hinsicht eine Eingrenzung hinnehmen, die der Sache nach untragbar, für die hier zu leistende Aufgabe jedoch unumgänglich ist. Gemeint ist die Beschränkung auf die Aufklärung in Deutschland. Daß diese ein Import aus England und Frankreich war und trotz gewisser eigenständiger Ausprägungen lange im Schatten der westlichen Nachbarn stand, ist eine unleugbare Tatsache und wird besonders eindringlich demonstriert durch Hermann Hettners ›Literaturgeschichte des achtzehnten Jahrhunderts‹ (1856–70), die in einem Dreischritt die englische, französische und dann die deutsche Literatur durchmißt und damit der historischen Abfolge und den nationalen Interdependenzen Rechnung trägt. Wenn demgegenüber hier eine Konzentration auf die Erforschung deutscher Verhältnisse ratsam erscheint, so allein deshalb, weil sonst die Fülle der Namen und Erscheinungen nur eine katalogartige Aufzählung zuließe. Dafür, daß die deutsche Aufklärung trotzdem nicht ein völlig isoliertes Phänomen bleibt, sorgen schon die auszuwertenden Forschungen, die in der Regel und der Sache gemäß nicht an nationalen Grenzen haltmachen. Keine Berücksichtigung allerdings finden Untersuchungen speziell zur außerdeutschen Aufklärung.

Dieses Buch behandelt ein Stück Geschichte deutscher Literaturwissenschaft; daher konzentriert es sich im wesentlichen auf Publikationen, die der deutschen Literatur gelten. Das heißt aber nicht, daß es „Aufklärung" nur für einen Epochenbegriff der schönen Literatur reserviert. Daß man die Dichtung des Sturm und Drang, der Klassik, des Symbolismus usw. losgelöst von außerdichterischen Erscheinungen behandelt, ist vielleicht nicht erstrebenswert, aber denkbar. Für die Poesie der Aufklärung ist das nicht denkbar; denn hier ist nicht nur – wie oft – eine enge Verflechtung mit theologischen und philosophischen Tendenzen zu beobachten, sondern deren Dominanz. Enge Beziehungen zwischen Philosophie und Dichtung bestehen zu allen Zeiten, doch gibt es Epochen, in denen die eine der anderen um eine deutliche Spanne vorausgeht oder sie an Bedeutung überragt. Die Literatur der deutschen Klassik z.B. wird nicht durch eine bestimmte Philosophie vorbereitet und geprägt, sondern sie erwächst aus einer Verbindung verschiedener Strömungen wie der Nachwirkung der Antike, der Aufklärung, der Geniezeit usw. Als deren Synthese ist sie eine originär literarische Erscheinung und findet erst auf ihrem Höhepunkt oder gar danach ihre begriffliche Klärung, etwa im Goethe-Schiller-Briefwechsel, in Schillers philosophischen Schriften und in der Hegelschen Philosophie. Auch vor dem Symbolismus – um ein anderes Beispiel zu nennen – erkennen wir keine bestimmte philosophische Richtung, die diese literarische Epoche initiiert hätte. Anders dagegen verhält es sich mit der deutschen Frühromantik, deren literarhistorischen Anfang man mit dem Erscheinen der programmatischen Zeitschrift ›Athenaeum‹ (1798 ff.) ansetzt. Bereits 1794 aber ist Fichtes ›Wissenschaftslehre‹ erschienen, ohne deren Fundament die Dichtungen der neuen Bewegung nicht hätten entstehen können. Was für die Frühromantik gilt, das gilt – wir kommen später, im Kapitel ›Ausblick‹, auf die Affinitäten zwischen beiden Epochen zurück – mutatis mutandis auch für die Epoche der Aufklärung. Bevor sie nennenswerte Dichtwerke hervorbrachte, hatte sie ihre Philosophen: Descartes, Spinoza, Leibniz, Thomasius, Wolff, Gottsched usw. Ohne deren Grundlegungen sind Inhalte und Formen der Dichtungen von Haller, Brockes, Gellert, Wieland und Lessing gar nicht denkbar. Aber nicht nur der zeitliche Vorsprung und langwährende Vorrang der Philosophie vor der Dichtung (ebenso übrigens in England und Frankreich), sondern auch das Eindringen der Philosophie in die Dichtung selbst charakterisiert die Epoche der Aufklärung. Theoretische Betrachtung und praktische Unterweisung stehen so im Vordergrund, daß die Poesie zum Vehikel intendierter Wirkung wird und somit mithilft, den Prozeß der Aufklärung voranzutreiben. Aus diesem Grunde ist es unmöglich, ihre Erforschung auf die Epoche der Belletristik (etwa von 1720 bis 1770) zu beschränken. Die prinzipielle Frage der Ausdehnung des Aufklärungsbegriffs wird uns im folgenden beschäftigen.

Die Aufgabe, Erträge der Forschung zu sammeln und zu sortieren, kann zu einer Fülle von Fehlformen der Gliederung und Darstellung verleiten. Das anspruchsloseste Vorgehen bestünde in der Nennung von Namen und Publikationen nebst Kurzreferaten ihrer Inhalte in chronologischer Abfolge ihres Erscheinens. Der Verzicht auf Demonstration übergreifender Zusammenhänge täte zwar den Einzelphänomenen am wenigsten systematisierende Gewalt an, brächte aber ein Minimum an Erkenntnis; denn er führte nur zu einer diffusen Ansammlung singulärer Erscheinungen. Auf der anderen Seite steht eine nicht minder große Gefahr: Je höher das Wagnis subsumierender Einsicht, um so drohender die Schematisierung. Beides will bedacht sein, wenn Möglichkeiten der Gliederung erörtert und geprüft werden.

Es wäre denkbar, die Forschungsbeiträge auf bestimmte Gesichtspunkte hin zu befragen und danach zu ordnen. Solche Fragestellungen könnten abzielen auf die zeitliche Eingrenzung der Aufklärung, auf inhaltliche Schwerpunktsetzungen (Naturbegriff, Moralität, Erziehung), auf die jeweilige Beurteilung ihrer Hauptleistungen usw. Bei solchem Vorgehen müßte man jedoch die einzelnen Beiträge je nach Fragestellung zerstückeln, da die meisten unter ihnen mehrere Gesichtspunkte im Auge haben. Andererseits müßte man ständig auf bereits genannte Titel zurückgreifen, wenn ein neues, sie betreffendes Stichwort aufgerufen würde.

Eine andere Möglichkeit der Gliederung liegt darin, die Bewertung der Aufklärung zum entscheidenden Kriterium zu erheben und damit drei Schneisen durch das nahezu undurchdringliche Gestrüpp der Stoffmassen zu schlagen. Dann ergeben sich folgende Gruppierungen: (1) Gegner der Aufklärung (Reaktion); (2) Befürworter der Aufklärung mit ihren intendierten, aber noch nicht erreichten Zielen (bürgerlicher Liberalismus, z. T. auch Marxismus); (3) der Tradition der Aufklärung Verpflichtete, die aber deren begrenzten Ansatz und seine Pervertierung kritisieren, und zwar nicht, um Aufklärung rückgängig zu machen, sondern allererst auf den rechten Weg zu bringen (Fr. Schlegel, Nietzsche, Kritische Theorie). Diese, sich für eine Abhandlung in Essayform geradezu anbietende Strukturierung scheint bestechend, muß aber der Informationsaufgabe dieses Bandes weichen. Zu vieles wäre bei einem derart grobmaschigen Netz hindurchgefallen, so daß es als Gliederungsprinzip nicht in Frage kommt. Es ist überdies aus einem anderen Grund nicht akzeptabel: Eine Gegenposition zur Aufklärung kann in der Weite und Tiefe ihres Begriffs von Aufklärung (vgl. Hegel) tragfähiger und historisch fruchtbarer für diese selbst sein als ihre plane Anerkennung in einem engeren und begrenzten Sinne. Nicht ein pures Ja oder Nein zu ihr, sondern der Horizont des Verständnisses von Aufklärung entscheidet über die Qualität des Begriffs.

Damit ist die Richtung angezeigt, in der wir nach einem angemessenen Gliederungsprinzip zu suchen haben. Es orientiert sich an der Frage, in welchem Zusammenhang Aufklärung gesehen wird. Dieser Zusammenhang kann ein begrenzter (Aufklärung als Religionskritik) oder ein umfassender (Aufklärung als gesamtkulturelle Bewegung) sein. Es scheint nun so, daß sich die Wandlungen von engeren zu weiteren Aufklärungsbegriffen oder umgekehrt nicht etwa zufällig, über die Jahrhunderte verstreut, vollziehen. Die Geschichte des Begriffs der Aufklärung läßt vielmehr eine Tendenz zur sukzessiven Ausweitung zu immer umfassender werdenden Bedeutungen erkennen. Daher ist es so schwierig, wenn nicht unmöglich, eine von dieser Bewegung absehende Definition von Aufklärung zu geben.

Kants berühmtes Wort („Ausgang des Menschen aus seiner selbstverschuldeten Unmündigkeit") verdankt seine Wahrheit noch der Formalität seiner Bestimmung. Er expliziert zwar weiterhin, was er mit „selbstverschuldet" und „Unmündigkeit" meint, doch der Sinn der Definition bleibt ein formaler Auftrag zum Wagnis der Erkenntnis *(sapere aude)* und muß somit in den nachfolgenden historischen Entfaltungen inhaltlich verschieden interpretiert und ausgeführt werden. Bei Kant selbst bleiben wichtige Fragen, die „Unmündigkeit" betreffend, offen: Wer sind die Bevormundenden, denen man sich „selbstverschuldet" ausgeliefert hat und von denen es sich zu befreien gilt? Sind es nur die unrechtmäßigen Beherrscher des Geistes: das Vorurteil und der Aberglaube? Oder auch die christliche Offenbarung, die Nation, der Landesherr, das politische System? Oder gar die selbsterhobenen Maximen der Aufklärung, die der Mündigkeit des Menschen eines Tages eher im Wege stehen, als daß sie sie befördern? Wie weit hat Aufklärung zu gehen, bis in welche Tiefen hat ihr Licht zu dringen? Alle diese Fragen lassen Präzision, Glanz und Wirkungsmächtigkeit der Kantischen Definition nicht verblassen, doch sie verbieten vorerst ihre unzweifelhafte Geltung über zwei Jahrhunderte.

Die Frage „Was ist Aufklärung?" kann nicht mehr unvermittelt beantwortet, sondern muß an eine weitere delegiert werden; diese lautet: Wie wurde die Frage „Was ist Aufklärung?" im Laufe der Entwicklung beantwortet? Angesichts der Verschiedenartigkeit und Gegensätzlichkeit der vorliegenden Antworten wird ein die Historizität verleugnender Aufklärungsbegriff unwahr. Der Begriff von Aufklärung ist seine Geschichte. Das bedeutet nicht, daß er dadurch in eine Vielzahl divergierender, völlig unzusammenhängender Einzelbestimmungen zerfällt, sondern in dem Prozeß der Geschichte lassen sich bei allen Differenzen dennoch Momente von Kontinuität erkennen. Diese liegt vor allem in dem oben angedeuteten Prinzip der sukzessiven Ausweitung, in der Tendenz zur Universalisierung von Aufklärung. Zu Zeiten der ersten Begriffsbildung und -problematisierung im 18. Jahrhundert wurde sie in einem noch näher zu bestimmenden Sinn in erster Linie auf theoretische und praktische Fragen der Religion bezogen. Daß damit auch die Philosophie bereits involviert war, lag von Anfang an in der Natur der Sache, gingen doch gerade von ihr und von den Naturwissenschaften die ersten und kräftigsten Impulse zur Religionskritik aus. Es bedurfte jedoch noch eines weiteren Schrittes, bis man von der allgemeinen Vorstellung, Philosoph zu sein (die französischen Aufklärer hießen schlechtweg «les philosophes»), zu dem Bewußtsein gelangte, in einer bestimmten historischen Phase der Philosophie zu stehen und nicht nur die Theologie, sondern auch die Philosophie selbst aufklären zu müssen. Dieser Fortschritt ist vor allem Kants Verdienst. Im weiteren Verlauf der Geschichte des Aufklärungsbegriffs sehen wir immer mehr Bereiche des menschlichen Denkens und Schaffens einbezogen in den Kreis dessen, was der Aufklärung bedarf: zur Theologie und Philosophie treten Kunst, Literatur, Kultur und erst in jüngerer Zeit die noch umfassenderen Fragen des gesellschaftlichen Zusammenlebens. Wir unterscheiden daher im Gang dieser *progressiven Universalisierung* folgende sechs Stufen, auf denen Aufklärung in einem jeweils erweiterten Zusammenhang gesehen wird: in religionsgeschichtlichem, philosophiegeschichtlichem, geistesgeschichtlichem, kulturgeschichtlichem, nationalgeschichtlichem und sozialgeschichtlichem. Da die Neostrukturalisten einerseits eine radikale Kritik an der Aufklärung üben, andererseits aber auch eine Radikalisierung von Aufklärung betreiben, gebührt ihnen ein eigenes Kapitel (IV).

Es versteht sich, daß die verschiedenen Begriffserweiterungen nicht im akkuraten Nacheinander eines Gänsemarsches daherschreiten, daß es vielmehr zu Überschneidungen und Rückgriffen kommt. Die zunehmende Universalisierung des Aufklärungsbegriffs zeigt nicht einen kontinuierlichen Prozeß der Ablösungen. Einmal entfaltete Ansätze (z. B. religions- und geistesgeschichtliche) werden nicht durch spätere überholt, sondern bestehen neben den neu hinzugekommenen weiter fort und erzielen oft erst nach langer Zeit ihre bemerkenswertesten Ergebnisse, wie neuere Publikationen der 60er und 70er Jahre beweisen (vgl. Kapitel ›Religionsgeschichtlich‹ III, 1). Die Geschichte des Aufklärungsverständnisses erzählt zwar von der Geburt immer neuer, nicht aber vom Tode der alten Begriffe.

Es versteht sich auch, daß die Erweiterungsformen keine völligen Neuentdeckungen sind, sondern Entfaltungen eines Aufklärungsbegriffs darstellen, der bereits im 18. Jahrhundert alle Ansätze in sich enthält, die dann später mit jeweils verschiedenen Schwerpunktbildungen ausgearbeitet werden. Es versteht sich schließlich auch, daß sich kaum ein Forschungsbeitrag fugenlos einer der sechs Gruppen zuordnen läßt, ohne daß zumindest wichtige Nebenabsichten übersehen werden. Die Gruppierungen werden auch nicht als feste Kategorien eines Systems verstanden, sondern signalisieren Tendenzen im Sinne sich abzeichnender, aber noch nicht verfestigter Gesetzmäßigkeiten. Daß dabei mancher Einzelerscheinung Gewalt angetan wird, nimmt der Verfasser dieses Buches widerwillig in Kauf. Doch in der Aporie zwischen dem Geltungsanspruch divergenter Einzelerscheinungen und der erkenntnisermöglichenden Verallgemeinerung scheut er nicht nur die Schematisierung, sondern mindestens ebensosehr den Wust des Singulären.

Um Herr über ihn zu werden, versucht er weiterhin, die Literaturangaben den verschiedenen Gruppierungen zuzuordnen, was ebenfalls nicht ohne gewisse Gewaltsamkeit vonstatten geht. Das gilt insbesondere für die Arbeiten über literarische Gattungen, die im Anschluß an das geistesgeschichtliche Kapitel stehen, obwohl viele von ihnen trotz geistesgeschichtlicher Herkunft der Gattungsgeschichte zur Sozialgeschichte tendieren. Die keinen Anspruch auf Vollständigkeit erhebenden bibliographischen Hinweise sind innerhalb der einzelnen Gruppen alphabetisch nach Verfassernamen geordnet. Vor allem werden Titel berücksichtigt, die ihrerseits Hinweise auf weiterführende Sekundärliteratur enthalten (Handbuchartikel, Forschungsberichte, Aufsätze mit Überblick über die Forschungslage usw.).

Bleibt noch das Problem der Kritik an den verschiedenen Beiträgen zur Erforschung der Aufklärung; denn sie sollen nicht nur beschrieben, sondern auch bewertet werden. Abermals ergeben sich im Rahmen der hier gesteckten Ziele Schwierigkeiten besonderer Art. Es wäre wenig sinnvoll, ja anmaßend, gleichsam im Vorbeigehen qualifizierende und abqualifizierende Adjektive zu verteilen. Ohne jeweils vertiefte Auseinandersetzung mit den Prämissen und dem Argumentationszusammenhang eines jeden Beitrags – und diese ist hier nicht zu leisten – bleiben wertende Bemerkungen willkürlich. Die Kritik wird daher nicht in Form von Etiketten den Forschungsbeiträgen angehängt, sondern sie ist der Gesamtdarstellung inhärent. Die Auswahl aus einer fast unübersehbaren Stoffmasse hat in ihrer Hervorhebung bereits wertende Funktion. Das heißt nicht, daß alles Unerwähnte – manches wird dem Verfasser auch entgangen sein – unerheblich wäre, wohl aber, daß es im Prozeß progressiver Universalisierung von Aufklärung keine neuen Markierungen setzt. In der zunehmenden Erweiterung des Aufklärungsbegriffs bis in unsere Gegenwart liegt ein Erkenntnisfortschritt, der von begrenzten Intentionen zu immer umfassenderen progrediert. Dieser Fortschritt, der in der wachsenden Problematisierung von Aufklärung einerseits und ihrer Universalisierung andererseits liegt, ist selbst Ausdruck der zutiefst aufklärerischen Zuversichtlichkeit, daß geistig-gesellschaftliche Bewegungen auf die Dauer nicht hinter überholte Positionen zurückfallen können – oder sollen.

Damit ist jedoch nicht gesagt, daß jeder Forschungsbeitrag, der sich im Umkreis eines umfassenderen Zusammenhangs – und sei es auch noch so dilettantisch – bewegt, alles Frühere im Sinne eines leichthin zu objektivierenden Erkenntnisfortschritts übertrifft. Dieser liegt allenfalls im Ansatz, nicht aber in der Ausführung. So wird es gerade unter den zahlreichen neueren Arbeiten zum sozialgeschichtlichen Aspekt der Aufklärung wenige geben, die Cassirers ›Philosophie der Aufklärung‹, einem Werk der früheren Stufe, den Rang streitig machen dürften. Die mit der Universalisierung grundsätzlich verbundene Fortschrittlichkeit des Aufklärungsbegriffs entscheidet noch nicht über den Wert einer jeden „fortschrittlichen" Arbeit. So kommt es, daß die Beiträge aus jüngerer Zeit im Ansatz zwar weitergreifen, in der Ausführung aber keineswegs fundierter und ergiebiger sein müssen als Forschungen früherer Jahre. Eher ist das Gegenteil der Fall. Doch auch dies ist ein Ergebnis prätendierter Universalisierung; sie rächt sich konkret als Überforderung.

I. AUFKLÄRUNG WIRD BEGRIFF

In Lessings Ringparabel streiten sich drei Söhne nach dem Tode des Vaters um die 'Echtheit ihres Erbes. Der seit Generationen jeweils auf den Lieblingssohn überkommene Ring, der die magische Wirkung hat, seinen Besitzer vor Gott und den Menschen in angenehmstem Lichte erscheinen zu lassen, kann nicht mehr ermittelt werden, da der Vater alle drei Söhne in gleichem Maße liebte und daher zwei zusätzliche Ringe anfertigen ließ, die dem glückbringenden zum Verwechseln ähnlich sehen. Bis zu diesem Punkte erzählt bereits Boccaccio[1] die Geschichte von den drei Ringen[2], und er läßt sie hier enden, denn die Frage nach der Wahrheit der Religionen bleibt ebenso unbeantwortet wie die nach der Echtheit der Ringe. Lessing dagegen begnügt sich nicht mit dem Eingeständnis des Agnostizismus, sondern läßt die ratlosen Söhne einen weisen Richter aufsuchen, der ihnen einen Ausweg weist: Alle drei sollen miteinander wetteifern, sich so zu vervollkommnen, daß Gott und Menschen ihre Verdienste nicht übersehen können. Jeder soll so handeln, als ob er im Besitz des echten Ringes wäre. Anstrengung und Leistung ersetzen dessen magischen Effekt. Als wahr erweist sich nicht etwas Vorgegebenes, sondern etwas zu Erringendes. Die Wahrheit liegt nicht in den Dingen, sondern in den Menschen, die damit Macht über die Dinge und sich selber gewinnen. Die Erkenntnis wird an die Ethik gebunden.

Denselben erkenntnisethischen Auftrag erhebt bereits die 1691 erschienene ›Einleitung zu der Vernunfft-Lehre‹ von Christian Thomasius. Das Buch versteht sich als philosophische Logik, doch es handelt nicht wie die herkömmlichen Gesetzbücher des Verstandes von den unumstößlichen Regeln des Denkens, und es fordert nicht den reglementierten Umgang mit Begriffen, Urteilen und Schlüssen. Es will vielmehr eine Anleitung zum vernünftigen Denken geben, wobei das, was „vernünftig" ist, nicht durch die Schematismen logischer Operationen, sondern anhand praktischer Verhaltensnormen im Horizont einer allgemeinen Welt- und Lebensweisheit auszumachen ist. Vernünftigkeit ist weniger ein logisches als ein ethisches Postulat. Sie versteht sich als gesamtmenschliche Aufforderung zur Anwendung der Vernunft gegen Autoritäten und Begierden. „Aufklärung" ist zwar zu dieser Zeit noch nicht als Wort dafür gebräuchlich; sie ist aber auf dem Wege, Begriff zu werden.

Fast ein Jahrhundert später verleiht Kant mit der berühmt gewordenen Definition seiner Epoche, die inzwischen „Aufklärung" längst auf ihrem Panier geschrieben trägt, eine fast nachträgliche Bestimmung („Ausgang des Menschen aus seiner selbstverschuldeten Unmündigkeit")[3], und er läßt keinen Zweifel daran, wen er als die gefährlichsten Feinde der Wahrheit ansieht: nicht Ungenauigkeit, Fehlschlüsse und mangelndes Urteilsvermögen usw., sondern den Mangel an Entschlußkraft zur selbsttätigen Erkenntnis: „Sapere aude! Habe Muth dich deines eigenen Verstandes zu bedienen!"[4] Dieser Auftrag will mehr sein als eine bloß generelle Ermunterung zur Erkenntnistätigkeit. Er fordert vielmehr ein anderes, ein neues Erkennen, das sich von alten und würdig erachteten Vormündern lossagt. Die Hindernisse zur Aufklärung liegen nicht in den Irrtümern des Kopfes, sondern in der Unentschlossenheit des Herzens. Aufklärendes Denken artikuliert sich daher zuerst als *Wille* zum Denken und Andersdenken und ist als *erkenntnisethische Anstrengung* im innersten Kerne Tat. In dem Postulat zum Selbstdenken und in der Ablehnung jeder geistig-geistlichen Vormundschaft liegt eine Aggressivität, die der vermeintlich nur theoretisch formulierten Definition ihre eigentliche Stoßkraft gibt.

Die postulatorische Intention von Aufklärung, d.h. die Aufforderung, von seiner eigenen Vernunft Gebrauch zu machen und eingefahrenem Denken entgegenzuwirken, erkennen wir bei Lessing, Thomasius und Kant; wir glauben sie sogar noch zu sehen in den heute gebräuchlichen Einengungen und Veränderungen des Begriffs. Auch wo er in einem vorwissenschaftlichen Sinne abseits des anspruchsvollen Gesamtauftrages verwendet wird, hat er etwas behalten von seiner insistierenden Eindringlichkeit und Aggressivität: Militärische „Aufklärung" wird unter Gefahr im Feindesland betrieben; geheim Gehaltenes soll erkundet und für eigene Angriffe und Verteidigung verwertet werden. „Aufklärung" bei Heranwachsenden oder Herangewachsenen meint nicht die Unterweisung in Geschichte und Geographie, nicht einmal in Religion und Philosophie, sondern auf einem Gebiet, dessen vorurteilslose Behandlung durch jahrhundertealte Tabuisierung und immer noch bestehende Hindernisse (Religion, Moral, Insuffizienzangst usw.) erschwert wird. „Verbraucheraufklärung" liefert Informationen, an deren Verbreitung bestimmten Interessengruppen nicht gelegen ist. Wenn im Bereich der Öffentlichkeit oder gar in parlamentarischen Gremien „Aufklärung über diese ganze Sache" verlangt wird, darf man gewiß sein, daß hier keine bloß neutrale Nachforschung, sondern die engagierte Bloßlegung eines vermutlich vertuschten Komplexes, vielleicht die Aufdeckung von Komplott und Korruption erwartet wird. Auch von Verbrechen heißt es, daß sie noch nicht restlos „aufgeklärt" sind.

Dabei enthält die *Wortgeschichte*[5] von „Aufklärung" anfangs so gut wie nichts, was auf ihre spätere Penetration und Militanz hinweist. Im selben Jahre, in dem der oft als „Vater der Aufklärung" zitierte Thomasius seine ›Vernunfft-Lehre‹ herausbringt, erscheint Kaspar Stielers ›Teutscher Sprachschatz‹ (1691), in dem das Wort „Aufklärung" noch längst nicht seine spätere Bedeutung trägt, sondern eindeutig im engen Sinnbezirk der Wetterbeschreibung verharrt. „Aufklärung" wird mit lat. *serenitas* umschrieben. Wie das Wort „ausklären" habe auch „aufklären" den Sinn: *aer amplius turbidus non est, fugiunt nubes, coelum est serenum*. Damit ist exakt die meteorologische Bedeutung unseres heutigen „aufklaren" bezeichnet. Noch ist nichts in Sicht, was auf den späteren umfassenden Begriff der Aufklärung hinweist. Statt dessen finden wir die Möglichkeit eines übertragenen Gebrauchs bei den Wörtern „klar" und „Klarheit", von denen Stieler „Aufklärung" zu Recht herleitet. Unter „Klarheit" vermerkt er sowohl die „Klarheit der Sonnen" *(splendor solis)* als auch „Verstandesklarheit" *(lumen, acumen ingenii)*.[6] In Analogie zu dieser doppelten Bedeutung dürfte auch das Wort „Aufklärung" später von der wetterkundlichen auf eine allgemein geistige Ebene übertragen worden sein. Hierfür liefert abermals Stieler den frühesten Beleg. In ›Zeitungs Lust und Nutz‹ (1695) verlangt er: „Gleich wie in allen dingen / so zur Aufklär- und Verbesserung des Verstandes gehören / zuförders eine gute Natur oder Geburts-Art gehöret; [...] also erfordern wir auch bey der Zeitung eine Geistigkeit / gutes Gehirn und ingenium."[7] Die Entwicklung des auf den Verstand bezogenen Aufklärungsbegriffs wird möglicherweise gefördert durch Übersetzungen des von Milton in religiösem Sinne verwendeten "enlighten"[8] oder durch Leibniz, der «éclairer» mit „erleuchten" wiedergibt. In der deutschen Übersetzung der ›Theodicee‹ (1720) steht für «éclairer» „ausgeklärt". Leibnizens Lehre von den Monaden mit ihrem entelechischen Streben nach stufenweise fortschreitender Erhellung kann als geistiges Substrat für die Begriffsgeschichte von Aufklärung gelten. Die adjektivische Form „aufgeklärt" findet sich vor dem Substantiv erstmals in Harsdörffers ›Frauenzimmergesprächsspiel‹ (1646): „So staunet der Poet in aufgeklärtem Muht; Er ist mehr als ein Mensch / wann sein Gemüht erwachet"[9] und: „Gegen den Morgen aber / wann die Däuung geschehen / so ist das Hirn aufgeklärt / und werden die Traumbilder leichter bemerket /."[10] Von hier bis fast in die Mitte des 18. Jahrhunderts bleibt das Wort „aufgeklärt" auf den Sinnbezirk von Intellekt und Psyche bezogen. In seinem IX. Gesang anläßlich des Hochzeitsfestes des Königsberger Lehrers J.J. Rohde vom 24. Februar 1723 rühmt Gottsched den Bräutigam: „Dein Geist ist aufgeklärt."[11] Das Züricher Organ ›Discourse der Mahlern‹ (1721) bezieht sich auf den ›Spectator‹, der von der Finsternis des Mittelalters gesagt hat: "before the World was enlightened by Learning and Philosophy"[12], und es attestiert der englischen Zeitschrift, daß sie überall „die gesunde Vernunfft ausgebreitet", „die Gemüther aufgeklaret, die Tugend gepflanzet" habe.[13] Weitere Belege finden sich im Anschluß hieran im ›Hamburger Patrioten‹ (1724), bei Gottsched seit 1723, vor allem dann in seinen ›Vernünftigen Tadlerinnen‹ (1726). Um diese Zeit übernimmt auch Zinzendorf den Terminus „aufgeklärt", verwendet ihn aber bereits in dem abschätzigen Sinne, daß auch der aufgeklärteste Verstand an den Grenzen des Rationalen seine Waffen strecken müsse.[14] Im ›Vollständigen deutschen Wörterbuch‹ (1734) von Christoph Ernst Steinbach lesen wir unter der Rubrik „Klar": „Aufgeklärt, praes. ich kläre auf, *dissereno*."[15] Ein Frühbeleg für „aufgeklärt" in einem umfassenderen Sinne begegnet uns 1741 in Hamburgs ›Stats- u. Gelehrte Zeitung‹: „Dieses Bemühen [die Wissenschaft begreiflich zu machen], welches wir der Fertigkeit geschickter Männer zuschreiben müssen, ist mit einem so guten Erfolg fortgesetzt worden, daß wir deswegen unsere Zeiten aufgeklärte Zeiten nennen können."[16] Hier ist der Begriff nicht mehr nur auf die Erhellung eines einzelnen Kopfes oder Gemütes, sondern eines ganzen Zeitalters bezogen. „Aufgeklärt" erscheint erstmals als Epochenbegriff.

Als frühester Beleg für das Substantiv „Aufklärung" in ähnlich umfassender Bedeutung gilt Wielands Stelle in ›Die Bekenntnisse des Abulfauaris‹ (1770): „Wenn es jemals möglich seyn wird [...], daß der Pöbel über Dinge, welche nicht in die Sinne fallen, vernünftig denken lerne, so ist doch gewiß, daß es nicht in Aegypten geschehen wird; oder, wenn das ägyptische Volk jemals zu einem so hohen Grade der Aufklärung sollte gelangen können, so ist wenigstens dieses unleugbar, daß dermalen dazu noch keine Anscheinungen vorhanden sind."[17] Auf Totenkult und Gebräuche der alten Ägypter bezogen, bezeichnet Aufklärung hier eindeutig den allgemeinen Fortschritt von Vernunft und Kultur. In diesem Sinne soll sich das Schlagwort seit der Mitte des 18. Jahrhunderts durchgesetzt haben[18], doch die Belege bleiben bis in die siebziger Jahre zunächst noch spärlich. Seit Mitte der 60er Jahre allerdings verwendet Nicolais ›Allgemeine Deutsche Bibliothek‹ „Aufklärung" bereits in einem eingeschränkten Sinne von Klärung und Verdeutlichung wissenschaftlicher Begriffe und Grundsätze. 1766 begrüßt ein Rezensent bei einem theologischen Buch die „Aufklärung mancher noch nicht genug erläuterter Lehrsätze unseres Systems"[19]. Zwei Jahre später wird die „Aufklärung unserer Religionsbegriffe"[20] anerkannt. Das Wort ist also vorhanden und wird gebräuchlich, doch es bleibt in seiner speziell auf Einzelwissenschaften bezogenen Bedeutung noch weit entfernt von dem umfassenden Begriff einer gesamtkulturellen Entwicklung oder vom Begriff für eine ganze Epoche. Bemerkenswert bei den oben genannten Belegen ist, daß das Wort „Aufklärung" zuerst im Umkreis der Theologie auftaucht.

Neben dem postulatorischen Charakter von militanter Eindringlichkeit gehört zur Aufklärung von Anfang an ein besonderer Bild- und Symbolbezirk: Es ist der von Klarheit und Licht. Descartes fordert in seinen ›Meditationes‹, eine Erkenntnis müsse, um Verbindlichkeit beanspruchen zu dürfen und sich von bloßen Hirngespinsten unterscheiden zu lassen, *clare et distincte*[21] sein. Die Schriftsteller der deutschen Aufklärung verlangen dementsprechend immer wieder „deutliche Begriffe". Diese gelten als Grundbedingung für einen Aufgeklärten und werden in den Wörterbüchern als Merkmale von Aufklärung genannt. Bei Adelung (1774) heißt es: „Ein aufgeklärter Verstand, der viele deutliche Begriffe hat."²² Weiterhin überträgt Descartes die Lichtmetaphorik auf die Verstandeskräfte, wenn er vom *lumen naturale* spricht und darunter das menschliche Erkenntnisvermögen versteht, das sich nicht auf göttliche Offenbarung stützt. Die Verwendung der Lichtmetaphorik für heilbringende Erkenntnis ist alt: Wir begegnen ihr in Mythologemen des Ostens wie des Westens, als defizientem Modus in Platons Höhlengleichnis und als Möglichkeit der Erlösung in dem biblischen Licht, das in der Finsternis leuchtet.²³ Das Denken des Mittelalters ist zutiefst vertraut mit der Lichtmetaphysik, die vom Neuplatonismus über Augustinus und die jüdisch-arabische Philosophie tradiert wird.

Auch die Aufklärer bedienen sich dieses Bildmaterials: Descartes schreibt die Abhandlung ›Le monde ou traité de la lumière‹, die Franzosen nennen das Jahrhundert der Aufklärung «le siècle des lumières», und die Engländer bilden 1865 in Anlehnung an das deutsche Wort ihr "enlightenment". In Italien spricht man von «i lumi», in Spanien von «ilustración» und «siglo de las luces».

Doch es genügt nicht zu sehen, *daß* die Aufklärer eine tradierte Bildlichkeit des Lichtes übernehmen, sondern wichtiger ist zu beachten, *wie* sie diese transformieren. In den Mythen und Religionen kommt das Licht von außen und in einem höheren Sinne von oben; in der Aufklärung dagegen leuchtet es im Innern der Menschen auf, wird von ihnen selbst entzündet. Zwar operierte auch Thomas von Aquin mit dem *lumen naturale*, doch er sah es unter dem Primat der geoffenbarten Wahrheit, die in jedem Falle die umfassendere und tiefere war und vor deren Tribunal sich die natürliche Erkenntnis jederzeit zu verantworten hatte. Bei Descartes dagegen wird das *lumen naturale* – zumindest methodisch – nicht mehr von dem göttlichen Lichte gespeist; es hat sich verselbständigt und zehrt aus eigner Kraft.

Während Leibniz mit Hilfe der prästabilierten Analogie zwischen Gott und der erkennenden Monade noch einmal naturales und supranaturales Wissen zu vereinen sucht und obwohl Thomasius und Christian Wolff sich als seine Schüler begreifen, ist fortan die Beziehung zwischen Natur und Offenbarung zwar nicht feindlich, jedoch problematisch oder unterbrochen. Thomasius trennt daher in seiner ›Vernunfft-Lehre‹ strikte das „natürliche Licht" (Verstand) und das „übernatürliche Licht" (Offenbarung). Die aus der Offenbarung zufallende Erkenntnis nennt er „Gottes Gelahrtheit", die mit dem menschlichen Verstand errungene bezeichnet er als „Welt-Weißheit", und nur in ihrem Umkreis ist er entschlossen, sich zu bewegen. In der „Welt-Weißheit", d. i. in der mit alleiniger Hilfe des lumen naturale ausgeübten Wissenschaft, gilt ihm der Verstand als die einzig legitimierte Fähigkeit zu erkennen. Allen Menschen sei sie eigen, obwohl aus den verschiedensten Ursachen viele keinen Gebrauch von ihr machten. Was sie daran hindert, analysiert Thomasius bereits in seiner zwei Jahre vor der ›Vernunfft-Lehre‹ gehaltenen Vorlesung ›De Praejudiciis oder von den Vorurteilen‹ (1689). Der Gedankengang ist folgender: Der Mensch ist zwar schon in seinen ersten Lebensjahren ein Geschöpf Gottes und zu Höherem berufen als alle anderen, vernunftlosen Lebewesen; dennoch ist er hilfloser als jedes kleine Tier. Während dieses sich bald nach seiner Geburt selbständig bewegen kann und in einigen Arten sogar rasch unabhängig von seiner Mutter wird, bleibt der junge Mensch lange in der Obhut derer, die ihn hervorgebracht und für ihn zu sorgen haben. Sie fördern in den ersten Jahren vornehmlich sein leibliches Wohl, beeinflussen aber auch zugleich die Gedanken und Empfindungen des Heranwachsenden. Ihre Hilfe wird zur Herrschaft. Sie inokulieren dem Kinde – und Vergleichbares gilt für aufeinanderfolgende Epochen der Geschichte – *ihre* moralischen Auffassungen, machen es mit den *ihnen* genehmen Büchern bekannt und schicken es zu den *ihnen* passenden Lehrern und Schulen. So entsteht die *auctoritas*, von der sich viele Menschen ihr ganzes Leben nicht mehr befreien können oder wollen und die eine Hauptquelle der Vorurteile ist. Eine andere ist das *praejudicium praecipitantiae:* das Vorurteil, das aus Übereilung, aus Ungeduld und Bequemlichkeit entsteht und nicht alle notwendigen Fälle aus der Erfahrung und ihre verschiedenen Ursachen berücksichtigt. Beide Vorurteile entstammen psychologisch zwei Fehlformen der Liebe, der unvernünftigen Liebe. Die Ungeduld und Bequemlichkeit rühren aus einer übergroßen Liebe des Menschen zu sich selbst, zu seinem Bedürfnis nach anstrengungsloser Lust; die *auctoritas* resultiert aus einer übermäßigen Liebe zu anderen Menschen, ihren Dogmen und Institutionen. Dem selbsttätigen Denken stehen somit die Vorurteile im Wege; sie herrschen als Autoritäten und unkontrollierte Affekte.

Was Kant fast ein Jahrhundert später zum Programm der Aufklärung erhebt, hat Thomasius bereits im Kern vorweggenommen. Kants Forderung, sich seines Verstandes ohne Leitung eines anderen zu bedienen, steckt bereits in der Decouvrierung der Autorität als eines Vorurteils. Damit setzt Thomasius die Bemühungen Descartes' und Spinozas fort und antizipiert diejenigen Kants, da er wie diese den Verstand reinigen, die richtige Methode finden und Anleitungen für ein gesichertes Erkennen geben will. Als einzig richtiger Weg dorthin gilt ihm ebenso wie später Wolff das „ursächliche" Wissen, das nicht bloß tradiert wird, sondern sich in jedem Einzelfall vor dem Satz vom Grund zu verantworten hat. Nicht der Umfang des Wissens, sondern seine Begründung entscheidet über den Grad der Gewißheit. Was Wolff und Thomasius allerdings von Kant entschieden trennt, ist das fehlende Bewußtsein der Transzendentalphilosophie. So wie sie nur erkennen, nicht aber die Erkenntnis erkennen wollen, so finden sie auch keine Bedingungen der Unmöglichkeit des Erkennens, sondern nur zu entfernende Hindernisse auf dem Weg des Wissens: Vorurteile, Vormünder und vorschnelle Beendigung einer Verstandestätigkeit. Somit arbeiten sie im Dienst einer Erkenntnis*praxis*, nicht aber einer strengen Erkenntnis*theorie*.

Diese Ausrichtung und Einschränkung der Wissenschaft gilt lange Zeit für große Teile der deutschen Aufklärung, und das nicht nur, bevor sie zum Begriff geworden ist (etwa bis 1750), sondern auch noch danach. Über weite Strecken und in breiten Kreisen hat das Postulat zu selbsttätiger Erkenntnis lediglich die Tendenz, Aufklärung zu betreiben, nicht aber, diese als problematischen Begriff und Methode zu thematisieren. Der Prozeß der Reflexion auf die Bedingungen und Grenzen von Aufklärung setzt erst in den 80er Jahren, genauer gesagt im Umkreis der ›Berlinischen Monatsschrift‹ ein; Kant ist zwar nicht der einzige, der sich zu diesem Komplex zu Worte meldet, aber er hat bis 1781 als erster das theoretische Instrumentarium für die Transzendentalphilosophie erarbeitet.

Zur Einschränkung der Aufklärung auf ihre nicht oder kaum problematisierte Ausübung kommt noch eine weitere Verengung hinzu: Die prätendierte Freisetzung der Vernunft erstrebt zwar die Loslösung von der Offenbarung und versucht, einen unverwischbaren Trennungsstrich zwischen natürlichem und übernatürlichem Wissen zu ziehen, doch gerade weil sie als Wissenschaft derart auf Trennung insistiert, bleibt sie der Grenze verhaftet und wird ständig in theologische Auseinandersetzungen verwickelt. Der angeblichen Abkehr von der Gottesgelehrsamkeit entspricht realiter ein jahrzehntelanger Stellungskrieg, bei dem die Theologie oft als einziger Gegner in die Schußlinie gerät oder aber als einziger Bundesgenosse der Wissenschaft zu Hilfe kommt.

Über den Verlauf dieser Auseinandersetzungen geben die deutschsprachigen Zeitschriften des 18. Jahrhunderts Auskunft.[24] Bereits für die Moralischen Wochenschriften (›Die Discourse der Mahlern‹ 1721–1723, ›Der Patriot‹ 1724–26, ›Die Vernünftigen Tadlerinnen‹ (1725/26 u. v. a.) hat W. Martens ein kompliziertes Neben- und Gegeneinander von weltlicher und geistlicher Sittenlehre nachgewiesen. Die Trennung der theoretisch aufgeteilten Zuständigkeiten wird in der Praxis durch ständige Kompromißbereitschaft verwischt. Der Religion werden durch das Epitheton „vernünftig" und der Vernunft durch die Bestimmung „gesund" die Zügel angelegt; durch gegenseitig mäßigende Beschränkungen sind Vernunft und Offenbarung auf Versöhnung vorbereitet.[25]

Was Martens für die Moralischen Wochenschriften erforscht hat, gilt auch mehr oder weniger für die meisten allgemein- und fachwissenschaftlichen Zeitschriften des Aufklärungszeitalters. Dabei führt die Entwicklung keineswegs geradlinig von einer mehr theologieabhängigen zu einer mehr vernunftautonomen Haltung; eher scheint sich das problematische Mit- und Gegeneinander beider Seiten mit der Zeit noch deutlicher abzuzeichnen. Die von Nicolai und Mendelssohn 1757 in Leipzig gegründete, nach zwei Jahren Chr. Felix Weiße überlassene ›Bibliothek der schönen Wissenschaften und der freyen Künste‹ setzt ihre Schwerpunkte dem Titel gemäß noch auf künstlerisch-literarische Erscheinungen (Poesie, bildende Künste, Ästhetik usw.) und schenkt den Publikationen aus den europäischen Nachbarländern erhebliches Interesse; Frankreich, England und Italien stehen dabei im Vordergrund. Die Theologie spielt eine untergeordnete Rolle; Erörterungen über die Aufklärung sind so spärlich wie theoretische Reflexionen überhaupt. Die Leipziger ›Bibliothek‹ ist das klassische Beispiel für ein Organ des 18. Jahrhunderts, das Aufklärung, vor allem auf dem Wege der ästhetischen Geschmacksbildung, zwar betreibt, sie aber nicht behandelt. Vergleichbares gilt auch für die ›Briefe, die neueste Literatur betreffend‹ (1759–65), die Nicolai zusammen mit Lessing, Mendelssohn und später mit Abbt herausgibt. Ihr kritisch-theoretischer Anspruch ist zwar ungleich höher als der der Leipziger ›Bibliothek‹, und sie lassen sich nicht in den jahrzehntelang anhaltenden und alle weiterführenden poetologischen Ansätze erstickenden Literaturstreit zwischen Leipzig und Zürich verwickeln, doch es überwiegen literarische Detailfragen (Übersetzungen, Wirkungen des Trauerspiels, Stilfragen etc.); prinzipielle Überlegungen zu philosophischen und ästhetischen Fragen des Aufklärungszeitalters sind dagegen rar.

Friedrich NICOLAI ist es auch, der das größte und wirkungsvollste Rezensionsorgan der deutschen Aufklärung begründet, verlegt und ediert. Die ›Allgemeine Deutsche Bibliothek‹ (ADB), die von 1765–1806 in 264 Bänden erscheint, wird zum zentralen Organ der Berliner und darüber hinaus der gesamten deutschen Aufklärung.[26] Ihre Polemik ist weniger scharf als die der ›Literaturbriefe‹, doch gegen ihre Harmlosigkeit spricht, daß Nicolai sie 1793 aufgrund des Wöllnerschen Religionsediktes, das die „zügellose Freiheit", „Glaubenslosigkeit" und „Sittenverderbnis" der Zeit anprangert, sowie aufgrund des Zensurediktes von 1788 nach Kiel und Hamburg verkaufen muß. Von 1800 bis 1806 erscheint sie dann wieder bei Nicolai in Berlin. Die ADB versteht sich als Mittelpunkt einer Sammlungsbewegung, wobei „Sammlung" mehrere Intentionen verfolgt: Es sollen nicht nur Neuerscheinungen auf einzelnen, sondern auf möglichst vielen Wissensgebieten zusammengetragen und rezensiert werden; es sollen nicht nur Mitglieder des engeren Berliner Kreises zu Worte kommen, sondern Wissenschaftler und Literaten aus allen Teilen Deutschlands, die aufgrund eines fehlenden politisch-kulturellen Zentrums in der ADB zumindest die Möglichkeit einer geistigen Zusammenkunft erhalten. Es sollen weiterhin keine einseitigen Statements abgegeben, Normen gesetzt und Urteile gefällt werden, sondern verschiedene Auffassungen verschiedener Herkunft und Personen sollen miteinander konkurrieren und diskutieren. Auf diese Weise dient die Berliner Bibliothek der Kommunikation der Intelligenz, der Hebung des geistig-literarischen Niveaus und der Verbreitung aufgeklärter Ideen, doch eine Öffentlichkeit im Sinne von Habermas stellt sie nur in begrenztem Maße her, denn entweder sind ihre Mitarbeiter konform mit den Grundsätzen des preußischen Staatsgebildes, oder sie flüchten sich in eine durch die Zensur gebotene Arkanpraxis: Anonymität der verfaßten Rezensionen, Verlegung brisanter Diskussionen in geschlossene Abendgesellschaften usw.

In über 40 Jahren ihrer Auslieferung, mit einer Durchschnittsauflage von ungefähr 2000 Exemplaren, werden ca. 80 000 Bücher von insgesamt 433 Mitarbeitern rezensiert.[27] Zu diesen zählen u. a. Abbt, Adelung, Biester, Blankenburg, Campe, J. R. Forster, Garve, Herder, Hermes, Heyne, Iselin, Kästner, Knigge, Mendelssohn, F. C. v. Moser, K. L. Reinhold, Resewitz, Teller, Trapp, Wöllner (trotz des späteren Ediktes) – nicht allerdings Lessing.

Die Zeitschrift will zwar den Zeitgenossen einen Überblick über den gesamten Stand der Wissenschaften verschaffen und damit der französischen ›Encyclopédie‹ nacheifern, doch zumindest im ersten Jahrzehnt liegt der Schwerpunkt eindeutig auf der Theologie. Werfen wir hierzu einen Blick auf die frühen Jahrgänge: Der erste Band (1766) beginnt mit der Besprechung eines 1764 erschienenen Buches von Spalding über den Wert des Gefühls im Christentum. Die Absicht der rezensierten Schrift sowie des Rezensenten orientiert sich an den Leitideen der zeitgenössischen Aufklärung Wolffscher Prägung. Sie stimmen darin überein, das Gefühl nicht als ausschlaggebendes Indiz göttlicher Einwirkung zu akzeptieren und jeder zeitlich genau fixierten und mit Selbstgewißheit ausgekosteten Bekehrung zu mißtrauen. Das Gefühl an sich wird für unnütz gehalten, wenn es nicht eine Besserung des Menschen voraussetzt und nach sich zieht. Den spontanen, schwärmerisch begrüßten Erleuchtungen setzen sie die Wichtigkeit des göttlichen Wortes und die Tätigkeit des sittlichen Gewissens entgegen. Diese Haltung nennen sie synonym: „natürliche Religion" und „Religion der Vernunft". Auch in den folgenden Bänden der ADB dominieren die Rezensionen theologischer Neuerscheinungen, nicht nur weil sie der feststehenden Gliederung gemäß den jeweiligen Band eröffnen, sondern auch, weil sie durch ihr quantitatives und qualitatives Gewicht die Argumentation der Zeitschrift prägen. In der Vorrede zu Bd. IV, 2 (1767) muß sich Nicolai bereits gegen den Vorwurf verteidigen, daß zu viele theologische Bücher rezensiert würden. Er verspricht Abhilfe für die Zukunft und eine stärkere Berücksichtigung medizinischer und historischer Publikationen, doch er gibt zugleich zu bedenken, daß mehr als der vierte Teil der jährlichen Buchproduktion theologischen Inhaltes sei und daß man der Theologie mit guten Gründen besondere Aufmerksamkeit schenken müsse, weil viele mit blindem Eifer die „Aufklärung dieses wichtigen Theils der Wissenschaften" bekämpften, indem sie sich auf die Orthodoxie beriefen. Demgegenüber erstreben die Mitarbeiter der ADB – anders als die Orthodoxie, anders aber auch als Thomasius – keine Trennung von „Gottes-Gelahrtheit" und „Welt-Weißheit", sondern sie setzen sich zum Ziel, „Religion und christl. Tugend mit der Weltweisheit, dem guten Geschmack und den schönen Wissenschaften in eine so angenehme Harmonie" zu setzen.[28] Sie bekämpfen mit Vehemenz Erscheinungen im Katholizismus: Hexenverurteilung, Exorzismen, Weihwasser- und Reliquienkult (vor allem der 11 000 Jungfrauen) und den Weihrauch als Symbol der Vernebelung der menschlichen Sinne und des Verstandes. Innerhalb des Protestantismus grenzen sie sich ab gegen die drei Fronten der Dogmatisten, Pietisten und Deisten und vertreten eine Religion, die Vernunft und Offenbarung miteinander zu versöhnen sucht. Die neue theologische Wissenschaft, die eine solche Versöhnung herbeiführen soll, wird von den Zeitgenossen „Neologie" genannt. Die Aufklärung soll in die Theologie hineingetragen werden, aber auch die Theologie ist eingeladen und wird für fähig erachtet, einen wichtigen Beitrag zur Aufklärung zu leisten: „Nachdem die göttliche Vorsehung uns in neueren Zeiten mehr Hülfsmittel zur Aufklärung unserer Religionsbegriffe gegeben ..."[29]

Im ersten Band der ADB äußert sich MENDELSSOHN über die Evidenz in metaphysischen Wissenschaften, und auch hier wird der Versuch einer Verbindung von Offenbarung und Vernunft erkennbar. Die Strenge der Wahrheitsfindung muß sich am Maßstab des Begründungszusammenhangs messen lassen. Ein Satz muß aus dem vorhergehenden mit Gründen abgeleitet werden, so daß die strenge Verknüpfung den Prinzipien der natürlichen Religion fast die Evidenz geometrischer Wahrheiten verleiht.

Ein Rezensent von Basedows ›Betrachtungen über die wahre Rechtgläubigkeit‹ stimmt mit dem Verfasser darin überein, daß eine Religion, die für alle Menschen gültig sein soll, nicht aus einem unveränderlichen System von Lehrsätzen bestehen kann, die vom Vater auf den Sohn und von Generation zu Generation unverändert fortbestehen. Die Verschiedenheit der Menschen und der Bedingungen, unter denen sie leben, verbiete ein bei allen Menschen gleiches Bild von Frömmigkeit. Die unverzichtbare Substanz der verschiedenen Religionen liege nicht in einer für alle verbindlichen Vorstellungsart oder Zeremonie, sondern in der erkennenden Liebe zu Gott und der tätigen Liebe zu den Menschen. Hieraus resultiert die Toleranz der Aufklärung, von der allerdings Ketzer, die sich gegen die Apostel auflehnen, ausgeschlossen sind.[30]

Während im ersten Jahrzehnt der ADB der Akzent auf der Theologie liegt, findet allmählich auch hier wie in der gesamten Buchproduktion eine Enttheologisierung statt. Zwischen 1625 und 1800 sinkt der Anteil theologischer Bücher von 45,8% auf 6%.[31] Als Erben der Theologie treten Philosophie und Poesie, in der ADB auch die Naturwissenschaften, auf den Plan. Schon am Anfang hat die Zeitschrift für die Zukunft in Aussicht gestellt: „Wir wollen gleich hinzu setzen ... daß wir nicht hier auf der Erde seyn, um allein an Jesum Christum zu denken."[32] Doch die Verwirklichung dieses Vorsatzes bedarf großer Anstrengungen, entweder aus Gründen des Gewissens oder der Zensur. Der Wille, in erster Linie an die Erde und den Menschen und nicht an das Jenseits zu denken, begibt sich schon durch die Negation in einen problematischen Zusammenhang mit dem Negierten. Der Begriff der Aufklärung entsteht im Umkreis der Theologie und bleibt ihm lange verhaftet. Er bedeutet am Anfang – will man ihn nicht auf einzelne Richtungen einengen – Auseinandersetzungen mit theologischen Positionen vor dem Tribunal der Vernünftigkeit. Adressaten der polemischen Argumentation sind nicht nur Orthodoxe und Pietisten, sondern auch Deisten und Naturalisten, wobei sich letztgenannte ebenfalls im Namen der Aufklärung in die Auseinandersetzung einschalten. „Vernünftigkeit" ist nicht gleichzusetzen mit mathematischer *ratio*, sondern verbindet den Auftrag einer begründeten Verstandeserkenntnis mit den für lebensnotwendig erachteten Grundsätzen einer natürlichen Religion und einer Ordnung garantierenden Obrigkeit. Innerhalb dieses Komplexes ist zu unterscheiden zwischen der theologieimmanenten Aufklärung und einer die Theologie allmählich ablösenden, sich autonom setzenden Vernunft. Zwischen beiden gibt es eine breite Skala differenzierter Positionen, die sich untereinander zum Teil heftig befehden. Die Akzente werden sehr unterschiedlich gesetzt bei der Frage: Vernunft oder (und?) Offenbarung? Selbst wer sich für beide ausspricht, muß sich entscheiden, wem der Vorrang gebührt. Wer beide für gleich wichtig erachtet, hat noch die Sprach- und Denkregelung zu treffen, ob zwischen beiden eine „Verbindung", eine „Harmonie", ein „notwendiger Zusammenhang" oder gar eine „Identität" besteht. Aufklärung ist auf dem Wege, zum Problem zu werden.

Anmerkungen

[1] Boccaccio: Decamerone I, 3.

[2] Die Fabel geht wahrscheinlich auf jüdische Deisten in Spanien zurück und läßt Zusammenhänge mit den Anschauungen des Religionsphilosophen Moses Maimonides (1135–1204) erkennen. Vgl. Fritz Valjavec: Geschichte der abendländischen Aufklärung. Wien, München 1961, S. 15.

[3] Immanuel Kant: Beantwortung der Frage: Was ist Aufklärung? In: Berlinische Monatsschrift 4 (1784), S. 481.

[4] Ebd.

[5] Vgl. hierzu vor allem Kurt Günther: Zur Epochenbezeichnung „Aufklärung". In: Studien zur Geschichte d. russ. Literatur d. 18. Jh. Bd. 3. Berlin 1968, S. 56–92; 550–556.

[6] Kaspar Stieler: Teutscher Sprachschatz. 1691, Sp. 969.

[7] Ders.: Zeitungs Lust und Nutz. Hamburg 1695, Neudr. der Orig.-Ausg., hrsg. von Gert Hagelweide. Bremen 1969, S. 122. Den Hinweis auf diesen Beleg verdanke ich dem Archiv des Grimmschen Wörterbuches, Akademie der Wissenschaften der DDR. Dasselbe gilt für die Anmerkungen 9, 10 u. 16.

[8] Milton: Paradise lost XI, 115.

[9] Georg Philipp Harsdörffer: Frauenzimmergesprächsspiele. Bd. 6. Nürnberg 1646, S. Cc 5 b.

[10] Ebd. Bd. 7, 1647, S. 31.

[11] Johann Christoph Gottsched: Gedichte. Bd. 1. Hrsg. von J. J. Schwaben. Leipzig 1751, S. 536.

[12] Spectator VI (1712), Nr. 419.

[13] J. J. Bodmer, J. J. Breitinger: Die Discourse der Mahlern. I. Theil. 1721. A. 3.

[14] Vgl. Elisabeth Heimpel-Michel: Die Aufklärung. Langensalza 1928, S. 10 ff.

[15] C. E. Steinbach: Vollständiges deutsches Wörterbuch 1734, S. 861.

[16] Stats- u. Gelehrte Zeitung Des Hamburgischen unpartheyischen Correspondenten (1741), Nr. 71, LXXI. Stück (5. Mai), 4ª.

[17] Christoph Martin Wieland: Sämmtliche Werke. Leipzig 1857. Bd. 29, S. 264.

[18] Vgl. Kluge-Götze ²⁰1967, S. 37.

[19] ADB (= Allgemeine Deutsche Bibliothek), I, 1 (1766), S. 237.

[20] Ebd. V, 1 (1767), S. 182.

[21] René Descartes: Meditationes, 86.

22 J.C. Adelung: Versuch eines vollständigen grammatisch-kritischen Wörterbuches der hochdeutschen Mundart. Bd.1. 1774, Sp.451. Vgl. auch J.H. Campe: Wörterbuch der deutschen Sprache. Bd.1. 1807, S.237; J.G.E. Maaß: Handbuch zur Vergleichung und richtigen Anwendung der sinnverwandten Wörter der deutschen Sprache. Teil 1, 1823, S.38.
23 Vgl. Johannes, 1, 4.
24 Vgl. Margot Lindemann: Deutsche Presse bis 1815. Berlin 1969 und Horst Möller: Aufklärung in Preußen. Berlin 1974, S.197ff.
25 Vgl. Wolfgang Martens: Die Botschaft der Tugend. Stuttgart 1968, S.168ff.
26 Vgl. Günther Ost: Nicolais ADB. Berlin 1928 und Ernst Engels: Nicolais ADB und der Friede von Basel. Diss. Bonn 1935.
27 Horst Möller, S.198ff.
28 ADB I, 1 (1766), S.237. Vgl. hierzu auch Martens.
29 ADB V, 1 (1767), S.182.
30 Ebd. III, 1 (1766), S.122ff.
31 Horst Möller, S.202.
32 ADB II, 1 (1766), S.13.

II. AUFKLÄRUNG WIRD PROBLEM

Aufklärung nicht nur betrieben, sondern für ein breiteres Publikum auch thematisiert zu haben, ist das Verdienst der ›Berlinischen Monatsschrift‹ (BMS). Von F. Gedike und J. E. Biester gegründet, erscheint sie 1783–1811 unter verschiedenen Titeln in 56 Bänden.[1] Als geistig-gesellschaftlicher Hintergrund zeichnet sich die seit 1783 bestehende „Mittwochsgesellschaft" oder „Gesellschaft von Freunden der Aufklärung" ab.[2] Zu dem exklusiven Kreis der Mitglieder, die sich in Privatwohnungen regelmäßig treffen, Vorträge halten und sich austauschen, diskutieren und dabei nach außen strikte Geheimhaltung bewahren, gehören außer den Begründern der Zeitschrift noch Mendelssohn, Nicolai, Spalding, Svarez, Teller, Zöllner – insgesamt etwa zwei Dutzend Männer.[3] Sie debattieren über philosophische, pädagogische, juristische, literarische und, im Hinblick auf die Allgemeine Landrechtsreform, soziale und politische Themen, ab 1789 auch über die Französische Revolution, wobei nicht nur bei dieser Gelegenheit die tiefgehenden Meinungsverschiedenheiten und Auseinandersetzungen einer scheinbar homogenen Gruppe zum Vorschein kommen.

Die Zielsetzungen der BMS sind die gleichen wie die der „Mittwochsgesellschaft"; ihre Verlautbarungen haben allerdings – anders als die im Arkanum – die Zensur zu passieren, die in Preußen nach dem Tode Friedrichs II. allmählich wieder verschärft wird. Aber auch schon 1785 schreibt BIESTER an Garve: „Indeß weiß ich schon von selbst, daß es mir nicht ziemt, laut über die Handlungen der Fürsten, wie etwa über die Schriften der Gelehrten, zu urtheilen; und Sie und alle Welt wissen, daß jeder Schriftsteller in Deutschland unter *Censur* schreibt."[4] Abgesehen von der durch die Zensur bedingten Rücksichtnahme verfolgt die BMS die Ziele der „Mittwochsgesellschaft" und darüber hinaus die der deutschen Aufklärung: die Wahrheitssuche mit den Mitteln der kritischen Analyse und Auseinandersetzung, die Erörterung möglicher Reformen in praktisch-sozialen Bereichen, die Beschäftigung mit allen menschlichen Angelegenheiten, die durch gründliche Erforschung und entschlossene Tatkraft erkannt und verbessert werden können. So sehen wir die Mitarbeiter der Zeitschrift zu den verschiedenen Erscheinungen und Fragen Stellung nehmen, Kritik an ihnen üben und Alternativen entwerfen.

Es entspricht den Intentionen der Aufklärer, daß sie vermeintliche Irrtümer und Mißstände nicht nur namhaft machen und bekämpfen, sondern auch erklären und aus ihren Wurzeln herleiten, um bereits bei diesen mit der Therapie ansetzen zu können. So erfüllen sie die Forderung nach „ursächlichem Wissen", d. h. nach dem in einem strengen Begründungszusammenhang fortschreitenden Erkenntnisprozeß. Bei dem Versuch, die Vorurteile zu ergründen und dadurch unschädlich zu machen, bedienen sich die Mitarbeiter der BMS einzelwissenschaftlicher Methoden und Argumentationsverfahren; bereits der Anfang des ersten Bandes liefert uns hierfür ein signifikantes Beispiel: Die damals immer noch weit verbreitete abergläubische Vorstellung, daß eine weiße Frau vor dem Tode eines männlichen Familienmitgliedes erscheine, wird nicht einfach abgelehnt, lächerlich gemacht usw., sondern mit wissenschaftlicher Ernsthaftigkeit aus realen Gegebenheiten erklärt. Ein der Vernunft widersprechendes Phantom wird mit Hilfe vernünftiger Verfahren bis zu einem Punkt zurückverfolgt, an dem einmal Vernunft gewaltet hat: Weiß war einst die Tracht der Witwen, und aus der im Falle von Krankheit und Verletzung gebräuchlichen Redewendung: „Bald wird hier die weiße Frau sein" entwickelte sich die Fabel von einer den Tod voraussagenden Gestalt. Die im Einzelfalle nicht unbegründete Prognose wurde körperlich realisiert; zudem wurde eine Redewendung ausgeweitet, übertragen und partiell mißdeutet. So wird eine abergläubische Vorstellung durch kulturgeschichtliche (Mode, Brauchtum) und philosophische (Semantik einer Redewendung) Argumentationen destruiert.

Ähnlich wie Johann August EBERHARD die Fabel von der weißen Frau mit Argumentationsweisen einzelwissenschaftlicher Disziplinen analysiert[5], verfahren auch andere Mitarbeiter der BMS. Gegen Wahnvorstellungen einer melancholischen Mutter, die ihre verstorbenen Kinder zu sehen glaubt und sie verdammt wähnt, wird psychologisch argumentiert.[6] Sitten und Bräuche scheinbar christlicher Provenienz, wie die Weihnachtsgeschenke, werden nach Art der vergleichenden Religionsgeschichte aus den römischen Saturnalien hergeleitet.[7] In der Frage, wie man am besten ein Todesurteil vollstreckt, entscheidet sich der Autor[8] – und hier wird einmal blitzartig deutlich, daß Aufklärung selbst in den 80er Jahren in vielem erst am Anfang steht – gegen das Schwert und für das Beil; begründet wird dieser Strafvollzug mit pädagogischen (Abschreckung) und technischen (Perfektion) Gesichtspunkten.

In all diesen und noch vielen anderen Fällen wird Aufklärung ähnlich wie in der ADB betrieben, aber nicht problematisiert. Betrieben wird sie ohne nennenswerte theoretische Fundierung oder Reflexion, doch in ständiger Auseinandersetzung mit konkreten Fragen aus Wissenschaft und Praxis. Dieser Bezug zum handelnden Denken ist die eine wichtige Grundtendenz der BMS. Die zweite liegt in der auch hier wieder zu beobachtenden, offenbaren oder latenten, Zentrierung auf kirchlich-religiöse Fragen im weitesten Sinne, der auch noch die Sphäre des von den Aufklärern „Aberglauben" Genannten umfaßt. Ein solcher vieldiskutierter Komplex, bei dem das praktische Reformbestreben ebenso erkennbar wird wie die Kritik an kirchlicher Autorität, sind das Eherecht und die damit verbundene Frage, ob die geistliche Instanz hier mitbeteiligt werden solle oder ob nicht der bürgerliche Vertrag allein genüge. Erich BIESTER befürwortet entschieden die Ausschaltung der Geistlichkeit aus dem Ehekontrakt. Es sei nicht einzusehen, warum der Bund zwischen Mann und Frau sanktioniert werde, während andere, nicht weniger wichtige und unverletzliche Rechtsverhältnisse des kirchlichen Segens entraten könnten, denn „für aufgeklärte bedarf es doch wohl all der Ceremonien nicht!"[9]. Dem widerspricht Johann Friedrich ZÖLLNER mit dem Argument, daß es sehr verschiedene Grade von Rechtsverbindlichkeit gebe und daß für die Ehe, die in hohem Maße über die Glückseligkeit des Menschen entscheide, eine kirchliche Sanktionierung wünschenswert sei. Man solle daher den Wert der Religion auch für rein weltliche Angelegenheiten nicht herabsetzen, um „unter dem Namen der *Aufklärung* die Köpfe und Herzen der Menschen zu verwirren"[10].

Die bürgerlich-geistliche Querele von scheinbar sehr beschränkter Relevanz kommt im Rahmen dieser Abhandlung deshalb so ausführlich zur Sprache, weil „Aufklärung" hier von zwei Opponenten in zweierlei Hinsicht verstanden wird. Dem einen genügt das Aufgeklärtsein zum Verzicht auf geistliche Einmischung; der andere verdächtigt Aufklärung als Vorwand und Deckmantel anarchischer Umtriebe. Mitten aus einer Debatte über eine praktische, juristisch-theologische Einrichtung erwächst nichts Geringeres als die Frage nach den Grenzen von Aufklärung. Die hier aufbrechende Bedenklichkeit hat nichts zu tun mit ZINZENDORFS apriorischen Vorbehalten gegen die Leistungsfähigkeit eines aufgeklärten Verstandes, hat also nichts gemein mit der religiösen Reaktion gegen Aufklärung. Beide Opponenten argumentieren vielmehr ausdrücklich im Namen der Aufklärung, doch es erwacht jetzt in ihrer Mitte das Bewußtsein, daß Aufklärung durch sich selbst gefährdet, ja vereitelt werden könnte. Bei der Erwähnung des Begriffs „Aufklärung" läßt Zöllner wie beiläufig eine zukunftsträchtige Anmerkung einfließen, in der er gegen Ende seines Jahrhunderts vielleicht dessen brennendste Frage formuliert: „Was ist Aufklärung?" Und er fügt hinzu: „Diese Frage, die beinahe so wichtig ist, als: was ist Wahrheit, sollte doch wol beantwortet werden, ehe man aufzuklären anfinge! Und noch habe ich sie nirgends beantwortet gefunden!"[11]

Die Frage „Was ist Aufklärung?" ist eine der Aufklärung gemäße Frage, denn sie zielt nicht auf eine bloß theoretische Definition, die mit Hilfe der logischen Bestimmungen *genus proximum* und *differentia specifica* operiert, sondern sie resultiert aus der praktischen Beunruhigung über ihre Wege, Ziele und Grenzen. Dahinter steht die Frage nach ihrem Ausmaß und ihrer vielleicht notwendigen Selbstbeschränkung. Es kommt die Befürchtung auf, Aufklärung könnte sich sonst in blind vertrauendem Vorwärtsschreiten verirren und verlieren. Diese Sorge führt neben vielen anderen Bedenken auch zu der lange und heftig diskutierten Frage, ob man das „helle Licht der Aufklärung"[12] und die daraus resultierende Toleranz so weit anwenden sollte, daß man den Katholiken protestantische Gotteshäuser zur Abhaltung ihrer Messen einräumt, zumals sie ihrerseits nicht bereit seien, den in den Augen ihrer Kritiker höchst anstößigen Anspruch auf Alleinseligmachung preiszugeben. Die mit der Aufklärung eng verbundene Forderung nach Toleranz wird hiermit keinesfalls rückgängig gemacht, wohl aber hinsichtlich ihrer fragwürdigen Anwendung einer Überprüfung empfohlen.

In diesem Zusammenhang entsteht eine nicht enden wollende Auseinandersetzung über die im 18. Jahrhundert meistkritisierte Erscheinungsform des Katholizismus: die Jesuiten. Es melden sich Angreifer zu Wort (BIESTER), aber auch versöhnliche Stimmen wie die des Breslauer Moralphilosophen GARVE.[13] Die Beurteilung der Gefährlichkeit des Katholizismus hängt ab von der Einschätzung des Grades bereits erreichter oder noch zu erstrebender Aufklärung. Garve, der auf ihre Unbesiegbarkeit vertraut, verweist auf die bereits bestehenden Machtverhältnisse in Europa, und er mag dabei an den Protestantismus in Preußen, in Nordeuropa und den angelsächsischen Ländern sowie an die weit fortgeschrittene Aufklärung in Frankreich denken. Die reale Situation – so argumentiert er – lasse es überhaupt nicht zu, daß der Katholizismus den von ihm erhobenen Anspruch auch nur annähernd verwirklichen könne. Als weiteres Argument gegen die prätendierte fortdauernde Allgemeingültigkeit führt Garve die unübersehbare Tatsache geschichtlicher Veränderung ins Feld, die die katholische Kirche ständig dazu zwinge, sich anzupassen und damit ihre Inhalte zu verändern; an den überholten Formen halte sie nur deshalb fest, um sich und der Welt eine jahrhundertelange Kontinuität zu suggerieren. Sie lebe daher in dauerndem Selbstbetrug und sei eher bemitleidens- als bekämpfenswert. So wie andere Beiträge der BMS Gegnern und Vorurteilen mit juristischen, psychologischen und philologischen Verfahrensweisen zu Leibe rücken, so argumentiert Garve streng historisch. Einem auf Zeitlosigkeit bauenden Dogma soll durch Historisierung der Boden entzogen werden.

In seiner Replik anerkennt BIESTER die „zunehmende Aufklärung unseres Zeitalters", die den völligen Rückfall in „Sklavensinn" nicht gestatte; auch er setzt sein Vertrauen in den „Geist der gesunden Vernunft", der alle Vorurteile überwinden werde.[14] Im Unterschied jedoch zu seinem Kontrahenten vermag er den Grad bisher erreichter Aufklärung nicht so hoch zu taxieren, und er sieht den Aberglauben immer noch mächtig ins Kraut schießen. Mehrfach gehen Argumente solcherart hinüber und herüber. Die Frage: „Was ist Aufklärung?" wird vorerst durch Abschätzung ihrer Wirkung und Begrenzung ihres Ausmaßes behandelt. Es wird erörtert, wie weit sie gegangen *ist*, gehen *kann* und gehen *darf*.

Hierbei reicht die Skala von den Aufklärern, deren Haltung zur Welt zwar vernünftig, zur Vernunft aber gläubig ist, über diejenigen, die die Aufklärung durch mangelnde Kontrolle gefährdet sehen, bis zu denen, die in ihr hauptsächlich die Zerstörerin erblicken. Georg Ludwig SPALDING prangert in seinem Gedicht ›Heutige deutsche Philosophie‹ noch die extremen Positionen des Skeptizismus, Sensualismus und Materialismus an, die allesamt den Menschen nicht zu Glück und Weisheit führen[15], doch der Verfasser folgender satirischer Fabel artikuliert bereits grundsätzliche Bedenken gegen Aufklärung oder deren Mißbrauch.

Der Affe
Ein Fabelchen

Ein Affe stekt' einst einen Hain
Von Zedern Nachts in Brand,
Und freute sich dann ungemein,
Als er's so helle fand.
„Kommt Brüder, seht, was ich vermag;
„Ich, – ich verwandle Nacht in Tag!
  Die Brüder kamen groß und klein,
Bewunderten den Glanz
Und alle fingen an zu schrein:
Hoch lebe Bruder Hans!
„Hans Affe ist des Nachruhms werth,
„Er hat die Gegend aufgeklärt.[16]

Das Gedicht enthält eine Reihe von Anspielungen, die den ersten Eindruck von witziger Harmlosigkeit Lügen strafen. Der Held der Fabel, im Titel und Gedichteingang vorgestellt, ist aufgrund seiner tierischen Fabelqualität auf imitatorisches Gebaren festgelegt. Er figuriert somit auch hier als Nachahmer und modischer Mitläufer und bedient sich in Wort und Tat der aufklärerischen Lichtmetaphorik von „nachts" und „helle", von „Nacht" und „Tag". Er übernimmt und übersteigert den Subjektivitätsanspruch, den Descartes' *ego cogito* ebenso erhebt wie Kants Aufforderung zur selbstdenkenden Erkenntnistätigkeit. Zweimal stellt sich in der sechsten Zeile das Ich in den Vordergrund, beim zweitenmal, indem es sich gleichsam nach erneutem Atemholen in die Brust wirft. Und dieses Ich verwandelt Nacht in Tag, maßt sich mit seinem *fiat lux* eine gottähnliche Schöpferrolle an. Es ist ihr jedoch in keinem Belange gewachsen; denn auf „Glanz" reimt sich „Hans", und das scheinbare Licht der Aufklärung ist in Wahrheit das Feuer der Verbrennung. So wie im Mittelalter der Satan als Affe Gottes (*simia dei*) Werke und Funktionen des Herrn verzerrend und verkehrend nachäfft, so bewirkt auch der Held der Fabel statt Aufklärung nur Vernichtung. Daß ihr ausgerechnet ein Zedernhain anheimfällt, ist ein Verlust besonderer Art; denn die Zeder gilt bereits den biblischen Propheten als Bild des Hoch-Erhabenen und Ewigen. Bei Ezechiel (Hesekiel)[17] blicken im Gottesgarten Eden alle Bäume mit Neid auf sie, und in der Kunst des Mittelalters wird sie im emblematischen Sinne auf Maria bezogen. Noch in Goethes ›Wandrers Sturmlied‹ sieht Apoll an dem vorbei, der „Neidgetroffen" der „Ceder Kraft" bewundert, die in ihrem immerwährenden Grün des belebenden göttlichen Blicks nicht bedarf.[18]

Auf diesem ernst-heiligen Hintergrund erscheint die zunächst nur tölpelhaft anmutende Brandstiftung des aufklärenden Affen wie eine bösartige Schändung. Er degradiert wertvollstes Material, aus dem man Schiffe und Sarkophage baut, zu bloßem Brennmaterial. Wie Nero einst Menschen, so opfert er wichtige Güter, nur um auf absurde Weise die Gier nach Beleuchtung zu befriedigen. Inhalte werden zertrümmert, nur damit dem formal-abstrakten Auftrag Genüge getan wird; eine derart losgelassene Aufklärung wird zur verheerenden Ideologie.

Die Antworten auf die von ZÖLLNER aufgeworfene Frage „Was ist Aufklärung?" erschöpfen sich schließlich nicht mehr in versuchten Abgrenzungen von Zuständigkeiten oder in Hinweisen auf eventuelle Verfehlungen der Aufklärung, sondern Philosophen wie Mendelssohn und Kant heben das Problem auf ein höheres theoretisches Niveau. Sie fragen nicht mehr nur nach dem „Wie weit", sondern grundsätzlich nach dem „Was" und vor allem nach dem „Für wen". Der Begriff der Aufklärung wird erstmals in einem umfassenden Sinne erörtert: Ins Blickfeld rücken ihre Geschichte, ihre spezifischen Merkmale und

Funktionen, ihr gesellschaftliches Substrat und ihre Leistungsfähigkeit, die an der zentralen und stetig beschworenen Leitidee des Zeitalters gemessen wird: an der „Bestimmung des Menschen". MENDELSSOHNS Aufsatz ›Ueber die Frage: was heißt aufklären?‹, 1784 in der BMS erschienen, gibt folgende Antwort: „Bildung, Kultur und Aufklärung sind Modifikationen des geselligen Lebens; Wirkungen des Fleißes und der Bemühungen der Menschen ihren geselligen Zustand zu verbessern."[19] Diese Begriffsbestimmung der Wörter „Aufklärung", „Kultur" und „Bildung", die der Autor noch im Jahre 1784 als „neue Ankömmlinge"[20] in der deutschen Sprache bezeichnet, zielt auf die Zusammengehörigkeit der genannten Phänomene und auf ihre gemeinsame Einbettung in das gesellschaftliche Leben der Menschen. Die Aktivität dieses Substrates manifestiert sich in den drei Erscheinungsweisen („Modifikationen"), die ihrerseits als menschliche Anstrengungen auf die Verbesserung des sozialen Zustandes hinwirken. Mendelssohns Definition von Aufklärung markiert also ihren Ursprung („geselliges Leben"), ihren Zusammenhang mit „Bildung" und „Kultur", ihr Ziel (Verbesserung des „geselligen Lebens"), die dazu erforderlichen Mittel („Fleiß", „Bemühungen") sowie ihren Anwendungsbereich. Die bedauernde Bemerkung, daß das Wort „Aufklärung" noch als Neuankömmling zur bloßen Büchersprache gehöre, die der „gemeine Haufe"[21] kaum verstehe, verrät das Bestreben um Ausbreitung der Aufklärung über einen exklusiven Kreis hinaus. Anders als die Humanisten des 16. Jahrhunderts haben die Aufklärer von Anfang an sehr viel breitere Zielgruppen im Auge. Ihre Arbeit gilt nicht allein einer dünnen Gelehrtenschicht, sondern dem „Volk" und „dem Menschen". Sie strecken in Deutschland zwar notgedrungen die Waffen vor der staatlichen Gewalt und Zensur, machen aber nicht freiwillig halt an den Grenzen der Nichtgebildeten und Unterprivilegierten. Hell soll es nicht nur werden in Palästen und Salons, sondern auch in Häusern, Hütten und auf Plätzen.

Zu den Mitteln der Aufklärung gehören bezeichnenderweise nicht in erster Linie intellektuelle Fähigkeiten wie Urteilsvermögen, Scharfsinn usw., sondern Aktivierungen des menschlichen Willens. Aufklärung entstammt und dient nicht bloß theoretischer Einsicht, sondern praktischer Entschlußkraft; ihr Antrieb ist nicht die Logik, sondern die Ethik (vgl. S. 8f.). Dem scheint zu widersprechen, daß Mendelssohn bei seiner Unterscheidung zwischen Kultur und Aufklärung jener das Praktische, die Qualität des Handwerks, der Künste und Sitte, dieser dagegen das Theoretische, die „vernünftige Erkenntniß"[22] zuschreibt. Doch diese Konfrontierung ist mißverständlich, weil sie unter dem

Praktischen die sinnlich faßbaren Produkte, unter dem Theoretischen dagegen die geistigen Akte des Menschen versteht. In Wirklichkeit aber sind auch diese auf praktische Anforderungen bezogen und werden von ihnen geleitet; denn vernünftiges Erkennen ist für Mendelssohn – ebenso wie für andere Aufklärer – nicht losgelassene Verstandestätigkeit, sondern unterliegt dem Maßstab der Wichtigkeit und Wertigkeit jeder Erkenntnis für die Bestimmung des Menschen, für die Verbesserung des gesellschaftlichen Zusammenlebens: „Ich setze allezeit die Bestimmung des Menschen als Maaß und Ziel aller unserer Bestrebungen und Bemühungen ..."[23]

Worin die „Bestimmung des Menschen" liegt, muß Mendelssohn nicht eigens sagen. Er kann sich auf die seit der deutschen Frühaufklärung eingebürgerten Gedanken und Begriffe stützen, die es, so knapp wie möglich, zu rekapitulieren gilt: In Christian WOLFFS sog. ›Deutscher Moral‹ (1720) lesen wir: „Die Beobachtung des Gesetzes der Natur ist es, so den Menschen glückseelig machet. Da nun die Fertigkeit, dem Gesetze der Natur gemäß zu leben, die Tugend ist, *so machet die Tugend den Menschen glückseelig*. Und demnach kann man ohne Tugend niemand glückseelig nennen."[24] Diese Sätze enthalten die zentralen Begriffe und in nuce auch deren Zusammenhang, d. h. das System der aufgeklärten Anthropologie. Die „Beobachtung des Gesetzes der Natur" obliegt der menschlichen Vernunft, die nach Leibniz und Wolff zur Natur im Verhältnis der prästabilierten Analogie steht und daher imstande ist, ihre Gesetze adäquat zu erfassen. Die richtige Anwendung der Vernunft, d. h. Naturerkenntnis, ist die Bedingung der Möglichkeit zur erstrebten Bestimmung des Menschen, zu seiner auf Erden zu verwirklichenden Glückseligkeit. Es genügt jedoch nicht, bei der bloß kontemplativen Betrachtung („Beobachtung") der Natur zu verharren, da diese erst Grundlage, noch nicht aber die Verwirklichung der Glückseligkeit gewährleisten kann. So klärt sich der Sinn des zweiten Satzes, der bei oberflächlicher Deutung überflüssig erscheint, da bereits die Naturerkenntnis Glückseligkeit in Aussicht stellte. Doch erst die Aneignung der Naturgesetze zu Prinzipien des tätigen Lebens macht den handelnden Menschen nicht nur zu einem Natur erkennenden, sondern auch naturgemäßen Wesen. Das Ergebnis dieser durch Vernunft ermöglichten, durch Anstrengung erarbeiteten Annäherung an die Natur ist die Tugend. Sie ist die zur Habitualität gewordene Naturgemäßheit und damit das Instrument, ohne das Glückseligkeit versagt bleibt. Natur – Vernunft – Tugend – Glückseligkeit: diese vier Begriffe markieren Ausgangspunkt (Natur), Wege (Vernunft und Tugend) und Telos (Glückseligkeit) menschlicher Vervollkommnung. Der Natur gebührt als Idee der Ordnung, als Maß und Mitte ein gottähnlicher Rang. Ihm ähnlich zu werden, lautet die Bestimmung des Menschen, dem seine Glückseligkeit nicht mehr erst im Jenseits, in der Anschauung Gottes, sondern bereits auf Erden zuteil wird. Die Vermittlung zwischen Ideal (Natur) und Vervollkommnung (Glück) wird nicht mehr durch die Gnade, sondern durch menschliches Vermögen geleistet, durch das theoretische der Vernunft und das praktische des moralischen Handelns.

Es blieb jedoch den Philosophen der Frühaufklärung nicht verborgen, daß die erstrebte Bestimmung des Menschen in äußerstem Kontrast zur vorgefundenen Wirklichkeit stand, und so klagte bereits Christian THOMASIUS (1696): „So ist demnach anstatt menschlicher Glückseligkeit *überall Unglück.* Elend bei Regenten, Elend bei Lehrern, Elend bei den Hausvätern, Elend bei Hofe, Elend in der Kirche, Elend im Hause und auf dem Lande, *ja überall und an allen Orten Elend.*"[25] Indem er nach den Ursachen dieses allgemeinen Unglücks sucht, stößt er keineswegs wie die Autoren des Barock auf die grundsätzliche Verderbtheit des Menschen oder auf die Nichtigkeit der Welt, sondern auf eine Instanz, die offenbar vernachlässigt wurde und die allein das verlorene Glück restituieren könnte: „Die größte Glückseligkeit ist *die Gemütsruhe*, und die Mutter und Tochter derselben ist die vernünftige Liebe."[26] Die der Natur eigene Ausgeglichenheit, für den Menschen seit der Stoa als Ataraxie erstrebenswert, ist offenbar in allen Schichten der Gesellschaft verlorengegangen, weil es weiterhin an „vernünftiger Liebe" gebricht. Dieser Begriff, für alle unerbittlich Denkenden und bedingungslos Liebenden ein Monstrum an Mittelmäßigkeit, hat im System aufgeklärter Anthropologie die wichtige Funktion naturgemäßer Vermittlung. Die „unvernünftige Liebe" nämlich ist deshalb verderblich, weil sie als losgelassenes, d. h. nicht durch Vernunft gezügeltes, Gefühl pervertiert, und zwar zur Affenliebe, wenn sie sich auf andere Menschen oder zum brutalen Egoismus, wenn sie sich auf das eigene Selbst richtet. Liebe als Affekt ist also an sich noch nicht wertvoll, sondern bleibt solange ein Adiaphoron, bis sie durch ihre Verbindung mit Vernunft oder Unvernunft zu einem Wert bzw. einem Unwert erzogen oder verzogen wird. In seiner ›Politischen Klugheit‹ (1710)[27] hat Thomasius die aufgeklärte Lehre von den gemäßigten und erst dadurch wertig werdenden Affekten weiter ausgebaut. Den drei Haupttugenden: Mäßigkeit, Bescheidenheit und Vergnüglichkeit setzt er die entsprechenden drei Laster Wollust, Ehrgeiz und Geldgier entgegen. Er bezeichnet die Wollust als „unmäßige Begierde zu Lustbarkeiten", den Ehrgeiz als „unmäßige Begierde nach Ruhm und Ehren" und die Geldgier als „unmäßige Begierde nach Reichthum". Wie bei der „vernünftigen Liebe" sind auch hier die Begierden nicht als solche verwerflich, sie werden erst durch Unmäßigkeit abqualifiziert. Unterstellen sie sich der durch die Natur und ihre Gesetze legitimierten Herrschaft der Vernunft, so finden sie das rechte Maß und befördern die Bestimmung des Menschen, seine Glückseligkeit. Daher nennt Thomasius die Laster „herrschende Begierden" und die Tugenden „beherrschte Begierden". Aus dem formalen Postulat der Mäßigung leitet er eine Reihe von Tochter-Tugenden ab, die da heißen: Nüchternheit, Keuschheit, Sparsamkeit, Munterkeit, Aufrichtigkeit, Klugheit und Geschicklichkeit. Aus dem Grundprinzip der auf das Maß der Mitte reduzierten Triebe (Nüchternheit, Keuschheit) ergeben sich bei näherem Hinsehen genauere Bestimmungen dieser Tugenden: praktisch-ökonomische (Sparsamkeit), nützliche, die dem eigenen Aus- und Fortkommen dienlich sind (Klugheit, Geschicklichkeit), und soziale (Aufrichtigkeit, Munterkeit). Materielles Vermögen, moralisch-intellektuelle Fertigkeit und gesellschaftliche Aufstiegschancen sind nicht nur Konsequenzen eines formalen Vermittlungsprinzips, sondern zugleich Substrat des bürgerlichen Tugendkatalogs.

Daß die Bestimmung des Menschen nicht ohne Mäßigung und Mitte zu verstehen ist, bleibt auch gegen Ende des Jahrhunderts, bei MENDELSSOHN, unverzichtbarer Bestandteil aufklärenden Denkens. Um des Maßes und der Grenzziehung willen unterscheidet er zwischen der „Bestimmung des Menschen als *Mensch*" und der „Bestimmung des Menschen als *Bürger*".[28] Die Aufklärung, die den Menschen als Menschen betrifft, soll dabei umfassend, d.h. nicht an Stände gebunden, gelten; die Aufklärung des Menschen als Bürger dagegen soll sich nach seinem Stand und Beruf bemessen, wodurch ihr eine deutliche Grenze gesetzt ist. Das Glück des Menschen und des Staates ist nur dann am ehesten gewährleistet, wenn die Bestimmung des Menschen und die des Bürgers miteinander harmonieren. Wenn jedoch beide divergieren, so bleibt zu klären, ob eine wesentliche Bestimmung der einen mit einer zufälligen Bestimmung der anderen Seite im Widerstreit liegt, um dann dem Wesentlichen den Vorrang zu geben. Wenn jedoch eine wesentliche Bestimmung des Menschen mit einer wesentlichen des Bürgers kollidiert, wenn also die Verfassung in Gefahr gerät, dann – so fordert Mendelssohn unmißverständlich – „lege die Philosophie die Hand auf den Mund!"[29]. Diese Rücksichtnahme auf den Bestand des Allgemeinwohls ist zwar oft, wie Mendelssohn erkennt, ein Alibi für Heuchelei gewesen, die in so manchen Jahrhunderten Barbarei und Aberglauben habe gedeihen lassen, doch nichtsdestoweniger seien die Grenzen zu beachten, denn ein Mißbrauch der Aufklärung, d.h. ihre nicht durch die Bestimmung des Menschen und Bürgers geregelte Anwendung, führe zu Egoismus, „Irreligion, und Anarchie"[30]. Um die Möglichkeit einer pervertieren Aufklärung zu demonstrieren, entwirft Mendelssohn ein apokalyptisches Bild: „Je edler ein Ding in seiner Vollkommenheit, sagt ein hebräischer Schriftsteller, desto gräßlicher in seiner Verwesung. Ein verfaultes Holz ist so scheußlich nicht, als eine verwesete Blume; diese nicht so ekelhaft, als ein verfaultes Thier; und dieses so gräßlich nicht, als der Mensch in seiner Verwesung. So auch mit Kultur und Aufklärung. Je edler in ihrer Blüte: desto abscheulicher in ihrer Verwesung und Verderbtheit."[31]

Das Bewußtsein, Aufklärung könne in fundamentaler Verirrung gerade das betreiben, was sie zu verhindern sich vorgenommen hat, ist den Aufklärern, zumindest Mendelssohn und Kant, nicht fremd. Insofern ist der Vorwurf der Kritischen Theorie[32], Aufklärung habe auf ihre kritische Selbstreflexion verzichtet, nicht berechtigt und trifft erst auf den Positivismus des 19. Jahrhunderts zu. Die Aufklärung des 18. Jahrhunderts, zumindest seit den 80er Jahren, reflektiert auf ihre Herkunft, Zielsetzung und Grenze, und sie teilt mit der Kritischen Theorie die Auffassung, daß losgelassene Vernunft dem Ego keine Schranken setze und den Völkermord nicht verhindern könne. Im Unterschied jedoch zur Kritischen Theorie sehen die Vertreter der Aufklärung nicht die ihr inhärente Dialektik, die sie mit zwingender Folgerichtigkeit in ihr Gegenteil umschlagen läßt. Sie suchen vielmehr der totalen Autonomisierung des Verstandes Riegel vorzuschieben, indem sie an sanktionierten Wertsetzungen und Institutionen festhalten: Menschenliebe, Religion, Obrigkeit usw., und sie sind entschlossen, der Pervertierung der Aufklärung zur Anarchie durch Vermittlung der beiden Bestimmungen des Menschen, der privaten und der öffentlichen, entgegenzusteuern.

Fast gleichzeitig mit Mendelssohns Aufsatz und ohne Kenntnis desselben greift KANT die von Zöllner aufgeworfene Frage ebenfalls in der BMS (1784) auf. Trotz zeitlicher Nähe und inhaltlicher Gemeinsamkeiten, die Trennung von öffentlicher und privater Sphäre betreffend, sind die tendenziellen Unterschiede zwischen beiden Abhandlungen beträchtlich. Sie beruhen auf einer bei Kant forcierten Hervorhebung des Selbst. Bereits die stilistische Pointierung des Titels wandelt sich von einem zur Diskussion stellenden Räsonieren Mendelssohns „Ueber die Frage: was heißt aufklären?" zu der selbstbewußten definitorischen Formulierung: „Beantwortung der Frage: Was ist Aufklärung?"[33] Mendelssohn sieht sich und das Programm der Aufklärung noch stärker eingebettet in den Dialog weltbürgerlicher Geister auf der Grundlage tradierter und dadurch garantierter Normen und Zielsetzungen. Er versteht Aufklärung zusammen mit Bildung und Kultur als „Modifikation des geselligen Lebens"³⁴. Kant dagegen gründet den Auftrag der Aufklärung nicht vorrangig auf das Substrat des gesellschaftlichen Zustandes, sondern auf das Ego und somit notfalls gegen das „gesellige Leben". Die einleitende Bestimmung „*Aufklärung* ist der Ausgang des Menschen aus seiner selbst verschuldeten Unmündigkeit"³⁵ macht das „Selbst" für versäumte oder verhinderte Aufklärung verantwortlich; das „Habe Muth dich deines eigenen Verstandes zu bedienen!" sieht in der individuellen Erkenntnisanstrengung die einzige Bedingung der Möglichkeit von Aufklärung. Da aufklärende Erkenntnis nur vom Selbst ausgehen kann, erhält sie ihre Impulse nicht von den allgemeinverbindlichen Gesetzen des logischen Operierens, sondern von den voluntaristischen Akten des Mutes und der Entschlußkraft. Ihre Feinde sind nicht in erster Linie Fehlschlüsse, sondern „Faulheit und Feigheit"³⁶. Aufklärung basiert nicht auf Logik, sondern auf Erkenntnisethik.

Die im ersten Absatz des Kantischen Beitrags wiederholte Betonung des Selbst und seines eigenen Verstandes als Fundament der Aufklärung beinhaltet die ebenfalls wiederholt genannte Opposition gegen die „Leitung eines anderen". Die Forderung nach Selbstbestimmung impliziert die Kampfansage gegen jede Form der Fremdbestimmung. Das bei oberflächlicher Betrachtung nur an Einzelsubjekte gerichtete und von jeglicher Intersubjektivität losgelöste Postulat erhält in Wirklichkeit gerade durch die strikte Verweisung auf das Ego als einzige Legitimationsinstanz den Auftrag zur ständigen kritischen Auseinandersetzung mit den „anderen", ihren prätendierten Autoritäten und Herrschaftsansprüchen. Die Forderung nach Autonomie statt Heteronomie der Erkenntnis führt zur Kritik an etablierten Wahrheiten und zur Konfrontation mit den Normen und Institutionen des gesellschaftlichen Lebens. Selbstdenken ist daher nicht eingefroren im *solus ipse*, sondern ist immer auch ein Denken gegen und für andere. Die scheinbar privatisierende Reduktion auf das Ego ist in Wahrheit die strikteste Aufforderung zur intellektuellen Aggressivität.

Diese hat ihre Voraussetzungen im Zustand der Gesellschaft, und sie gilt zugleich seiner Verbesserung. Zur „Aufklärung aber wird nichts erfordert als *Freiheit*"³⁷. So wie Kant in der ›Kritik der reinen Vernunft‹ vermittelt zwischen den absolutistischen Tendenzen des Rationalismus und Sensualismus, zwischen den Herrschaftsansprüchen von Verstand und Sinnlichkeit, zwischen den Erfordernissen von Subjektivität und Wissenschaftlichkeit, so sucht er auch nach einer Balance zwischen dem aufklärerischen, auf Freiheit des einzelnen basierenden Selbstdenken auf der einen und den Anforderungen des Allgemeininteresses auf der anderen Seite. Ähnlich wie Mendelssohn bedient er sich hierzu einer Unterscheidung des Vernunftgebrauchs, die beiden Seiten gerecht werden soll. Hatte Mendelssohn die Bestimmung des Menschen als Menschen, für den Aufklärung unbegrenzt sein soll, von der Bestimmung des Menschen als Bürger abgehoben, dessen Freiheitsspielraum er eingeengt sehen wollte, so trennt Kant den „öffentlichen Gebrauch" der Vernunft vom „privaten". Daß Kant das von Mendelssohn als „bürgerlich" Bezeichnete „privat" und den „Menschen als Menschen" „öffentlich" nennt, ist nur scheinbar widersprüchlich; denn öffentlich ist im 18. Jahrhundert nur der Mensch als Mensch, als Räsonierender, als Wissenschaftler, als Künstler usw.[38] Als bürgerliches, d. h. auch als politisches Subjekt (Soldat, Beamter, Lehrer usw.) ist er eine nicht öffentliche, sondern private Existenz, die in ihrer politischen Funktion von ihren Ideen keinen ungehemmt öffentlichen und damit kommunitätsgefährdenden Gebrauch machen darf. Als Geistlicher z. B. ist er in dem bürgerlich-privaten Vernunftgebrauch seines Amtes denen verantwortlich, die ihn anstellen und in deren Dienst er seelsorgerisch wirkt; als räsonierender (forschender und schreibender) Gottesgelehrter dagegen ist er befugt, selbstdenkend das zu kritisieren, was ihm die Obrigkeit täglich auszuüben mit Recht vorschreibt. Mit der Trennung von freisetzender Öffentlichkeit und bürgerlich-privater Bindung wird verhindert, daß das von der Aufklärung geforderte Selbstdenken unmittelbar auf die Praxis übertragen wird und zu einem Chaos losgelassener Einzelbestrebungen führen kann. Nur im Reich der Theorie, in der Gelehrtenrepublik, wird Aufklärung unbegrenzt gutgeheißen; ob ihre Anregungen und Ergebnisse jedoch in die Tat umgesetzt, d. h. politische Realität werden können, hängt davon ab, ob das im öffentlichen Gebrauch Räsonierte sich durchsetzt, ob es von der Allgemeinheit und vor allem von der Obrigkeit für praktikabel oder opportun gehalten wird. Damit wird ein reformbejahendes und zugleich revolutionsverneinendes Prinzip etabliert, das in bürgerlich-parlamentarischen Systemen mit einigen Unterschieden bis heute besteht. Der Gedanke der Freiheit ist nur für den Gedanken reserviert; in der Realität bedarf er der Macht oder er muß sich bescheiden: „räsonnirt, so viel ihr wollt, und worüber ihr wollt; aber gehorcht!"[39]

In den wichtigen Zeitschriften vor allem der Berliner Aufklärung, in der ADB und in der BMS, wird Aufklärung – wie zu sehen war – schon mit vielen Gebieten des Wissens und der Kultur in Verbindung gebracht. Insofern sind hier bereits fast alle später entfalteten Ansätze und Betrachtungsweisen im Keime erkennbar. Schon jetzt zeigt sich, daß die

Aufklärungsproblematik nicht auf Religionskritik beschränkt bleibt, sondern daß sie sich vertiefen und ausdehnen wird auf Grundsatzfragen der Philosophie und Kunst, auf die Denkfreiheiten des Wissenschaftlers und Bürgers und schließlich auf die Selbstreflexion der Aufklärung über ihre eigene Herkunft, ihr Ziel und ihre Grenzen, so bei Mendelssohn, wenn er sie nicht als abstrakten Auftrag versteht, sondern an die konkreten Bestimmungen des Menschen und Bürgers bindet. Trotz aller avisierten Erweiterungen und Vertiefungen liegt jedoch in diesem Umkreis, auch in der Berlinischen Monatsschrift, der Hauptakzent immer noch auf dem religionsbezogenen Aspekt, und selbst Kant räumt gegen Ende seines Aufsatzes ein: „Ich habe den Hauptpunkt der *Aufklärung*, die des Ausganges der Menschen aus ihrer selbst verschuldeten Unmündigkeit, vorzüglich in *Religionssachen* gesetzt"[40], und er begründet seinen Schritt damit, daß sich die Obrigkeit im allgemeinen nicht zum Vormund über Kunst und Wissenschaft, wohl aber über Religionsausübung macht. Indem Kant über „Religionssachen" räsoniert, richtet er sein Augenmerk damit auch auf die Obrigkeit. Seine Trennung in „öffentlich" und „privat" anerkennt und begrenzt zugleich den Anspruch der Herrschenden.

Ähnlich wie Kant richtet auch LESSING seine aufklärerischen Intentionen vornehmlich auf „Religionssachen". Nicht von ungefähr prüft Saladin Nathans vielgerühmte Weisheit mit der Frage nach der wahren Religion, und in der ›Erziehung des Menschengeschlechts‹ zielen bereits die beiden ersten Paragraphen auf die Offenbarung und ihre historische Funktion für die Perfektibilität der Menschen. Der Vorrang der religionsbezogenen Aufklärung erklärt sich nicht allein aus der durch den Antagonismus von Glauben und Vernunft problematisierten Thematik, sondern auch aus der im 18. Jahrhundert möglichen Publikumswirksamkeit. Lessing wäre sicherlich schon früher mit seinen religionskritischen Ansichten auf die Bühne gegangen, doch noch war die innertheologische Diskussion die beherrschende Szene, wo man Stichworte hören und geben, wo man leidenschaftliche Dialoge führen, wo man sich mit seiner brisanten Wahrheitssuche Gehör verschaffen und Mitstreiter im Kampf gegen Aberglauben und Unduldsamkeit gewinnen konnte. Inmitten seiner theologischen Streitigkeiten schreibt Lessing daher an seinen Bruder Karl (20.3.1777): „daß das deutsche Theater mir immer fatal ist; daß ich nie mit ihm, es sei auch noch so wenig, bemengen kann, ohne Verdruß und Unkosten davon zu haben. – Und Du verdenkst es mir noch, daß ich mich dafür lieber in die Theologie werfe?" Erst später, nach Enttäuschungen und Verboten, verlegte Lessing seine Debatte im ›Nathan‹ von der Theologie auf das Theater.

Neben den vielen orthodoxienahen oder maßvoll kritisierenden Aufklärungsgedanken in den offiziellen Zeitschriften des 18. Jahrhunderts gibt es aber auch in Deutschland Beispiele für radikalere Ansätze, die zentrale deistische Ideen Westeuropas übernehmen und verwerten. Die spektakulärste Erscheinung ist Hermann Samuel REIMARUS, dessen Schrift ›Apologie oder Schutzschrift für die vernünftigen Verehrer Gottes‹ bereits 1745 begonnen wurde, von der Lessing ab 1774 mehrere Fragmente „des Ungenannten" herausbrachte und die erstmals 1972 vollständig publiziert wurde.[41] Reimarus (1694–1768), seit 1728 Professor für orientalische Sprachen am Hamburger Gymnasium, war auf Reisen nach Leyden und Oxford mit der niederländischen Philosophie (Grotius, Spinoza, Bayle) sowie mit dem englischen Deismus (Toland, Morgan, Warburton) bekannt geworden. Unter deren Einfluß und gegen die Materialisten und Atheisten französischer Prägung gerichtet, verteidigt er die den Regeln der Vernunft entsprechende natürliche Religion mit ihren unverzichtbaren Prinzipien der Existenz Gottes, der Unsterblichkeit der Seele und der Freiheit als Grundlage jeglicher Moralität. Abgelehnt dagegen werden die übernatürliche Offenbarung, die biblische Tradition, Dogmen und Edikte durch positive Religionen. Allein die ethischen Vorschriften und Handlungen Jesu sollen für den Christen verbindlich sein. Lessing übergeht in seiner Einleitung zu dem ersten ›Fragment eines Ungenannten‹ die deistischen Einflüsse und behauptet, daß der „Verfasser durchgängig aus Wolffischen Grundsätzen philosophieret"[42]. Ob Lessing damit die Handschrift des Deisten geflissentlich übersah, um mit dem Hinweis auf den Wolffianismus, der zweifellos auch aus den ›Fragmenten‹ spricht, die häretischen Züge zu verdecken, wissen wir ebensowenig, wie wir die wahren Gründe für die Herausgeberschaft kennen. Ob er die positiven Religionen und bis zu einem gewissen Grade auch die Orthodoxie verteidigen oder ob er sich, um die Zensur zu umgehen, eines anonymen Vorreiters eigener Religionskritik bedienen wollte, bleibt bis heute umstritten. Das Spektrum der Erklärungsmöglichkeiten reicht von der Zuordnung Lessings zur lutherischen Orthodoxie (J. H. Witte)[43] über seinen Versuch einer prüfenden Erneuerung des protestantischen Christentums (Fittbogen, Barth)[44], seine Anknüpfung am Urchristentum mit einer individualitätsbezogenen Religion der Tat (E. Schmidt)[45], seinen Konflikt zwischen „Transzendenzgläubigkeit und Immanenzverhaftung" (Thielicke)[46], seinen Mystizismus[47], seine deistische Haltung (Hazard)[48], über Lessing als Häretiker (Nigg)[49], seine moderne religiöse Existenz, jenseits aller weltanschaulichen Festlegungen (O. Mann)[50], bis zu dem Aufklärungsphilosophen, der den Theologenstreit als Vehikel bürgerlicher Ideologie benutzt (Mehring, Rilla).⁵¹ In neueren Forschungsbeiträgen gilt er als Leibnizianer (Allison)⁵² und als Verfechter kritischer Vernunft, die sich am Natürlichkeitsprinzip als maßgebender Instanz orientiert (Bohnen).⁵³ Nimmt man die ›Gegensätze des Herausgebers‹ zu den Fragmenten beim Wort, so identifiziert sich Lessing keineswegs mit allen Thesen des Reimarus. Er möchte sie vielmehr zur Diskussion stellen. Wer sich ihr verschließt, so sagt er, „kann ein sehr *frommer* Christ sein, aber ein sehr *aufgeklärter* ist er gewiß nicht"⁵⁴. „Aufgeklärt" in diesem Sinne bedeutet nicht, eine außer- oder antitheologische Position zu vertreten, sondern die Bereitschaft zu haben, den eigenen Glauben in Zweifel ziehen zu lassen, vernünftig zu argumentieren und so den Glauben zu klären, durch Gründe zu befestigen oder zu kritisieren. Daher fügt Lessing seiner oben zitierten Gegenüberstellung von „fromm" und „aufgeklärt" eine weitere hinzu: Wer sich weigert, über seinen Glauben zu räsonieren, „kann es mit seiner Religion herzlich gut *meinen*: nur müßte er ihr auch mehr *zutrauen*"⁵⁵. Das „Zutrauen" als Wagnis ist wie Kants *sapere aude* die Grundlage wahrheitssuchender Prüfung. Dieser muß sich – und hierin sieht Lessing die aufklärende Funktion der Fragmente – auch die Religion unterziehen lassen. Aufklärung bedeutet nicht Verneinung, sondern Prüfung des Glaubens.

Der Fragmentenstreit, in den Dutzende von Religionsverteidigern (Goeze u.v.a.) und -kritikern hineingezogen wurden, entfachte eine Debatte, „wie sie in Deutschland wohl seit der Reformation nicht geführt worden war"⁵⁶. Sie erlosch nicht und wurde nicht zu Ende geführt; sie wurde verboten. Die Kritik an der Religion tangierte die Obrigkeit und damit die damaligen Grenzen der Aufklärung.

In fast allen bisher behandelten Zeugnissen wird Aufklärung zwar nicht als ungeschichtliches Ereignis, wohl aber als historisch unbegrenzter Auftrag zur selbständigen Erkenntnistätigkeit verstanden. Als Prozeß einmal in Gang gebracht (Antike – Renaissance – Reformation – 17. und 18. Jahrhundert – usw.), soll sein Ende nicht abzusehen sein. Das entspricht der Hoffnung auf Perfektibilität, deren Erstrebung wichtiger als ihre Verwirklichung wird. So formuliert es Lessing (›Eine Duplik‹ 1778) in seinem oft zitierten Bild von Gott, der ihm in seiner Rechten alle Wahrheit und in seiner Linken den Trieb nach Wahrheit anbietet und dem er als Mensch dann dankend in die Linke fallen möchte, wohl wissend, daß die ganze Wahrheit allein für Gott bestimmt und den Irdischen (noch?) nicht zuträglich ist.

So sieht es auch HERDER, der sich übrigens entgegen weitverbreiteter Auffassung bereits in seinen frühen Schriften keineswegs als Feind der Aufklärung erweist, sondern ihr nur dann entgegentritt, wenn sie sich als praxisferne Abstraktion und nicht als Entwicklung eines mit der Lebenswelt vermittelten Wissens versteht. Sobald sie jedoch nicht in der Perfektion leer laufender Verstandesmechanismen ihren Zweck sieht, sondern sich als Mittel zur Verbesserung der Gesamtheit des menschlichen Zusammenlebens begreift, wird sie auch vom frühen Herder begrüßt. Dies geschieht dann vorbehaltlos in den späteren Schriften, in den ›Ideen‹ (1784–91) und in den ›Briefen zur Beförderung der Humanität‹ (1793–97). Obwohl er hier oft vom „Jetzt", von der „neuen Zeit" spricht, in der bemerkenswerte Fortschritte zur Humanität erkennbar seien, ist „Aufklärung" für ihn noch kein Epochenbegriff, sondern eine durch die gesamte Geschichte der Menschheit trotz aller Unterbrechungen und Rückschläge (Papismus des Mittelalters) fortschreitende Bewegung, von der er die Kalifornier und Feuerländer, als sie Bogen und Pfeile zu machen lernten, ebensowenig ausschließt wie den Beitrag der Hebräer und Griechen zur „Weltaufklärung"[57]: „In Absicht der bürgerlichen Aufklärung sind wir dem einzigen Athen also das Meiste und Schönste aller Zeiten schuldig."[58] Die Aufklärung ist auch für Herder wie für viele seiner Zeitgenossen weder an einen bestimmten Zeitraum noch an einen begrenzten Kulturraum gebunden: „Die Kette der Cultur und Aufklärung reicht aber sodann bis ans Ende der Erde."[59]

Auch KANT scheint ähnlicher Ansicht zu sein wie Lessing und Herder, wenn er auf die Frage „Leben wir jetzt in einem *aufgeklärten* Zeitalter?" antwortet: „Nein, aber wohl in einem Zeitalter der *Aufklärung*."[60] Dann aber geht er einen Schritt weiter in Richtung auf eine mögliche Historisierung, und er nennt „dieses Zeitalter das Zeitalter der Aufklärung oder das Jahrhundert *Friedrichs*"[61]. Damit ist „Aufklärung" zwar auf dem Wege, *Epochenbegriff* zu werden, doch nur in der Bestimmung des Anfangs, nicht in der eines abzusehenden Endes. Aufklärung geht vom 18. Jahrhundert aus, erfährt von ihm ihre stärksten Impulse, bleibt aber nicht auf dieses Zeitalter beschränkt, sondern soll von hier aus in eine unbegrenzte Zukunft weiterwirken.

Gleichzeitig aber, oder wenig später, führen selbstkritische Fragen nach den inhaltlichen Grenzen von Aufklärung auch dazu, nach ihren zeitlichen Grenzen Ausschau zu halten, und zwar zu dem Zwecke, nach erreichtem oder gedachtem Abschluß Rückblick und Abrechnung zu halten und das Geleistete und Verfehlte zu überprüfen. So schreibt der innerhalb der Berliner Aufklärung argumentierende Johann Jakob ENGEL: „man verehre mit dankbarer Seele alles das Gute, was man bis jetzt von der Aufklärung empfing; allein die Frage von ihrem Werthe im Allgemeinen lasse man ausgesetzt, bis sie nicht mehr im Fortschreiten begriffen, sondern zu ihrer Vollendung gediehen ist, und ihre letzten unabänderlichen Resultate der Welt vor Augen liegen."[62] Es steht außer Frage, daß Engel die Errungenschaften der Aufklärung zu würdigen weiß, doch zugleich erwartet er ihr baldiges Ende, nicht um sie rückgängig machen zu wollen, sondern um sie in ihrem Wert für die menschliche Glückseligkeit umfassend beurteilen zu können. Er sieht Unverzichtbares erreicht, aber auch Erhaltenswertes bedroht, da das unaufhörliche Forschen der „innern Ruhe des Menschen, wohl gar seiner Sittlichkeit, gefährlich"[63] werden könne. Hier drängt die von der Aufklärung ausgehende Selbstkritik zu ihrer zeitlichen Fixierung.

Daß sich aber gleichzeitig, um das Jahr 1800, „Aufklärung" noch längst nicht als Epochenbegriff durchgesetzt hat, zeigt folgendes Fragment aus Fr. SCHLEGELS ›Ideen‹: „Giebt es eine Aufklärung? So dürfte nur das heißen, wenn man ein Princip im Geist des Menschen, wie das Licht in unserem Weltsystem ist, zwar nicht durch Kunst hervorbrächte, aber doch mit Willkür in freye Thätigkeit setzen könnte."[64] Schlegel ist also weit davon entfernt, wie Engel das baldige Ende der Aufklärung zu erwarten, ja er glaubt noch nicht einmal wie Kant, daß er bereits im „Zeitalter der *Aufklärung*" lebt, sondern er projiziert sie, an ihrem Werte keinen Zweifel lassend, in die Zukunft und knüpft ihre Potentialität („dürfte", „hervorbrächte", „könnte") an schwer erfüllbare Bedingungen. Er fordert, unter dem Einfluß der idealistischen Philosophie Fichtes stehend, nichts Geringeres als das Selbsttätigwerden des menschlichen Geistes, das dem Schöpfungsakt des *fiat lux* („das Licht in unserem Weltsystem") vergleichbar wäre. Was Aufgeklärte des 18. Jahrhunderts für errungen sehen, hält Schlegel nur für den einen Brennpunkt; den anderen, zur Komplettierung notwendigen, habe die bisherige Aufklärung noch nicht ins Auge gefaßt: „Die Philosophie ist eine Ellipse. Das eine Centrum, dem wir jetzt näher sind, ist das Selbstgesetz der Vernunft. Das andre ist die Idee des Universums, und in diesem berührt sich die Philosophie mit der Religion."[65] Bisher hat sich Aufklärung auf den Brennpunkt der Vernunft konzentriert und sich dadurch begrenzt; künftig soll sie nicht unterbunden, sondern ausgeweitet werden zu einem universalen Anspruch, der die endliche Vernunft mit der Intention auf das Unendliche verbinden soll. Aufklärung soll sich vom Glauben nicht trennen, sondern ihn mitumfassen.

Um 1800 ist man also noch weit entfernt von einem Einverständnis über die historische Einordnung der Aufklärung. Die Vorstellungen über ihre zeitliche Erstreckung reichen von der Annahme ihrer in allen Phasen und Kulturen virulenten Bewegung (Herder) über die Erwartung ihres bevorstehenden Endes (Engel), über die ebenso selbstbewußte wie kritische Auffassung, daß das Zeitalter der Aufklärung erst angebrochen ist (Kant), bis zu der Einsicht, daß die eigentliche, nämlich die universale, Aufklärung noch im Schoße der Zukunft ruht (Fr. Schlegel). Erst HEGEL fällt die Aufgabe zu, Aufklärung nicht nur als einen überzeitlichen Auftrag zur selbständigen Erkenntnistätigkeit, sondern als spezifischen Epochenbegriff zu denken. „Innerhalb des Deutschen Idealismus ist die Möglichkeit einer systematischen Historisierung des Aufklärungsbegriffes zuerst von Hegel in vollem Maße methodisch erschlossen und eigentlich auch von ihm allein konsequent unter spezifisch geistesgeschichtlichen Aspekten vollzogen worden."[66] STUKE hebt die Mehrschichtigkeit und Kompliziertheit des Hegelschen Begriffs hervor und verweist zum einen auf die Fülle der sich durch das Gesamtwerk hindurchziehenden abschätzigen Bemerkungen über die Aufklärung. Sie beträfen weniger die Franzosen, deren Radikalität des Denkens Hegel anerkenne, als die Deutschen und unter diesen weniger Kant und Lessing als Nicolai und die übrigen Mitarbeiter der ADB, denen er nur Unselbständigkeit und Beschränktheit attestiere. Zum anderen sieht Stuke eine davon abweichende Beurteilung der Aufklärung, wenn Hegel sie nicht nur systematisch kritisiert, sondern in die phänomenologisch-philosophiegeschichtliche Entfaltung des Bewußtseins einordnet und ihr damit einen zwar überwindenswerten, aber genetisch notwendigen Stellenwert einräumt. In diesem Sinne verfährt die ›Phänomenologie des Geistes‹ (1807), die die Aufklärung auf der Stufe des „Geistes" ihr begrenztes, aber unerläßliches Werk verrichten sieht. Es paßt zu dem, was wiederholt über die lang anhaltende Religionsbezogenheit von Aufklärung zu sagen war, daß auch Hegel noch die Aufklärung in Opposition zum Glauben sieht, der ihr als „Gewebe von Aberglauben, Vorurteilen und Irrthümern"[67] erscheint und den sie zu überwinden trachtet. Während sie als Negation des Glaubens noch ohne Inhalt, nur „reine Einsicht" und als bewußtlose Tätigkeit des bloßen Begriffs noch nicht aufgeklärt ist über sich selbst, erreicht sie die fehlende Gegenständlichkeit schließlich in der Nützlichkeit, in der das Selbstbewußtsein das Ansichsein des Gegenstandes durchschaut und sein Fürsichsein (seinen Genuß) an ihm hat. Die Wahrheit des Glaubens und die Wirklichkeit sind nicht mehr getrennt: „Beide Welten sind versöhnt, und der Himmel auf die Erde herunter verpflanzt."[68] Doch schon im nächsten Schritt der ›Phänomenologie‹ erscheint die Nützlichkeit nur als bloßes Prädikat des Gegenstandes, nicht aber als unmittelbare Wirklichkeit des Subjektes. Damit wird die Wahrheit der Aufklärung aufgehoben in die nächsthöhere Erscheinung des Wissens: „Die absolute Freiheit und der Schrecken."

Während Hegel in der ›Phänomenologie des Geistes‹ den bewußtseinsgenetischen Übergang vom Glauben über die Aufklärung zur Revolution dialektisch entfaltet, vereinseitigt er sein Bild in den Schriften der 20er Jahre, nun aus der Sicht des kritisierenden Philosophiehistorikers: Aufklärung gilt ihm nun als antiquiert. Ihren Anfang nehme sie mit der Epoche Friedrichs II. (vgl. Kant), ihr Ende erreiche sie, wie schon in der ›Phänomenologie des Geistes‹ systematisch entwickelt, mit der Französischen Revolution. Damit wird „Aufklärung" zum Epochenbegriff für die Zeit etwa von 1740–1790.[69]

Dieser Epochenbegriff bleibt lange umstritten und ist nicht imstande, die Vorstellung von Aufklärung als einer weit vor und weit nach dem 18. Jahrhundert wirkenden Bewegung zu verdrängen. Neben den differenzierenden und nuancierenden Versuchen einer historischen Fixierung behauptet sich der Begriff von Aufklärung als gesamtmenschlichem, innerweltlich-messianischem Auftrag, der weder auf eine bestimmte Epoche noch auf einen Teil der Erde, noch auf bestimmte gesellschaftliche Gruppen beschränkt bleibt. In diesem Sinne einer postulierten Selbstbestimmung des Menschen erhält und entfaltet er sich von Kant über Herder und Fr. Schlegel bis zu Ernst Bloch, Horkheimer/Adornos ›Dialektik der Aufklärung‹, Habermas usw.

Anmerkungen

[1] Eine Auswahl der für die Begriffsgeschichte von „Aufklärung" wichtigen Quellen aus den ersten drei Jahrgängen der BMS (= Berlinische Monatsschrift) bringt Norbert Hinske: Was ist Aufklärung? Darmstadt 1973.

[2] Vgl. Hinske, S. XXIV ff. Die Einleitung enthält weitere Quellenangaben über geistige und biographische Zusammenhänge der Berliner Aufklärer, ihrer Gesellschaften und Aktivitäten. Vgl. hierzu auch Horst Möller: Aufklärung in Preußen. Berlin 1974, S. 226 ff.

[3] Über die unterschiedlichen Strukturen und Organisationsformen der aufgeklärten Gesellschaft und romantischen Salons, aus denen Frauen nicht mehr ausgeschlossen sind, vgl. Horst Möller, S. 233 ff.

[4] BMS VI (1785), S. 84.

[5] Ebd. I (1783), S. 3 ff.

[6] Ebd. III (1784), S. 263 ff.

[7] Ebd. III (1784), S. 73 ff.

[8] Christoph Meiner: Ebd. III (1784), S. 408 ff.

[9] BMS II (1783), S. 268.

[10] Ebd. S. 516.

[11] Ebd.

¹² BMS III (1784), S. 181.
¹³ BMS VI (1785), S. 19–67; 488–529.
¹⁴ Ebd. S. 68.
¹⁵ BMS IV (1784), S. 50 ff.
¹⁶ Ebd. S. 480. Als Verfasser hat man Johann Friedrich Zöllner angenommen (vgl. Hinske, S. 505), denselben, der erstmals in der BMS die Frage „Was ist Aufklärung?" formulierte.
¹⁷ Ezechiel 31, 10.
¹⁸ Johann Wolfgang von Goethe: Jubiläums-Ausgabe Bd. 2, S. 54.
¹⁹ BMS IV (1784), S. 193 f.
²⁰ Ebd. S. 193.
²¹ Ebd.
²² Ebd. S. 194.
²³ Ebd. S. 194 f.
²⁴ Christian Wolff: Deutsche Moral. Zit. nach: Deutsche Literatur in Entwicklungsreihen. Reihe Aufklärung. Hrsg. von Fritz Brüggemann. (Leipzig 1930) 2. Aufl. Darmstadt 1966. Bd. 2, S. 159.
²⁵ Christian Thomasius: A. a. O. Bd. 1, S. 48.
²⁶ Ebd. S. 51.
²⁷ Ders.: Kurtzer Entwurff der Politischen Klugheit. Frankfurt und Leipzig 1710, nach S. 104.
²⁸ BMS IV (1784), S. 196.
²⁹ Ebd. S. 198.
³⁰ Ebd. S. 199.
³¹ Ebd.
³² Vgl. Max Horkheimer/Theodor W. Adorno: Dialektik der Aufklärung. Amsterdam 1947.
³³ Kant: BMS IV (1784), S. 481.
³⁴ Moses Mendelssohn: Ebd. S. 194.
³⁵ Kant: Ebd. S. 481.
³⁶ Ebd.
³⁷ Ebd. S. 484.
³⁸ Über Öffentlichkeit bei Kant vgl. vor allem Jürgen Habermas: Strukturwandel der Öffentlichkeit. Neuwied, Berlin 1962. § 13.
³⁹ Kant: BMS IV (1784), S. 484.
⁴⁰ Ebd. S. 492.
⁴¹ Hermann Samuel Reimarus: Apologie oder Schutzschrift für die vernünftigen Verehrer Gottes. Hrsg. von Gerhard Alexander. 2 Bde. Frankfurt a. M. 1972. Vgl. hierzu auch: Günter Gawlick: Der Deismus als Grundzug der Religionsphilosophie der Aufklärung. In: Hermann Samuel Reimarus (1694–1768), ein „bekannter Unbekannter" der Aufklärung in Hamburg. Göttingen 1973, S. 15–43.
⁴² Gotthold Ephraim Lessing: Werke. 8 Bde. Hrsg. von H. G. Göpfert. München 1970 ff., Bd. 7, S. 313.
⁴³ Vgl. Joh. H. Witte: Die Philosophie unserer Dichterheroen. Ein Beitrag

zur Geschichte des deutschen Idealismus. 1. Bd.: Lessing und Herder. Bonn 1880, S. 212.

[44] Vgl. Gottfried Fittbogen: Die Religion Lessings. (Leipzig 1923) New York, London 1967. Karl Barth: Die protestantische Theologie im 19. Jh. Ihre Vorgeschichte und ihre Geschichte. Zollikon/Zürich (1947) ³1960, S. 208 ff.

[45] Vgl. Erich Schmidt: Lessing. Geschichte seines Lebens und seiner Schriften. 2 Bde. Berlin 1884–1892.

[46] Helmut Thielicke: Vernunft und Offenbarung. Eine Studie über die Religionsphilosophie Lessings. Gütersloh 1936, S. 53.

[47] Hans Leisegang: Lessings Weltanschauung. Leipzig 1931.

[48] Vgl. Paul Hazard: Die Herrschaft der Vernunft. Das europäische Denken im 18. Jh. Hamburg 1949, S. 560 ff. „Lessing ist Deist. Aber ein Deist, der diesem Worte eine ganz besondere Bedeutung gibt; ein Deist, der den positiven Religionen und besonders der christlichen Religion, Dankbarkeit und Achtung bewahrt hat und in ihnen ein ergreifendes Ringen um Wahrheit, Episoden einer langsamen geistigen Eroberung sieht" (S. 582).

[49] Vgl. Walter Nigg: Das Buch der Ketzer. Zürich 1949, S. 455 ff.

[50] Vgl. Otto Mann: Lessing. Sein und Leistung. Hamburg (1949) ²1961.

[51] Vgl. Franz Mehring: Die Lessing-Legende. Stuttgart 1893. Paul Rilla: Lessing und sein Zeitalter. (Berlin 1959) München 1973.

[52] Vgl. Henry E. Allison: Lessing and the Enlightenment. His Philosophy of Religion and Its Relation to Eighteenth-Century-Thought. Ann Arbor 1966.

[53] Vgl. Klaus Bohnen: Geist und Buchstabe. Zum Prinzip des kritischen Verfahrens in Lessings literarästhetischen und theologischen Schriften. Köln, Wien 1974.

[54] Lessing: A. a. O. S. 457 f.

[55] Ebd. S. 458.

[56] Helmut Göbel: Ebd. S. 872.

[57] Johann Gottfried Herder: Sämtliche Werke. Hrsg. v. Suphan. Bd. 14. Berlin 1909, S. 58.

[58] Ebd. S. 122.

[59] Ebd. Bd. 13. Berlin 1887, S. 348. Vgl. zum Aufklärungsbegriff bei Herder vor allem Horst Stuke: Aufklärung. In: Geschichtl. Grundbegriffe. Bd. 1. Stuttgart 1972, S. 295 ff.

[60] Kant: BMS IV (1784), S. 491.

[61] Ebd.

[62] Johann Jakob Engel: Über den Werth der Aufklärung. In: Schriften Bd. 2. Berlin 1801, S. 330.

[63] Ebd. S. 329.

[64] Fr. Schlegel: Ideen. In: Athenaeum. Bd. 3 (1800), S. 6.

[65] Ebd. S. 24 f.

[66] Horst Stuke, S. 314.

[67] G. W. F. Hegel: Phänomenologie des Geistes. Hrsg. von Johannes Hoffmeister. Hamburg ⁶1952, S. 385.

[68] Ebd. S. 413.

[69] Vgl. Hegel: Vorlesungen über die Philosophie der Geschichte. In: Sämtliche Werke Bd. 11, 1928, S. 551 f. u. a.

Literatur

Zur politischen Geschichte und zur Verfassungsgeschichte des 18. Jh.

Aretin, Karl Otmar Freiherr von (Hrsg.): Der Aufgeklärte Absolutismus. Köln 1974.
Braubach, Max: Diplomatie und geistiges Leben im 17. und 18. Jh. Bonn 1969.
–: Vom Westfälischen Frieden bis zur Französischen Revolution. In: Bruno Gebhardt (Hrsg.): Handbuch der deutschen Geschichte. Bd. 2. 9. Aufl. Stuttgart 1970, S. 241–359.
Fischer, Michael W.: Die Aufklärung und ihr Gegenteil. Die Rolle der Geheimbünde in Wissenschaft und Politik. Berlin 1982.
Franke, G. H.: Das Zeitalter des Absolutismus und der Aufklärung. Berlin, Hannover, Frankfurt a. M. 1951.
Hartung, Fritz: Neuzeit von der Mitte des 17. Jh. bis zur Französischen Revolution 1789. In: Kendes Handbuch für die Geschichtslehrer 5, 1 (Leipzig, Wien 1932). Neudr. Darmstadt 1965.
Hubatsch, Walther (Hrsg.): Absolutismus. Darmstadt 1973.
–: Das Zeitalter des Absolutismus 1600–1789. (1962) 4. Aufl. Braunschweig 1975.
Just, Leo: Der aufgeklärte Absolutismus. In: Leo Just (Hrsg.): Handbuch der deutschen Geschichte. Bd. 2. Konstanz 1956, S. 1–144.
Meinecke, Friedrich: Die Idee der Staatsraison. (München, Berlin 1924) 4. Aufl. München, Wien 1976.
Möller, Horst: Aufklärung in Preußen. Der Verleger, Publizist und Geschichtsschreiber Friedrich Nicolai. Berlin 1974.
Oncken, Wilhelm: Das Zeitalter Friedrichs des Großen. 2 Bde. Berlin 1881–82.
Valjavec, Fritz: Der Josephinismus. Zur geistigen Entwicklung Österreichs im 18. und 19. Jh. (München, Wien 1944) 2. Aufl. München 1945.
–: Die Aufklärung. In: Historia Mundi. Ein Handbuch der Weltgeschichte in 10 Bdn. Bd. 9: Fritz Valjavec (Hrsg.): Aufklärung und Revolution. Bern, München 1960, S. 11–35.
–: Geschichte der abendländischen Aufklärung. Wien, München 1961.
Vierhaus, Rudolf: Deutschland im Zeitalter des Absolutismus 1648–1763. Göttingen 1978.
–: Deutschland im 18. Jh. Politische Verfassung, soziales Gefüge, geistige Bewegungen. Ausgewählte Aufsätze. Göttingen 1987.
Wagner, Fritz: Europa im Zeitalter des Absolutismus und der Aufklärung. In: Theodor Schieder (Hrsg.): Handbuch der europäischen Geschichte. Bd. 4. Stuttgart 1968, S. 1–163.

Zu den Zeitschriften des 18. Jh.

Brandes, Helga: Die „Gesellschaft der Maler" und ihr literarischer Beitrag zur Aufklärung. Eine Untersuchung zur Publizistik des 18. Jh. Bremen 1974.

Engels, Ernst: Friedrich Nicolais Allgemeine Deutsche Bibliothek und der Friede von Basel. Diss. Bonn 1935.

Gaus, M.: Das Idealbild der Familie in den Moralischen Wochenschriften und seine Auswirkungen in der deutschen Literatur des 18. Jh. Rostock 1937.

Hinske, Norbert: Einleitung. In: Was ist Aufklärung? Beiträge aus der Berlinischen Monatsschrift. Darmstadt 1973, S. XIII–LXIX.

Kohnen, Joseph: Die ›Daphne‹. Eine ungewöhnliche Kulturzeitschrift der Frühaufklärung. In: Recherches Germaniques. Revue annuelle 19 (1989), S. 3–30.

Lengauer, Hubert: Zur Sprache moralischer Wochenschriften. Untersuchungen zur rhetorischen Vermittlung der Moral in der Literatur des 18. Jh. Wien 1975.

Lindemann, Margot: Deutsche Presse bis 1815. Berlin 1969.

Martens, Wolfgang: Die Botschaft der Tugend. Die Aufklärung im Spiegel der deutschen Moralischen Wochenschriften. (1968) 2. Aufl. Stuttgart 1971.

Martens, Wolfgang (Hrsg.): Der Gesellige. Eine Moralische Wochenschrift. Hrsg. v. Samuel Gotthold Lange und Georg Friedrich Meier. (Nachdr. d. Ausg. Halle 1748–50:) T. 1/2–5/6. Hildesheim, Zürich, New York 1987.

Ost, Günther: Friedrich Nicolais Allgemeine Deutsche Bibliothek. Berlin 1967.

Peil, Dietmar: Emblematisches, Allegorisches und Metaphorisches im ›Patrioten‹. In: Euphorion 69 (1975), S. 229–266.

Raabe, Paul: Die Zeitschrift als Medium der Aufklärung. In: Wolfenbütteler Studien zur Aufklärung 1 (1974), S. 99–136.

Schneider, Ute: Der moralische Charakter. Ein Mittel aufklärerischer Menschendarstellung in den frühen deutschen Wochenschriften. Stuttgart 1976.

Schultze, Johanna: Die Auseinandersetzung zwischen Adel und Bürgertum in den deutschen Zeitschriften der letzten drei Jahrzehnte des 18. Jh. (1773–1806). Berlin 1925. Neudr. Vaduz 1965.

Semenjuk, Natalija: Einige Probleme der sprachgeschichtlichen Untersuchung der deutschen periodischen Literatur des 18. Jh. In: Forschungen und Fortschritte 38 (1964), S. 178–182.

Wilke, Jürgen: Literarische Zeitschriften des 18. Jh. (1688–1789). 2 Bde. Stuttgart 1978.

Zur Begriffsgeschichte von Aufklärung

Buhr, Manfred, Georg Klaus (Hrsg.): Philosophisches Wörterbuch. Artikel ›Aufklärung‹. 6. Aufl. Leipzig 1969, S. 135–154.

Feldmann, Wilhelm: Über einige geflügelte Worte, Schlagworte und Modewörter. In: Zeitschr. f. deutsche Wortforschung 10 (1908/09), S. 233.

–: Büchmanniana und Ladendorfiana. In: Zeitschr. f. deutsche Wortforschung 13 (1911/12), S. 97 f.

Günther, Kurt: Zur Epochenbezeichnung „Aufklärung", speziell im Deutschen und Russischen. In: Helmut Grasshoff, Ulf Lehmann (Hrsg.): Studien zur Geschichte der russischen Literatur des 18. Jh. Bd. 3, Berlin 1968, S. 56–92, 550–556.

Heimpel-Michel, Elisabeth: Die Aufklärung. Eine historisch-systematische Untersuchung. Langensalza 1928.

Koselleck, Reinhart: Kritik und Krise. Ein Beitrag zur Pathologie der bürgerlichen Welt. (Freiburg, München 1959) Neudr. Frankfurt a. M. 1973.

Langen, August: Der Wortschatz des 18. Jh. In: F. Maurer, H. Rupp (Hrsg.): Deutsche Wortgeschichte. Bd. 2. 3. Aufl. Berlin, New York 1974, S. 31–244.

Narr, Dieter: Neues und Altes aus dem Wörterbuch der Aufklärung. In: Wirkendes Wort 13 (1963), S. 129–141, 193–204.

Schalk, F., Th. Mahlmann: Aufklärung. In: Joachim Ritter (Hrsg.): Historisches Wörterbuch der Philosophie. Bd. 1, Darmstadt 1971, S. 620–635.

Stuke, Horst: Aufklärung. In: Otto Brunner, Werner Conze, Reinhart Koselleck (Hrsg.): Geschichtliche Grundbegriffe. Historisches Lexikon zur politisch-sozialen Sprache in Deutschland. Bd. 1. Stuttgart 1972, S. 243–342.

III. DIE HISTORISCHE ENTFALTUNG DES PROBLEMS

1. Religionsgeschichtlich

Die beiden vorausgehenden Kapitel haben gezeigt, wie lange und intensiv Aufklärung auf „Religionssachen" bezogen bleibt. Das gilt für die ADB und für die BMS, aber auch noch für Kant und Hegel. Diese jedoch bieten zugleich Beispiele für potentielle Ausweitungen und Übertragungen der Aufklärung auf umfassendere Fragen des Denkens und gesellschaftlichen Zusammenlebens. Ansätze dazu finden wir auch bei anderen Autoren des 18. Jahrhunderts: Der Prediger Andreas RIEM will sie in seiner 1788 anonym erschienenen, viel diskutierten und mehrfach aufgelegten Schrift ›Über Aufklärung‹ überall dort am Werke sehen, wo menschliche Angelegenheiten nach vernünftigen Prinzipien behandelt werden. Karl Friedrich BAHRDT, der Mitbegründer der freimaurerischen „Deutschen Union", prägt 1789 (›Über Aufklärung und die Beförderungsmittel derselben‹) sogar den Begriff der „absoluten Aufklärung", die er der gesamten Menschheit zuteil werden lassen möchte und unter der er jedes wissenschaftlich exakte Erkenntnisverfahren versteht, ohne Rücksicht auf dessen Inhalt und Ausweitung. Doch diese vagen Vorstellungen werden erst konkreter, wenn es um den Glauben geht. Dann nämlich verurteilen Riem und Bahrdt den unaufgeklärten Theologen, und sie zitieren Christus selbst als Kronzeugen für Aufklärung.[1] Die Kritik an der Theologie versichert sich zugleich ihrer anerkanntesten Autorität.

Trotz aller Abwandlungen, Facettierungen und Nuancierungen des Aufklärungsbegriffs, die STUKE bis gegen Ende des 19. Jahrhunderts (Nietzsche) verfolgt, geht der lange dominierende religionsbezogene Aspekt keineswegs verloren. Das gilt besonders für das Vulgärverständnis, das sich eher in literarischen Zeugnissen als in wissenschaftlichen Abhandlungen niederschlägt. Hierfür zwei Belege unterschiedlicher Herkunft; der eine steht bei FONTANE, der andere bei Karl MAY. In der nach 1820 spielenden Erzählung ›Unterm Birnbaum‹ (1885) erörtern Dorfbewohner während der Suche nach dem scheinbar in der Oder ertrunkenen Polen Szulski die angemessene Form seiner Bestattung. Jemand fragt: „War er denn wohl kattolsch?" und erhält zur Antwort: „Wenn einer Szulski heißt und aus Krakau kommt, ist er kattolsch. Aber das schad't nichts. Ich bin für Aufklärung. Der alte Fritz war auch für Aufklärung. Jeder nach seiner Façon ..."[2] Klekih-petra, Winnetous weißhäutiger Mentor, berichtet, bevor er sich für seinen geliebten Schüler opfert, über seine Vergangenheit als Lehrer in Deutschland: „In mir hatten die Ideen der Aufklärung Wurzel geschlagen. Meine Göttin hieß Vernunft. Mein größter Stolz bestand darin, Freigeist zu sein, Gott abgesetzt zu haben, bis auf das Tüpfelchen nachweisen zu können, daß der Glaube an Gott ein Unsinn sei."[3] Da er keine Religion gehabt, so fährt er fort, habe er auch die weltliche Obrigkeit nicht gelten lassen und sich während der 48er Revolution an die Spitze von Rebellen gesetzt, was er seitdem durch selbstloses Leben bei den Indianern abbüße. Läßt Fontane ironischerweise durchblicken, daß die große geistige Bewegung des 18. Jahrhunderts ungefähr ein halbes Jahrhundert nach Friedrichs Tod sogar das entlegenste Oderdorf, zumindest als anachronistisches Schlagwort, erreicht hat, so liegt das Bemerkenswerte des Karl-May-Textes darin, daß er in dieser Form gar nicht von Karl May stammt. In der Freiburger Ausgabe nämlich fehlen die beiden ersten Sätze des Zitates;[4] die in diesem Zusammenhang genannte „Aufklärung" ist eine Zutat der Bearbeiter der Bamberger Ausgabe (1951 ff.). Aufklärung erscheint ihnen nicht wie bei Fontane als eine sympathische Antiquität, sondern als Zerstörerin gott- und obrigkeitsgewollter Ordnungen. Vor ihr wollen sie sogar noch in der zweiten Hälfte unseres Jahrhunderts vornehmlich jugendliche Leser warnen.

Auch die wissenschaftlichen Untersuchungen der Aufklärung knüpfen an ihrer prinzipiellen Religionsbezogenheit an, machen aber hier nicht halt. Sie bleiben nicht von Anfang bis heute auf einen festumrissenen Bereich von Erkenntnisobjekten beschränkt, denn auch ihr Forschungsgegenstand verändert und erweitert sich. Die Religion selbst wird nicht mehr losgelöst, sondern in Verbindung mit Philosophie (Barth, Thielicke) und mit Sozialgeschichte (Goldmann, Schellong) gesehen. Analog zur Erweiterung des Religionsverständnisses erweitert sich auch der darauf bezogene Aufklärungsbegriff. In gewissem Sinne wird also das Prinzip der progressiven Universalisierung, das zur vorsichtigen Gliederung in sechs Tendenzen führte, ansatzweise auch innerhalb dieser einzelnen Gruppierungen wirksam. So erklärt sich, daß die heute maßgebenden theologischen Wörterbücher, das katholisch orientierte ›Lexikon für Theologie und Kirche‹ und das protestantische Nachschlagewerk ›Die Religion in Geschichte und Gegenwart‹ (RGG), Aufklärung übereinstimmend in den umfassenderen Zusammenhang der Geistesgeschichte stellen. Aufgeklärtes Bewußtsein, so heißt es im letztgenannten Werk, bilde sich zwar zunächst „am Gegensatz zur Offenbarungsreligion [...], aber seine Kritik richtet sich auf jede Tradition, auf die bestehende Autorität und auch auf die Gewohnheit, die zur festen Konvention geworden ist und nun die selbständige Lebensführung einschränkt oder ausschließt"[5]. Aufschlußreich ist weiterhin ein vergleichender Blick auf die frühere Bearbeitung des Artikels ›Aufklärung‹ in RGG (1909) von Heinrich Hoffmann. Legt er den Akzent noch stärker auf die kritische Auseinandersetzung mit althergebrachten Vorurteilen, die durch klare Begriffe zu ersetzen seien, so liegt der Schwerpunkt in der ca. 50 Jahre später erschienenen Ausgabe weniger auf der erkenntnisreinigenden als auf der grundsätzlich anthropologischen Leistung der Aufklärung im Sinne einer fortschreitenden Autonomisierung der Einzelsubjekte.

Dieser erweiterte Aspekt innerhalb der religionsgeschichtlichen Sicht von Aufklärung ist keineswegs von Anfang an vorherrschend gewesen. Bis weit ins 19. Jahrhundert begegnen wir, vor allem bei Theologen, der Auffassung, daß sie nicht eine umfassende, sondern allenfalls eine der Theologie immanente Erscheinung sei. Fr. NITZSCH (1875) vertritt sogar die Ansicht, daß im 18. Jahrhundert wie zuvor alle Kulturfragen als theologische Probleme gesehen würden, daß fast alle einflußreichen Denker der Zeit von der Theologie her kämen und sich in Grenzfragen zwischen Philosophie und Theologie – wie Leibniz und Wolff – zugunsten der letzteren entschieden. Die systematische Unterordnung der Aufklärung ist zugleich Grundlage ihrer Bewertung. Wenn sie selbst nur innerhalb der Religion tätig ist, muß sie sich daran messen lassen, was sie für diese leistet, und hier beginnt bei Nitzsch der Negativkatalog: Aufklärung hat sich für die spezifisch religiösen Bedürfnisse als unbefriedigend, ja schädlich erwiesen. Diese verlangen „Sinnbildliches, Ahnungsvolles, Lebenswarmes, Tiefsinniges, Prophetisches"[6], und das alles enthält ihnen die rationalistische Denkgläubigkeit vor – ein Einwand, der in wechselnden Worten jahrzehntelang wiederholt wird. Auch Gustav KRUEGER (1935) betont das Trennende zwischen Aufklärung und Religion. Rationalismus, Naturalismus und die erstrebte „Autonomie des menschlichen Geistes" unterschieden sich erheblich vom lutherischen Weltbild mittelalterlicher Prägung und der „Autonomie des in Gott gebundenen Gewissens"[7].

Ebenso aus religionsgeschichtlicher Sicht (›Die Frömmigkeit der deutschen Aufklärung‹, 1906) argumentierend, betont Heinrich HOFFMANN allerdings weniger das Trennende als das Verbindende zwischen Religion und Aufklärung. Da diese in Deutschland nicht wie in Frankreich mechanistisch und materialistisch ausgerichtet sei, lasse sie die bestehende Geltung der Offenbarungsgrundsätze unangetastet. Nicht grundsätzlich gegen die Religion, sondern nur gegen die „theologischkirchliche Kultur" gerichtet, entwickle sie durch Kompromiß zwischen „neuer Weltkultur"[8] und Christentum eine spezifische Aufklärungsfrömmigkeit mit den charakteristischen Merkmalen: Gewissensfreiheit, Toleranz, Individualismus und Vernünftigkeit. Diese neue Frömmigkeit entbehre zwar einerseits der emotionalen Intensität in der lebendigen Religionsausübung (Andacht, Kultus usw.), zeige auch wenig Verständnis für Sündenbewußtsein und Erlösungsbedürftigkeit (Paulus, Augustinus, Luther), entwickle aber andererseits unter dem Eindruck der Theodizee die schätzenswerten Tugenden des Optimismus und der gemäßigten Weltfreude. Bei alledem bleibe sie nicht abstrakt, sondern sei im Hinblick auf das Glück und die Moral der Menschen stets auf Verbesserung des praktischen Lebens und auf größtmögliche Breitenwirkung bedacht. Zu diesem Zwecke dränge sie – zusammen mit den Pietisten und entgegen der Orthodoxie – auf Vereinfachung und auf Entintellektualisierung der christlichen Lehre und Praxis. Die aufklärerische Frömmigkeit beginne sich von der Theologie als Wissenschaft zu lösen und wolle Weisheit werden.

Auch Klaus SCHOLDER (1966) ist der Ansicht, daß die deutsche Aufklärung sich „nicht *gegen* Theologie und Kirche, sondern *mit ihr* und *durch sie* vollzogen"[9] habe. Sie sei nicht in erster Linie eine Sache der Theorie, sondern eine praktische Reformbestrebung mit dem Willen, auf jede Weise in die Welt zu wirken (Ansätze zu einer Sozialethik, Ablehnung der Sklaverei, des Krieges, des Nationalismus). Ihre Frontstellung laute nicht: Vernunft gegen Offenbarung, sondern: Herz und Leben gegen den alleinigen Anspruch der Verstandeskräfte.

Im Rahmen religionsgeschichtlicher Untersuchungen werden bis in die jüngste Zeit begrenzte, aber wichtige Fragen nach dem Zusammenhang von Aufklärung und praktischer Religionsausübung gestellt. Wie in der Einleitung (S. 6) gesagt, werden frühere Betrachtungsweisen nicht durch spätere überholt, sondern bestehen neben diesen fort und erbringen auch dann noch beträchtliche Ergebnisse. Paul GRAFF (1939) betrachtet noch mit Entsetzen den verheerenden Siegeszug der Aufklärung, dem fast alle traditionellen kirchlichen Formen zum Opfer fielen; weder Begräbnisse noch Bußgottesdienste, noch Kirchenlieder, nicht einmal Trauungen seien vor ihr sicher. Otfried JORDAHN (1970) zeigt dagegen am Beispiel des Theologen Georg Friedrich Seiler (1733–1807), dessen Katechismus sich bis an die Schwelle des 20. Jahrhunderts hielt, die an Eklektizismus grenzende Kompromißbereitschaft, die der Harmonie zwischen Vernunft und Offenbarung dienen soll. Ausgehend von dem Grundsatz, daß die gesamte Bildungsbewegung der Aufklärung eine religiöse Erscheinung sei, stelle Seiler seine Homiletik, Liturgie und Pastoraltheologie ganz in den Dienst einer vernünftigen und psychologisch fundierten Erziehung durch Seelsorge. Für die deutsche Spätaufklärung weist Alfred EHRENSPERGER (1971) nach, daß die Theorie des Gottesdienstes die Erstrebung eines „Endzweckes" ins Zentrum stelle. Dieser liege in „Prinzipien der Moral", die durch belehrende und erbauende Liturgie und Predigt vermittelt werden solle. Einige Theologen seien sogar der Ansicht, daß öffentliche Gottesdienste sich erübrigten, sobald ihr Endzweck einmal erreicht, d. h. wenn Aufklärung zu ihrem Ziel gelangt sei.[10] In seiner ›Geschichte der christlichen Predigt‹ (1972) findet Werner SCHÜTZ bei der Predigt der Aufklärung Verflachtes und Betuliches, aber auch Anerkennenswertes wie den Sinn für Konkretes und Praktisches, die Verwirklichung des Menschen in der Welt, die Neuinterpretation alter theologischer Dogmen und Begriffe, die Kampfbereitschaft gegen antireligiöse Strömungen und die moralische Wirkungsabsicht mit ihren Mitteln der Einfachheit, Anschaulichkeit und Nützlichkeit. In einer weiteren Arbeit über die ›Kanzel als Katheder der Aufklärung‹ (1974) schreibt Schütz der Wolffschen Schule und dem Einfluß der Predigten das Verdienst zu, daß die deutsche Aufklärung gemäßigt bleibe und von einer relativ einheitlichen, religiös geprägten Weltanschauung getragen werde.

Wann immer von Aufklärung und Religion die Rede ist, steht der deutsche Protestantismus im Vordergrund. Andere Religionsgemeinschaften (Katholiken, Juden, Hugenotten u. a.) treten dahinter zurück, sei es wegen zahlenmäßiger Unterlegenheit ihrer Mitglieder, sei es aus innertheologischen oder kulturgeographischen Gründen (Österreich, Bayern und die Rheinlande spielen im Prozeß der Aufklärung eine untergeordnete Rolle). Dennoch gibt es seit dem 19. Jahrhundert eine Reihe von Untersuchungen, die den aufklärungsferneren Gruppen, vor allem in den katholischen Gebieten, ihre Aufmerksamkeit schenken. Viele attestieren der Aufklärung vornehmlich schädliche Auswirkungen auf die katholische Theologie. Die einen bemängeln die Verhöhnung der Religionsausübung und ihrer Priester, den daraus resultierenden ruchlosen Lebenswandel des gemeinen Volkes und vor allem die Aufhebung des Jesuitenordens (1773), des bis dato mächtigsten Bollwerks gegen den rapide fortschreitenden Sittenverfall (Lorenz VON WESTENRIEDER). Andere, wie BRÜCK (1865), verfolgen das allmähliche Eindringen rationalistischer Ansichten in katholische Gebiete, vor allem in die drei rheinischen Erzdiözesen Köln, Mainz und Trier, und registrieren die verderblichen Einflüsse auf Wissenschaft und Praxis, die Einbrüche in die Theologie der Ordensgruppen und Universitäten. Die erstrebten Reformen hätten Liturgie und Klosterleben diffamiert, die Vereinigung mit den Protestanten und nationalkirchlichen Bestrebungen hingegen begünstigt, ohne die ersehnte Freiheit zu erkämpfen: „während sie der Autorität der Kirche sich entziehen wollten, beugten sie ihren Nacken unter das Sklavenjoch der rationalistischen Celebritäten"[11]. Diese aus dem 19. Jahrhundert herüberklingenden Stimmen finden bezeichnenderweise Widerhall in der Zeit des Nationalsozialismus, der nicht nur unter religiösem Aspekt der Aufklärung mißtraut: Ihre deutsche Ausprägung gilt als unpolitisch und sittenlos (Wieland, Heinse); Zensurmaßnahmen gegen die „Sturmflut des neuen Schrifttums"[12], vor allem in Mainz, werden begrüßt. Daß der Rationalismus nicht die gleichen schlimmen Folgen habe wie in Frankreich, liege an der Konfessionalität der Staaten, die in ihrer hermetischen Abgeschlossenheit die patriarchalischen Ordnungen bewahrt und dem „einfachen Mann des Volkes"[13] sein Genügen am Kultus der Kirche erhalten hätten (VEIT 1937). Gelegentlich wird zwar der kulturelle Rückstand der katholischen Kirche im Deutschland des 18. Jahrhunderts konstatiert (Verfall der Scholastik, Unterrichtsmonopol der Jesuiten nach einer Studienordnung von 1599), doch die Aufklärung habe, begünstigt durch derartige Mißstände, wesentliche Glaubensinhalte zerschlagen (SCHNÜRER 1941).

Eine Revision des Aufklärungsverständnisses seitens der katholischen Kirche fordern bereits SCHWAB (1869) und MERKLE (1909f.), dessen Versuch einer differenzierteren Beurteilung heftigste Polemik provozierte. Die katholische Theologie des 18. Jahrhunderts – so Merkle – sei in der Gefahr gewesen, sich nicht nur den Gebildeten, sondern auch den primären Quellen des Glaubens zu entfremden. Anders als die Scholastik habe die Aufklärung mit ihrem pädagogischen Impetus eine Intensivierung des Bibelstudiums und der religiösen Unterweisung bewirkt. Einstellung der Hexenverbrennungen, Abschaffung der Folter, gerechtere Steuerverteilung und Aufhebung der Leibeigenschaft werden ihr zugute gehalten. Die ihr oft angekreidete moralische Seichtigkeit stehe auch nicht viel tiefer als die jahrhundertealten Querelen innerhalb der Christenheit, und gegenüber dieser „Dogmatikscheu"[14] wirke der Toleranzgedanke geradezu befreiend. Ähnlich wie Merkle, gegen den SÄGMÜLLER (1911) vehement polemisiert (totale Sterilität der Aufklärung), betonen auch ZINKE (1933) und FAIVRE (1969) das kulturelle Nachholbedürfnis des deutschen Katholizismus im 18. Jahrhundert und die hierfür nützlichen Anregungen der Aufklärung, wie sie beispielsweise Franz Töpsel (1711–96), der Prälat des Pollinger Chorherrenstiftes, aufnahm und verwertete. Er sorgte während seiner Amtszeit für die Vervierfachung der Bibliotheksbestände mit den Abteilungen für Physik, Mathematik und Astronomie, förderte die Beschäftigung mit Bayle, d'Alembert und Voltaire und setzte dem stagnierenden Scholastizismus eine humanistische Wissenschaftlichkeit entgegen (Faivre). Daß aufklärerische Ideen relativ spät in katholische Gebiete eindrangen, hing nicht immer nur von der Kirche, sondern oft auch von der jeweiligen Haltung der Landesregierung ab (HAASS 1952). Wie sie auf radikale Vertreter der Aufklärung reagierte, macht SCHNELLE (1963) an dem Prozeß gegen den Deisten Abbé Henri-Joseph Laurens deutlich, der wegen gotteslästerlicher Tendenzen mehr als 20 Jahre im Mainzer Gefängnis verbrachte. Auf der anderen Seite schwoll gerade im Lager katholischer Aufklärer die Welle des Antijesuitismus, die – nach Ansicht VAN DÜLMENS (1969) – der Rationalität entbehrte und das „eigentliche Reformanliegen aufs höchste gefährdete"[15].

Die katholische Aufklärung in Deutschland – so belehrt uns die Forschung – vermeidet rationalistische Radikalismen und verfolgt eine vermittelnde Richtung, indem sie positive Ansätze der neuen Bewegung aufgreift, um Pastorat, Liturgie und Katechese von dem barocken Gewirr und den Überwucherungen durch Aberglauben zu befreien. Als Vorkämpfer der Neuerungen gelten die Erzbischöfe von Köln, Mainz, Trier und Salzburg, die auf dem Emser Kongreß (1786) ein Reformdekret verabschiedeten, das neben national- und regionalkirchlichen Tendenzen (vgl. Gallikanismus und Febronianismus) folgende Ziele im Auge hatte: Reform und Aufhebung von Klöstern, statt dessen Gründung neuer Pfarreien, Ersetzung der Äbte durch Obere auf Zeit; soziale Einrichtungen, Toleranz und Verminderung der interkonfessionellen Polemik; Primat der religiösen Volksunterweisung durch sonntägliche Predigt und katechetischen Unterricht für die Jugend nach den Prinzipien der Einfachheit und Erbaulichkeit; Zurückdrängen der Musik und des Kirchenschmucks zugunsten von Schlichtheit und deutschsprachigem Gemeindegesang. Die Verlagerung vom Heiligenlob auf die moralbezogene Predigt signalisiert die allmähliche Ablösung des nur theozentrischen durch ein stärker anthropozentrisches Weltverständnis. Im Mittelpunkt des Religionsdienstes steht nicht mehr nur das Sakrament, sondern auch das humanistische Christusbild als Inkorporation menschlicher Tugendlehre. Die anthropologische Wende in der katholischen Religion des 18. Jahrhunderts wirkt fort bis in die jüngste Zeit: Die Theologie Karl Rahners ist hierfür eines der vornehmsten Beispiele.

Lange vor dem 18. Jahrhundert entwickelt die jüdische Religionsphilosophie trotz des unbedingten Primats der Offenbarung rationalistische Tendenzen. Moses Maimonides (1135–1204) und jüdische Aristoteliker halten die Offenbarungsinhalte für vernunftgemäß; Spinoza versucht sogar, die Philosophie von der Religion zu trennen, deren Dienerin – wie noch bei Maimonides – sie nicht länger bleiben soll. Moses Mendelssohn schließlich will (so SCHOEPS 1934) „die supranaturale Offenbarungsreligion mit der Vernunftreligion vereinigen"[16]. Das gelinge ihm freilich nur auf Kosten eines Gegensatzes zur jüdischen Scholastik; denn er enge die sinaitische Offenbarung auf das Moment der göttlichen Legislative ein, reduziere die Gesetze auf ewige Vernunftwahrheiten und identifiziere die jüdische Offenbarung nach dem Muster der natürlichen Religion mit den Grundsätzen allgemein-menschlicher Sittlichkeit. Auf diese Weise versucht Mendelssohn, seine Glaubensbrüder mit der europäischen Aufklärung in Verbindung zu bringen und die Schranken des Ghettos zu überwinden. In seinem Buch ›Jerusalem‹ wird sichtbar, wie er die Juden Schritt für Schritt aus ihrer isolierten Stellung herausführen und ihre Gleichberechtigung im staatlichen Zusammenleben erreichen möchte.

Sogar und gerade in konfessionellen Gruppen, die sich aus zutiefst religiösen Gründen mit einer drückenden Majorität auseinandersetzen, von ihr verachtet, verfolgt und vertrieben werden, verschaffen sich aufklärerische Ideen Gehör. Das betrifft neben den Juden auch die Hugenotten. Viele der nach 1685 (Aufhebung des Ediktes von Nantes) in die Mark Brandenburg gekommenen Flüchtlinge (ca. 200000) verteidigen zunächst noch den orthodoxen Flügel des Protestantismus, beteiligen sich dann aber intensiv an der vor allem in Preußen begünstigten Aufklärung, und zwar vielfach vom Standpunkt der Theologie aus, wie Eckart RICHTER (1970) zeigt: Isaak Beausobre schreibt eine für die weitere Kirchengeschichtsforschung grundlegende Arbeit über die Manichäer; Jacques Lenfant untersucht die Geschichte der Konzilien; Jean Barbeyrac übersetzt und kommentiert Werke zum Naturrecht. Samuel Formey, der neben Jean Deschamps für die Verbreitung der Wolffschen Philosophie, namentlich in Frankreich, eintritt, spielt geradezu eine „Vermittlerrolle in der europäischen Aufklärungsbewegung"[17]. Über die Hugenotten wirkt deutsche Aufklärung auf Frankreich zurück.

Neben den vielfältigen Einflüssen auf Protestanten orthodoxer Provenienz, Katholiken, Juden und Hugenotten gibt es eine religionsbezogene Wirkung der Aufklärung, die zu den geistesgeschichtlich folgenreichsten gehört: Gemeint ist die Auseinandersetzung und Verflechtung mit dem Pietismus. Unberücksichtigt bleiben in diesem Zusammenhang Forschungsbeiträge, die ihn als eine vorwiegend innerreligiöse Bewegung behandeln, ohne die Beziehung zur Aufklärung zu thematisieren; nur gestreift werden hier auch Fragestellungen nach Herkunft,

Zielen und Entwicklungen des Pietismus (RITSCHL, KANTZENBACH), seinem theologischen Kern (Martin SCHMIDT), den regionalen und sozialen Bedingungen seiner Ausbreitung (LEHMANN), seinen Ausdrucksformen (LANGEN), seinen Leistungen im Gesamtprozeß der Säkularisation (SCHÖNE) und seinen Transformationserscheinungen, z. B. im Patriotismus (G. KAISER). Vor allem die letztgenannten Arbeiten erbringen wichtige Erkenntnisse über das 18. Jahrhundert, sprengen auch den Rahmen einer nur religionsgeschichtlichen Betrachtung und lenken den Blick auf kultur- und literaturgeschichtliche (SCHÖNE) sowie auf politische (KAISER) Erscheinungen. Doch sie alle thematisieren die problematische Beziehung des Pietismus zur Aufklärung nicht ausdrücklich, wenngleich sie den Hintergrund nicht übersehen, vor dem sich die intensivierte Religiosität bewegt und gegen den sie sich absetzt. Angesichts ihrer verschiedenartigen Quellen, Ausprägungen und Wirkungen erkennt GODFROID (1971) nur eine einzige Gemeinsamkeit: «Le piétisme, c'est une multitude de réactions face à la désacralisation du monde.»[18] Damit ist in jedem Falle Aufklärung in den Prozeß des Pietismus involviert.

Ältere Arbeiten heben das Trennende, ja Gegensätzliche zwischen beiden Bewegungen hervor. ZUR NIEDEN (1910), der auf der Quellengrundlage von Synodalprotokollen die Entwicklung der evangelischen Kirche in Westfalen und am Niederrhein verfolgt, bescheinigt der pietistischen Volksfrömmigkeit das Verdienst, den Durchbruch des Rationalismus verhindert und dem „nackten Unglauben", dessen „Flutwellen die Christenheit weithin überschwemmt hatten",[19] entgegengewirkt zu haben. Auch in den 30er Jahren dieses Jahrhunderts sieht man im Pietismus eine Gegenbewegung, wenn nicht ein begrüßenswertes Korrektiv zur Aufklärung. Marianne BEYER-FRÖHLICH (1933) anerkennt als einzig Verbindendes nur die gemeinsame Ablehnung der Orthodoxie; Julius FORSSMAN (1935) demonstriert an Lavater trotz dessen Vorliebe für Tatsachenbeobachtung und diskursive Behandlung metaphysischer Probleme den vorrangigen Einfluß des Pietismus gegenüber der als untief empfundenen Aufklärung. GEIGER schließlich (1963) beschreibt am Beispiel Jung-Stillings den Kampf gegen Wolffs mechanistisch-deterministische Weltauslegung und die dagegen gerichtete Erweckungsbewegung, die von der dezidierten Ablehnung aller säkularen und antikirchlichen Erscheinungsformen der Aufklärung getragen wird.

Etwa seit den 20er Jahren gelangt die Forschung mehr und mehr zu der Einsicht, daß Pietismus und Aufklärung sich nicht nur entgegen-, sondern auch einander zuarbeiten. Den Kern gemeinsamer Intentionen sieht sie in der Autonomisierung des menschlichen Subjektes. Diese allen Einzelbestrebungen zugrundeliegende Tendenz bedingt in beiden Bewegungen ein reflektiertes religiöses Bewußtsein, die Suche nach objektiven Beweisen für Gottes Eingreifen und eine geradezu mechanistische Wunderlogik. Sie begünstigt weiterhin den psychologischen Aneignungsprozeß des Glaubens mit einer Verselbständigung des subjektiven Erlebnisgehaltes gegenüber dem tradierten theologischen Wahrheitsgehalt. Pietismus gilt als eine Form des modernen Individualismus, der als Empfindsamkeit des 18. Jahrhunderts die säkularisierte Form pietistischen Erbes darstellt (GÜNTHER 1926). Seitdem wird immer wieder mit wechselnden Akzentuierungen die Säkularisationsleistung des Pietismus betont, sei es, daß er die Ausgangsbasis bildet, von der sich der Prozeß der Verweltlichung fortbewegt, sei es, daß er eine Lücke hinterläßt, in die Profanes einströmen und sakralisiert werden kann (PÜTZ 1972), sei es, daß er als Element in einer anderen Erscheinung aufgehoben wird (Empfindsamkeit als Überwindung des „rührseligen Pietismus und der gefühllosen Aufklärung"[20]), oder sei es gar, daß die pietistische Bewegung durch die Psychologisierung des Glaubens bereits selbst Impulse für Säkularisierungstendenzen, d.h. für ihre eigene Transformation, gibt (STEMME 1953). Hand in Hand mit der Autonomisierung des menschlichen Denkens und Empfindens geht eine zunehmende Orientierung an Problemen des praktischen Lebens, die zu lösen Aufklärern wie Pietisten gleichermaßen am Herzen liegt. Beide sind egozentrisch *und* sozial; beide kämpfen trotz aller Unterschiede in der Geschichtsauffassung Schulter an Schulter gegen die absterbenden Mächte des Alten (BÖSSENECKER 1958), degradieren die Funktion der Kirche und gewinnen – wie Thomasius – ein neues Verständnis des sozialen Lebens und des darauf bezogenen tätigen Christentums (NEISSER 1928). Aufklärer und Pietisten arbeiten gemeinsam für Reformen der Schulen, Waisenhäuser, Hospitäler und Kasernen. Das Nebeneinander und Ineinander beider Bestrebungen zeigt NARR (1966/67) an Württemberg, HINRICHS (1971) an Preußen. Martin SCHMIDT (1972) interpretiert den Pietismus des 18. Jahrhunderts als eine ursprünglich revolutionäre Bewegung nicht nur im religiösen, sondern auch im politischen Sinne. Mit dem Primat der persönlichen Entscheidung schärfe er das Freiheitsbewußtsein, helfe die Kluft zwischen Adligen und schlichten Christen zu überbrücken und bereite die Bauernbefreiung vor (Herrnhuter Brüdergemeine in Estland). NAMOWICZ (1967) verweist auf die aufklärerischen bürgerlichen und plebejischen Tendenzen des Pietismus. Bössenecker bezeichnet den Pietismus sogar als „die verborgene Seele der Aufklärung"[21].

Seit dem Ende des 19. Jahrhunderts werden innerhalb der religionsbezogenen Betrachtung von Aufklärung Ansätze entwickelt, die Religion des 18. Jahrhunderts nicht isoliert, sondern im Zusammenhang mit anderen Erscheinungen des geistigen und gesellschaftlichen Lebens zu sehen. Damit erweitert sich auch der Umkreis der problematischen Beziehungen zwischen Vernunft und Glauben. Ernst TROELTSCH (1897) berücksichtigt sowohl die wirtschaftlichen und sozialen als auch die wissenschaftlichen und philosophischen Bewegungen, die das Bürgertum als Verfechter einer Befreiung von theologischer Bevormundung emportragen. Er sieht zwar in der Aufklärung keinen direkten Angriff auf die Prinzipien der Religion, wohl aber einen Kampf gegen den kirchlichen Supranaturalismus und für eine rationale Erklärung der Welt im Dienste allgemeingültiger lebensdienlicher Zwecke. Mit der Zeit müsse die Offenbarung ihre Geltung an die Vernunft abtreten.

Ausgehend von der Verflechtung der Religion des 18. Jahrhunderts mit geistigen und gesellschaftlichen Fragestellungen und Lösungsversuchen behandeln auch weitere Forschungsbeiträge das Spannungsverhältnis zwischen dem naturalen und dem supranaturalen Anteil der Aufklärungstheologie. Hans BÖHI (1933) gewichtet das Verhältnis anders als Troeltsch; er sieht weniger den Prozeß der Loslösung vom Glauben als die dem Autonomiestreben selbst inhärenten religiösen und metaphysischen Elemente: die Transzendierung empirischer Befunde, die apriorische Annahme einer unbezweifelten Weltordnung, den doktrinären Optimismus usw. Herbert DIECKMANN (1963) findet vergleichbare Züge im aufgeklärten Naturbegriff, d.h. in seiner quasireligiösen Substanz. Beide Forscher begreifen die Aufklärung als Einheit von Religiösem, Natürlichem und Sittlichem.

Karl ANER (1929) historisiert die Frage nach dem Spannungsverhältnis von Vernunft und Offenbarung und unterscheidet in der Entwicklung der Theologie des 18. Jahrhunderts drei Phasen mit fließenden Übergängen: Der *Wolffianismus* setze Vernunft und Offenbarung nebeneinander. Er lasse die christliche Tradition weithin unangetastet, da sie zwar die Grenze des Einsehbaren überschreite, diesem aber nicht zuwiderlaufe. Sie sei also suprarational, jedoch nicht antirational. Die sich vor allem am Erbsündenproblem entzündende Dogmenkritik der *Neologie* weite die Rolle der Vernunft beträchtlich aus, halte zwar theoretisch am Offenbarungsbegriff fest, lasse aber praktisch nur das gelten, was der Vernunft einsichtig und der tätigen Frömmigkeit dienlich sei. Vernunft und sittliches Bewußtsein befänden über den Wert überlieferter Lehren. Der *Rationalismus* schließlich verzichte auf die Unterscheidung zwischen natürlicher und geoffenbarter Religion und anerkenne – wie Lessing – die alten Offenbarungsinhalte nur noch als Vernunftwahrheiten. Ähnlich wie Aner unterscheidet auch Andrew BROWN (1949) am Beispiel des Locke-Einflusses auf die religiöse Aufklärung mehrere Phasen.

Wolfgang PHILIPP (1957) übernimmt und differenziert Aners Phaseneinteilung und stellt der These Troeltschs von der zunehmenden Autonomie des Menschen die der radikalen Theonomie, zumindest für die Zeit der Frühaufklärung, entgegen. Nicht der Wolffianismus, sondern die theistisch-kosmologische Physikotheologie, die Gott in den Wundern der Schöpfung suche, präge über weite Strecken das religiöse Denken des 18. Jahrhunderts. Als Anreger und geistigen Mittelpunkt der deutschen Physikotheologie behandelt er den Hamburger Rektor des Johanneums und Begründer der klassischen Literaturgeschichte Johann Albert Fabricius (1668–1736), den Übersetzer der Physiko- und Astrotheologie des Briten Derham und Verfasser einer Ocular-, Hydro- und Pyrotheologie. Zu seinen Nacheiferern gehören der Orientalist Reimarus und Brockes sowie Verfasser zahlloser -theologien wie Ichthyotheologie (Fische), Ranatheologie (Frösche) und Seismotheologie (Erdbeben). Die Erkenntnis und Verehrung des Schöpfers in seinen Geschöpfen – so Philipp – beeinträchtige nicht die Religiosität, sondern reaktiviere sie für eine neu erfahrene Transzendenz. Somit zerstöre Aufklärung den Glauben nicht, sondern aktualisiere ihn.

Karl BARTH (1945) und Dieter SCHELLONG (1975) werfen Philipp eine Überschätzung der physikotheologischen Bewegung vor. Diese habe mehr auf eine Festigung neuzeitlicher bürgerlicher Ordnungsvorstellungen hingewirkt als auf eine Absicherung der Gottesbeweise. Thielicke und Barth sind es vor allem, die sich gegen Harmonisierungstendenzen in Sachen Vernunft und Glauben wenden. THIELICKE (1936) findet bei Lessing den platonischen Dualismus zwischen zeitloser Objektivität der Vernunftwahrheit (Idee) und dem historisch bedingten Offenbarungsinhalt (Erscheinung), während ROHRMOSER noch einmal das Aufeinanderangewiesensein von Vernunft und Offenbarung hervorhebt. BARTH formuliert unter den neuen Theologen am vehementesten seine Bedenken gegen die Ersetzung des geozentrischen durch das anthropozentrische Weltsystem. Das 18. Jahrhundert habe die christliche Lehre „reduziert auf die Lehre einer religiös bestimmten Philosophie, einer Philosophie, die sich [...] weltanschaulich und moralisch ungefähr decken dürfte mit der schon einmal erwähnten besseren Stoa der römischen Kaiserzeit"[22]. Statt sich mit allem möglichen „wissenschaftlichen und unwissenschaftlichen Allotria"[23] abzugeben, hätte die protestantische Kirche ihre Reformbedürftigkeit eingestehen, dabei aber auf

Gottes Offenbarung als unverzichtbarem Bestandteil des christlichen Lebens bestehen sollen. Der Kern des Religiösen sei niemals mit nur rationalistischen Mitteln zu erfassen, was Kant auf dem Höhepunkt der Aufklärung durch Grenzziehung der Vernunft bewiesen habe. In jüngerer Zeit weist Georg PICHT (1967) darauf hin, daß Freiheit nicht allein durch Autonomie bestimmbar sei, sondern sich auch vor dem Tribunal menschlicher Verantwortung in der Geschichte zu legitimieren hatte. Der Begriff der Verantwortung aber entstamme der christlichen Eschatologie.[24]

Deutlicher als Barth erkennt Emanuel HIRSCH in seiner fünfbändigen ›Geschichte der neueren evangelischen Theologie im Zusammenhang mit den allgemeinen Bewegungen des europäischen Denkens‹ (1949–53) die Verbindung von aufgeklärtem Bürgertum und christlicher Religion im 18. Jahrhundert. Er interpretiert die Auseinandersetzung mit den traditionellen Auffassungen auf allen geistigen Gebieten als Vorbereitung gesellschaftspolitischer Umwälzungen, die vorerst in der Französischen Revolution kulminierten. Unter sozialgeschichtlichem Aspekt sehen auch Eduard WINTER (1966) für Mittel- und Osteuropa und Lucien GOLDMANN (1968) für Frankreich Christentum und Aufklärung in Verbindung mit dem Emanzipationsprozeß des Bürgertums. SCHELLONG, der hauptsächlich die Theologie des 19. Jahrhunderts behandelt, knüpft an das 18. Jahrhundert an und sieht, Goldmanns Ansatz weiterführend, die Theologie der Aufklärungszeit ganz im Rahmen bürgerlicher Autonomiebestrebungen. Dem Bürgertum sei es gelungen, in der Religion nicht mehr die Macht Gottes anzuerkennen, sondern sie als Machtinstrument den eigenen Bedürfnissen anzupassen. Ziel sei dabei keineswegs der Atheismus, sondern die Umformung des Glaubens im Sinne bürgerlichen Nützlichkeitsdenkens. Das teleologische Denken, z.B. auch der Physikotheologen, sei zu erklären aus dem „Selbstvertrauen bürgerlichen Schaffenseifers, aus dem Zutrauen zum neuerworbenen Können und Haben"[25].

Weniger aus historischem Interesse an Vergangenheit als aus Sorge um die Zukunft fragt der Sammelband von METZ, MOLTMANN und OELMÜLLER (1970) nach Ausblicken auf eine „politische Theologie" der Kirche im Prozeß der Aufklärung. Die Autoren entwickeln im Bewußtsein der unabgeschlossenen Geschichte der Freiheit Ansätze zur kritischen Eröterung kirchlicher Autoritätspraxis und machen deutlich, daß es auch für die heutige Theologie trotz „Dialektik der Aufklärung" und trotz des Scheiterns noch so vieler Befreiungsbestrebungen angesichts ungelöster Gesellschaftsprobleme in Ost und West keine ernsthafte Alternative zur Fortsetzung des Aufklärungsprozesses gibt. Trutz REND-

TORFF (1966) schließlich vertritt die Auffassung, daß wichtige Züge im christlichen Denken und Handeln der Gegenwart nicht allein aus der Tradition der Theologie erklärt werden können. Die Parole „mündiger Christ, mündige Gemeinde, mündige Welt"[26], der Ruf also nach Befreiung von geistlicher Bevormundung, sei ohne die Aufklärung nicht denkbar. Das gleiche gelte für die Frage nach der ethischen Dimension des Glaubens, für die ökumenische Bewegung und für die Freigabe öffentlicher Diskussion, die nicht dem Prinzip der kirchlichen Einheit geopfert werden dürfe.

Anmerkungen

[1] Vgl. Horst Stuke: Aufklärung. In: Geschichtl. Grundbegriffe. Bd. 1. Stuttgart 1972, S. 274 ff.
[2] Theodor Fontane: Unterm Birnbaum. In: Gesammelte Werke. 1. Serie, Bd. 6. Berlin 1905, S. 352.
[3] Karl May: Winnetou I. In: Gesammelte Werke. Bd. 7. Bamberg 1951, S. 121.
[4] Karl May: Gesammelte Reiseromane. Bd. 7. Freiburg 1893, S. 128. Der erste Hinweis auf die Abänderung stammt von H. Hatzig. In: Mitteilungen der Karl-May-Gesellschaft 27 (1976), S. 2.
[5] W. Anz, M. Greiner, W. Maurer in: RGG ³1957, S. 703.
[6] Fr. Nitzsch: Die geschichtl. Bedeutung d. Aufklärungstheologie. In: Jahrb. f. prot. Theologie 1 (1875), S. 50.
[7] Gustav Krueger: Die Religion d. Goethezeit. Tübingen 1931, S. 15.
[8] Heinrich Hoffmann: Die Frömmigkeit d. dt. Aufklärung. In: Zeitschr. f. Theol. u. Kirche 16 (1906), S. 246.
[9] Klaus Scholder: Grundzüge d. theol. Aufklärung in Deutschland. In: Geist u. Gesch. d. Reformation. Berlin 1966, S. 462.
[10] Alfred Ehrensperger: Die Theorie d. Gottesdienstes in der späten dt. Aufklärung. Zürich 1971, S. 61.
[11] H. Brück: Die rationalist. Bestrebungen im kath. Deutschland. Mainz 1865, S. 33.
[12] L. A. Veit: Das Aufklärungsschrifttum d. 18. Jh. u. die dt. Kirche. Köln 1937, S. 50.
[13] Ebd. S. 54.
[14] Sebastian Merkle: Die katholische Beurteilung des Aufklärungszeitalters. In: Ausgew. Reden u. Aufsätze. Würzburg 1965, S. 403.
[15] Richard van Dülmen: Antijesuitismus u. kath. Aufklärung in Deutschland. In: Hist. Jahrb. 89 (1969), S. 79.
[16] Hans-Joachim Schoeps: Beiträge z. Entw. religionssystem. Denkens im Judentum d. 19. Jh. I. Teil. Dresden 1934, S. 18.
[17] Eckart Richter: Die Aufklärung u. d. Berliner Hugenotten. In: Beiträge zu roman. Philol. 9 (1970), S. 60 f.

[18] Michel Godfroid: Le piétisme allemand a-t-il existé? In: Etudes Germaniques 26 (1971), S. 45.
[19] Heinrich W. zur Nieden: Die relig. Bewegungen im 18. Jh. Gütersloh 1910, S. 151.
[20] F. W. Kantzenbach: Protestantisches Christentum im Zeitalter der Aufklärung. Gütersloh 1965, S. 180.
[21] Hermann Bössenecker: Pietismus u. Aufklärung. Diss. Würzburg 1958, S. 395.
[22] Karl Barth: Die protestantische Theologie im 19. Jh. Neudr. Gütersloh 1976, S. 91.
[23] Ebd. S. 117.
[24] Vgl. Georg Picht: Was heißt aufgeklärtes Denken? In: Zeitschr. f. evang. Ethik 11 (1967), S. 229.
[25] Dieter Schellong: Bürgertum u. christl. Religion. München 1975, S. 22.
[26] Trutz Rendtorff: Wiederentdeckung der Aufklärung? In: Kontexte 2 (1966), S. 76.

Literatur

Allerhand, Jakob: Das Judentum in der Aufklärung. Stuttgart 1980.
Aner, Karl: Die Theologie der Lessingzeit. (Halle 1929) 2. Aufl. Hildesheim 1964.
Anz, W., M. Greiner, W. Maurer: Aufklärung. In: Religion in Geschichte und Gegenwart. Bd. I. 3. Aufl. Tübingen 1957, S. 703–730.
Barth, Karl: Die kirchliche Dogmatik. Bd. 3, 1. Teil: Die Lehre von der Schöpfung. (Zürich 1945) Neudr. 1976.
–: Die protestantische Theologie im 19. Jh. (Zürich 1947) Neudr. Gütersloh 1976.
Bausinger, Hermann: Aufklärung und Aberglaube. In: DVjs 37 (1963), S. 345–362.
Beyer-Fröhlich, Marianne: Einführung. In: Pietismus und Rationalismus. In: Deutsche Literatur in Entwicklungsreihen. Reihe Selbstzeugnisse. Bd. 7 (Leipzig 1933), 2. Aufl. Darmstadt 1970.
Böhi, Hans: Die religiösen Grundlagen der Aufklärung. Zürich, Leipzig, Stuttgart 1933.
Bössenecker, Hermann: Pietismus und Aufklärung. Ihre Begegnung im deutschen Geistesleben des 17. und 18. Jh. Diss. Würzburg 1958.
Bollacher, Martin: Lessing: Vernunft und Geschichte. Untersuchungen zum Problem religiöser Aufklärung in den Spätschriften. Tübingen 1978.
Brecht, Martin, u. a. (Hrsg.): Pietismus und Neuzeit. Göttingen 1983.
Brown, Andrew: John Locke and the Religious Aufklärung. In: Review of Religion 13 (1949), S. 126–154.
Brück, H.: Die rationalistischen Bestrebungen im katholischen Deutschland, besonders in den drei rheinischen Erzbisthümern in der zweiten Hälfte des 18. Jh. Mainz 1865.

Carmely, Klara: Wie „aufgeklärt" waren die Aufklärer in Bezug auf die Juden? In: Erhard Bahr u. a. (Hrsg.): Humanität und Dialog: Lessing und Mendelssohn in neuer Sicht. München 1982, S. 177–188.

Creed, J. M., S. B. Smith: Religious Thought in the Eighteenth Century. Cambridge 1934.

Dieckmann, Herbert: Religiöse und metaphysische Elemente im Denken der Aufklärung. In: Wort und Text. Festschr. f. Fritz Schalk. Frankfurt a. M. 1963, S. 333–354.

Dülmen, Richard van: Antijesuitismus und katholische Aufklärung in Deutschland. In: Hist. Jahrb. 89 (1969), S. 52–80.

Ehrensperger, Alfred: Die Theorie des Gottesdienstes in der späten deutschen Aufklärung (1770–1815). Zürich 1971.

Faivre, Antoine: Aspects de l'Aufklärung catholique. In: Etudes Germaniques 24 (1969), S. 272–279.

Forssmann, Julius: J. K. Lavater und die religiösen Strömungen des 18. Jh. Riga 1935.

Geiger, Max: Aufklärung und Erweckung. Beiträge zur Erforschung Johann Heinrich Jung-Stillings und der Erweckungstheologie. Zürich 1963.

Godfroid, Michel: Le piétisme allemand a-t-il existé? Histoire d'un concept fait pour la polémique. In: Etudes Germaniques 26 (1971), S. 32–45.

Goldmann, Lucien: Der christliche Bürger und die Aufklärung. Neuwied, Berlin 1968.

Graff, Paul: Geschichte der Auflösung der alten gottesdienstlichen Formen in der evangelischen Kirche Deutschlands. Bd. II: Die Zeit der Aufklärung und des Rationalismus. Göttingen 1939.

Greschat, Martin (Hrsg.): Zur neueren Pietismusforschung. Darmstadt 1977.

Gründer, Karlfried, K. H. Rengstorf (Hrsg.): Religionskritik und Religiosität in der deutschen Aufklärung. Heidelberg 1989.

Gründer, Karlfried, Nathan Rotenstreich (Hrsg.): Aufklärung und Haskala in jüdischer und nichtjüdischer Sicht. Heidelberg 1990.

Günther, Hans R.: Psychologie des deutschen Pietismus. In: DVjs 4 (1926), S. 144–176.

Haaß, Robert: Die geistige Haltung der katholischen Universitäten Deutschlands im 18. Jh. Ein Beitrag zur Geschichte der Aufklärung. Freiburg 1952.

Heftrich, Eckhard: Lessings Aufklärung. Zu den theologisch-philosophischen Spätschriften. Frankfurt a. M. 1978.

Hinrichs, Carl: Preußentum und Pietismus. Göttingen 1971.

Hirsch, Emanuel: Geschichte der neuern evangelischen Theologie – im Zusammenhang mit den allgemeinen Bewegungen des europäischen Denkens. 5 Bde. (1949–1954). 5. Aufl. Gütersloh 1975.

Hoffmann, Heinrich: Die Frömmigkeit der deutschen Aufklärung. In: Zeitschr. f. Theol. u. Kirche 16 (1906), S. 234–250.

Jordahn, Otfried: Georg Friedrich Seilers Beitrag zur praktischen Theologie der kirchlichen Aufklärung. Diss. Erlangen-Nürnberg 1970.

Kaiser, Gerhard: Pietismus und Patriotismus im literarischen Deutschland. Ein

Beitrag zum Problem der Säkularisation. (Wiesbaden 1961) 2. Aufl. Frankfurt a. M. 1973.

Kantzenbach, Friedrich-Wilhelm: Die Erweckungsbewegung. Studien zur Geschichte ihrer Entstehung und ersten Ausbreitung in Deutschland. Neuendettelsau 1957.

–: Protestantisches Christentum im Zeitalter der Aufklärung. Gütersloh 1965.

–: Orthodoxie und Pietismus. Gütersloh 1966.

–: Die Spätaufklärung. Entwicklung und Stand der Forschung. In: Theologische Literaturzeitung 102 (1977), S. 338–347.

Kovacs, Elisabeth (Hrsg.): Katholische Aufklärung und Josephinismus. Wien 1979.

Krueger, Gustav: Die Religion der Goethezeit. Tübingen 1931.

Langen, August: Der Wortschatz des deutschen Pietismus. (1954) 2. Aufl. Tübingen 1968.

Lehmann, Hartmut: Pietismus und weltliche Ordnung in Württemberg vom 17. bis zum 20. Jh. Stuttgart, Berlin, Köln, Mainz 1969.

Lempp, Otto: Das Problem der Theodicee in der Philosophie und Literatur des 18. Jh. bis auf Kant und Schiller. Diss. Leipzig 1910.

Ley, Hermann: Geschichte der Aufklärung und des Atheismus. Bd. III. Berlin 1979/80.

Lübbe, Hermann: Religion nach der Aufklärung. Graz, Wien, Köln 1986.

Martens, Wolfgang: Literatur und Frömmigkeit in der Zeit der Aufklärung. Tübingen 1989.

Mehnert, Volker: Protestantismus und radikale Spätaufklärung. Die Beurteilung Luthers und der Reformation durch aufgeklärte deutsche Schriftsteller zur Zeit der französischen Revolution. München 1982.

Merkle, Sebastian: Die kirchliche Aufklärung im katholischen Deutschland. Berlin 1910.

–: Die katholische Beurteilung des Aufklärungszeitalters. In: Ders.: Ausgewählte Reden und Aufsätze. Würzburg 1965, S. 361–413.

Metz, J. B., J. Moltmann, J. W. Oelmüller: Kirche im Prozeß der Aufklärung. Aspekte einer neuen „politischen Theologie". München, Mainz 1970.

Namowicz, Tadeusz: Pietismus in der deutschen Kultur des 18. Jh. Bemerkungen zur Pietismusforschung. In: Weimarer Beiträge 13 (1967), S. 469–480.

Narr, Dieter: Studien zur Spätaufklärung im deutschen Südwesten. Stuttgart 1979.

Neisser, Liselotte: Christian Thomasius und seine Beziehungen zum Pietismus. München 1928.

Nitzsch, Fr.: Die geschichtliche Bedeutung der Aufklärungstheologie. In: Jahrb. f. prot. Theol. 1 (1875), S. 39–64.

Petig, William E.: Literary Antipietism in Germany During the First Half of the Eighteenth Century. New York, Bern, Frankfurt a. M. 1984.

Philipp, Wolfgang: Das Werden der Aufklärung in theologiegeschichtlicher Sicht. Göttingen 1957.

Philipp, Wolfgang (Hrsg.): Das Zeitalter der Aufklärung. Bremen 1963.

Picht, Georg: Was heißt Aufklärung? Wandlungen im Verhältnis von Glauben und Wissen. In: Frankfurter Hefte 19 (1964), S. 503–508.
–: Was heißt aufgeklärtes Denken? In: Zeitschr. f. evang. Ethik 11 (1967), S. 218–230.
Poliakov, Léon: Die Aufklärung und ihre judenfeindlichen Tendenzen. In: Geschichte des Antisemitismus. Bd. 5. Frankfurt a. M. 1988.
Pütz, Peter: Lichtenberg und der Pietismus. In: Deutsche Beiträge zur geistigen Überlieferung 7 (1972), S. 110–121.
Raub, Herbert: Zur Geschichte der Aufklärung im Rhein-Main-Gebiet. In: Histor. Jahrb. 88 (1968), S. 419–443.
Rendtorff, Trutz: Wiederentdeckung der Aufklärung? Die Wirksamkeit der liberalen Theologie in der gegenwärtigen Christentumsgeschichte. In: Kontexte 2 (1966), S. 75–82.
–: Religion als Problem der Aufklärung. Eine Bilanz aus der religionstheoretischen Forschung. Göttingen 1980.
Richter, Eckhart: Die Aufklärung und die Berliner Hugenotten. In: Beiträge z. roman. Philol. 9 (1970), S. 52–61.
Ritschl, Albrecht: Geschichte des Pietismus in der reformierten Kirche. (Bonn 1880–86) Neudr. Berlin 1966.
Rohrmoser, Günther: Lessing und die religionsphilosophische Fragestellung der Aufklärung. In: Lessing und die Zeit der Aufklärung. Vorträge gehalten auf d. Tagung d. Joachim Jungius-Ges. d. Wiss., Hamburg am 10./11. 10. 1967. Göttingen 1968, S. 116–129.
Sägmüller, Johann Baptist: Unwissenschaftlichkeit und Unglaube in der kirchlichen Aufklärung. Essen 1911.
Scheffczyk, Leo: Aufklärung. In: Lexikon für Theologie und Kirche. Bd. I. 2. Aufl. Freiburg 1957, S. 1056–1066.
Schellong, Dieter: Bürgertum und christliche Religion. Anpassungsprobleme der Theologie seit Schleiermacher. München 1975.
Schilson, Arno: Lessings Christentum. Göttingen 1980.
Schmidt, Martin: Pietismus. Stuttgart, Berlin, Köln, Mainz 1972.
Schmithals, Walter: Der Pietismus in theologischer und geistesgeschichtlicher Sicht. In: Pietismus und Neuzeit. Ein Jahrb. zur Geschichte des neueren Protestantismus 4 (1979), S. 235–301.
Schnelle, Kurt: Aufklärung und klerikale Reaktion. Der Prozeß gegen den Abbé Henri-Joseph Laurens. Ein Beitrag zur deutschen und französischen Aufklärung. Berlin 1963.
Schnürer, Gustav: Katholische Kirche und Kultur im 18. Jh. Paderborn 1941.
Schöne, Albrecht: Säkularisation als sprachbildende Kraft. Studien zur Dichtung deutscher Pfarrersöhne. (1958) 2. Aufl. Göttingen 1967.
Schoeps, Hans-Joachim: Beiträge zur Entwicklung religionssystematischen Denkens im Judentum des 19. Jh. I. Teil. Dresden 1934.
Scholder, Klaus: Grundzüge der theologischen Aufklärung in Deutschland. In: Geist und Geschichte der Reformation. Festschr. f. Hans Rückert. Berlin 1966, S. 460–486.

Schott, Christian-Erdmann: Akkomodation – das homiletische Programm der Aufklärung. In: Vestigia Bibliae. Jahrb. d. deutschen Bibel-Archivs Hamburg 3 (1981), S. 49–69.

Schütz, Werner: Geschichte der christlichen Predigt. Berlin, New York 1972.

–: Die Kanzel als Katheder der Aufklärung. In: Wolfenbütteler Studien zur Aufklärung I (1974), S. 137–171.

Schwab, Johann-Baptist: Franz Berg. Ein Beitrag zur Charakteristik des katholischen Deutschlands im Zeitalter der Aufklärung. (1869) 2. Aufl. Würzburg 1872.

Sparn, Walter: Von der „fides historica" zur „historischen Religion". Die Zweideutigkeit des Geschichtsbewußtseins der theologischen Aufklärung. In: Berichte zur Wissenschaftsgeschichte 8 (1985), S. 147–160.

Spindler, Guntram: Oetinger und die Erkenntnislehre der Schulphilosophie des 18. Jh. In: Pietismus und Neuzeit. Ein Jahrb. zur Geschichte des neuen Protestantismus. 10 (1984), S. 22–65.

Stebbins, Sara: Maxima in minimis. Zum Empirie- und Autoritätsverständnis in der physiko-theologischen Literatur der Frühaufklärung. Frankfurt a. M., Bern, Cirencester 1980.

Stemme, Fritz: Die Säkularisation des Pietismus zur Erfahrungsseelenkunde. In: ZfdPh 72 (1953), S. 144–158.

Thielicke, Helmut: Vernunft und Offenbarung. Eine Studie über die Religionsphilosophie Lessings. Gütersloh 1936.

Troeltsch, Ernst: Aufklärung. In: Realencyclopädie f. protest. Theol. u. Kirche. Bd. 2. Leipzig 1897, S. 225–241.

Veit, Ludwig Andreas: Das Aufklärungsschrifttum des 18. Jh. und die deutsche Kirche. Ein Zeitbild aus der deutschen Geistesgeschichte. Köln 1937.

Wernle, Paul: Der schweizerische Protestantismus im 18. Jh. 3 Bde. Tübingen 1923–25.

Westenrieder, Lorenz v.: Abriß der bayerischen Geschichte. Kempten 1838.

Winter, Eduard: Frühaufklärung. Der Kampf gegen den Konfessionalismus in Mittel- und Osteuropa und die deutsch-slawische Begegnung. Berlin 1966.

Zinke, Karl: Zustände und Strömungen in der katholischen Kirchengeschichtsschreibung des Aufklärungszeitalters im deutschen Sprachgebiet. Diss. Breslau 1933.

Zur Nieden, Heinrich W.: Die religiösen Bewegungen im 18. Jh. und die evangelische Kirche in Westfalen und am Niederrhein. Gütersloh 1910.

2. *Philosophiegeschichtlich*

Der Motor der Aufklärung war von Anfang an die Philosophie. Ihre Aufgaben wurden im 17. und 18. Jahrhundert umfassender denn je; denn sie beanspruchte die Zuständigkeit für alle Bereiche des natürlichen und schließlich auch des übernatürlichen Wissens. Sie beschränkte sich nicht auf theoretische Fragen, sondern sann darüber hinaus auf Prinzipien der Lebensgestaltung; sie trennte sich nicht von den Einzelwissenschaften, sondern kooperierte und verband sich mit ihnen. Newton nannte sein wichtigstes naturwissenschaftliches Werk ›Philosophiae naturalis principia mathematica‹ (1687). In derart fundamentaler und umfassender Bedeutung wie bei Leibniz, Kant und später bei Hegel ist die Philosophie im Grunde jeder Beschäftigung mit Aufklärung inhärent, kann sie sogar zum Synonym für diese werden. Wenn hier der philosophiegeschichtliche Aspekt dennoch hervorgehoben und dadurch in gewissem Sinne aus dem umfassenden Zusammenhang herausgelöst wird, so nicht, weil nur in dieser einen und nicht auch in den anderen Betrachtungsweisen Philosophie am Werke wäre, sondern weil in einem bestimmten Strang der Forschung Aufklärung *nicht mehr* religions- und *noch nicht* allgemein kultur- oder gesellschafts-, sondern primär philosophiebezogen untersucht wird. Aufklärung in dieser Sicht setzt sich nicht mehr in erster Linie mit geistlicher Bevormundung auseinander, sondern mit den weltlichen Autoritäten der Erkenntnislehre, Ontologie und Anthropologie: Die Philosophie ist Vehikel und zugleich problematischer Gegenstand der Aufklärung; was sie betreibt, dessen bedarf sie selbst. Den Schritt von der Aufklärung der Religion zu der der Philosophie hat Kant eingeleitet. Nicht von ungefähr verdanken wir eines der wichtigsten Bücher über die Philosophie der Aufklärung Ernst Cassirer, einem Neukantianer.

Die fundamentale Leistung der Philosophie für die Aufklärung und ihre Verflechtung mit Theologie, Literatur, Kultur und Gesellschaft führen dazu, daß der philosophische Aspekt der Aufklärung relativ selten isoliert und sehr viel öfter im Zusammenhang mit allgemeineren, z. B. geistesgeschichtlichen, Fragestellungen behandelt wird. Da die philosophiebezogene Sicht als Schaltstelle zwischen theologiebezogener und umfassenderer Betrachtungsweise fungiert, leistet sie im Gang der progressiven Universalisierung so viel, daß sie selbst die nächsten Stufen der Erweiterung immer schon ins Auge faßt. Da zudem die Philosophie Fragen der Wissenschaftstheorie und Ontologie, aber auch der Kunst, Moral und Politik verfolgt, läßt sich ihre Behandlung schwer von kultur- und sozialgeschichtlichen Forschungsansätzen trennen. Dennoch gibt es einige wichtige Beiträge, die ihr Hauptaugenmerk auf die philosophischen Elemente der Aufklärung richten, dabei die theologiebezogenen Aspekte zwar voraussetzen oder mit umfassen, die kultur- und sozialbezogenen dagegen allenfalls andeuten.

Hierzu gehört eine Gruppe von Arbeiten, die Aufklärung vornehmlich als philosophiehistorisches Phänomen untersuchen, indem sie dessen Herkunft, Vorläufer und Entwicklungsphasen verfolgen. Bei der Suche nach Quellen und Zuflüssen stößt z. B. Benno BOEHM (1929) auf die im 18. Jahrhundert intensive und weitverzweigte Sokrates-Rezeption. Der griechische Dialektiker und Gegner jedes spekulativen Systems habe alle möglichen Vertreter der diversen philosophischen und theologischen Bewegungen angeregt, immer neue Seiten seiner wandlungsreichen Gestalt hervorzukehren und ihn jeweils für sich zu reklamieren. Ohne Rücksicht auf seine historische Bedingtheit habe man ihn zunächst zur Verstärkung der verschiedenen religiösen Strömungen herangezogen. Die Wolffianer sähen in ihm den Ausgangspunkt des Christentums. Zinzendorf finde bei ihm sentimentalpietistische Elemente, und schließlich werde er sogar für den Kampf gegen die herrschende Orthodoxie usurpiert. Katharina FRANZ (1940) sieht Einflüsse der jüngeren Stoa (Seneca, Epiktet, Mark Aurel) auf die Moralphilosophie der deutschen Aufklärung in dem Funktionszusammenhang von Tugend und Glückseligkeit. Diese Beziehung ist oftmals als wichtig hervorgehoben, doch selten systematisch erforscht worden.

Verfolgen Boehm und Franz Stränge rückwärtiger Bindungen der Aufklärung, so avisiert Liselotte RICHTER (1948) eine vorwärtsweisende Richtung. Mit engagierter Betonung jüdischer Kulturleistungen deutet sie Mendelssohns Ästhetik als Übergangserscheinung zwischen Aufklärung und Geniezeit. Er habe als erster und vor Tetens, dem die Philosophiegeschichte bisher das alleinige Verdienst daran zuschreibe, neben dem Erkenntnis- und Begehrungsvermögen als dritte Kraft das Billigungsvermögen entdeckt und damit ähnlich wie Kant das „interesselose Wohlgefallen" zur Grundlage ästhetischen Urteilens gemacht. Seine Theorie der gemischten Empfindungen, mit der er die griechische Lust-Unlust-Dialektik (Empedokles, Platons ›Phaidon‹) wiederaufnehme, und seine Shakespearerezeption führten dazu, daß er „die Grenzen der Vernunft aufdeckt gegenüber dem Lebensrecht der konkreten Existenz"[1].

Den Prozeß der Aufklärungsphilosophie in ihren verschiedenen Phasen verfolgen Max Wundt und Hans M. Wolff. WUNDT (1945) behandelt die Zeit von 1690–1790 und unterteilt sie in drei Generationen. Die erste (1690–1720) sei von Thomasius geprägt und stehe mit ihrem anthropozentrischen Interesse in schroffem Gegensatz zur vorhergehenden Epoche. Die zweite (1720–1750) distanziere sich unter der Domäne Wolffs deutlich von der ersten, knüpfe an die zuvor zurückgedrängte Scholastik an, stehe ganz im Banne der neuen Naturwissenschaft und werte Descartes und Leibniz wieder auf. Die dritte Phase (1750–1780) rekurriere stärker auf Thomasius und stelle metaphysische

Fragen in den Hintergrund zugunsten einer allseitigen Anthropologie, die allerdings mehr und mehr zur „Erfahrungsseelenkunde" zusammenschrumpfe. Alle traditionellen Fächer, soweit sie nicht, wie Logik und Metaphysik, zurückgedrängt würden, stünden unter dem Einfluß der Psychologie, so z. B. die Ethik, Ästhetik und Geschichtswissenschaft. Als phasenübergreifende Aufklärungselemente, die den Unterschied zum 17. Jahrhundert markieren, nennt Wundt die in der Schulphilosophie vollzogene Ablösung der theologischen Vorherrschaft durch verstärkten Einfluß der juristischen und medizinischen Fächer, generell der Naturwissenschaften; die Wandlung vom ontologischen zum funktionalen, vom „Seinsdenken" zum „Gesetzesdenken";[2] das zentrale Interesse am Menschen, seinen Bestimmungen und Bedürfnissen, die Verlagerung auf neue Trägerschichten der Aufklärungsbewegung: von Mitteldeutschland nach Osten, von der reformierten Kirche auf das Luthertum; erstmals beteiligen sich auch Juden am „Geistesleben der europäischen Völker mit eigenen Leistungen"[3].

Hans M. WOLFF (1949), der die Aufklärung generell durch ein „Verlangen nach allgemeiner Intellektualisierung"[4] und umfassender Bildung des Menschen gekennzeichnet sieht, beschreibt mit philosophie- und sozialgeschichtlicher Intention den Übergang von der philosophischen Legitimierung der bürgerlichen Lebens- und Erwerbsform (Thomasius, Joh. Adolph Hoffmann) zur Intellektualisierung der unteren Stände (Wolff, Brockes). In einer dritten Phase sieht er die theoretische Entwicklung und ästhetische Darstellung des Humanitätsideals ihren Höhepunkt erreichen (Wieland, Lessing), bevor mit der Umwandlung einer bürgerlichen Standeskultur in eine nationale Kultur Aufklärung ihrem Ende zugehe. Wolffs Arbeiten sind ein Beispiel für die der philosophiegeschichtlichen Betrachtung inhärente Tendenz zur Universalisierung, wenn es heißt: „Philosophie und Kunst werden nunmehr [...] als Teil bürgerlicher Bildung anerkannt."[5]

Eine andere Gruppe von Forschungsbeiträgen untersucht ihren Gegenstand weniger unter historisch-genetischen als unter systematischen Gesichtspunkten. Bei den verschiedenen Versuchen, zum zentralen Kern der Aufklärung vorzudringen, ergeben sich jeweils verschiedene Akzentuierungen. Alfred BÄUMLER (1923) sieht das entscheidende philosophische Ereignis an der Wende vom 17. zum 18. Jahrhundert im „Einbruch des Individualismus in die abendländische Welt"[6]. Die Entwicklung einer neuen Ästhetik sei nur vorstellbar unter der Voraussetzung eines zu seinem eigenen Geschmack befreiten Subjektes. Schon Leibniz habe die Individualität in ihren hohen Rang eingesetzt, zugleich aber im System einer alles umfassenden Vernunft wiederaufgehoben. In der vorklassischen Epoche des 18. Jahrhunderts sei dann Wolff der Anwalt von Abstraktion und Objektivität, während Baumgarten die Tendenz zur Individualität verstärke. Kant schließlich vermittle den Gegensatz zwischen den Polen des Begriffs und der Erfahrung durch die Objektivierung des Geschmacks. In seiner ›Kritik der Urteilskraft‹ sei er der „Vollender des Leibnizianismus"[7].

Konzentriert sich Bäumler auf die Ästhetik, so legen andere den Schwerpunkt der Aufklärungsphilosophie auf die Idee der Perfektibilität des Menschen. Elisabeth HEIMPEL-MICHEL (1928), der wir außerdem wichtige Einsichten in die Begriffs- und Problemgeschichte verdanken (vgl. Kap. I), sieht den Sinn von Aufklärung in der „Besserung und Erweiterung des menschlichen Verstandes als Mittel zur Besserung und Erweiterung des Menschen und seines Lebenskreises überhaupt"[8]. „Aufklärung" wird damit zu einem primär pädagogischen Begriff. Demgemäß verfolgt Heimpel-Michel die Bemühungen, Vernunft, Sittlichkeit und Erziehung zu verbinden. Den Höhepunkt der umfassenden und praxisorientierten Erziehungsintentionen sieht sie bei dem Pädagogen und Philanthropinisten Christian Gotthelf Salzmann (1744–1811). Lydia LEISTE (1932) legt ebenso den Schwerpunkt auf die pädagogischen Zielsetzungen der Aufklärung. Die Erziehung zur Humanität gehe aus von dem Versuch, Vernunft zum „sittlichen Prinzip der Menschheit zu erheben"[9]. Tugend solle durch Intellektualität lehrbar werden. Zwar hätten Garve, Lichtenberg, Mendelssohn usw. kein pädagogisches System hervorgebracht, wohl aber – wie vor allem Sulzer – weitreichende Vorschläge für die Einrichtung und Reform von Schulen entwickelt. Gerhard FUNKE (1963) faßt in seiner Einleitung zur Textsammlung eine Reihe aufklärerischer Elemente zusammen, so unter anderem das sokratische Eingeständnis des Nichtwissens, das moralische Postulat zum Selbstdenken, den utilitaristischen Praxisbezug und die sich in der Entdogmatisierung und Entmythologisierung vollziehende Verselbständigung der Vernunft. Die innere Widersprüchlichkeit und den Prozeßcharakter der Epoche betonend, hebt er jedoch als Grundzug die Entdeckung der Perfektibilitäts- oder Fortschrittsidee hervor, die er als die große Errungenschaft des 17./18. Jahrhunderts bezeichnet. Maßgebend sei nicht mehr, *was*, sondern *wie* der Mensch sei; der Substanzbegriff des Humanen werde durch dessen Funktionsbegriff ersetzt. In einer jüngeren Arbeit (1972) wendet sich Funke erneut gegen die Auffassung von Aufklärung als etablierter „Herrschaft der Vernunft" (Hazard) und bekräftigt demgegenüber ihren gegen alle äußeren Widerstände und innere Widersprüchlichkeit aufrechterhaltenen, noch längst nicht in die Tat umgesetzten Appell zur Anwendung vernünftiger Selbsttätigkeit.

Ernst CASSIRER (1932) will nicht die vielen Einzelergebnisse der Aufklärung summarisch verzeichnen, sondern die hinter allem stehende bewegende Kraft erkennen, die nicht nur das 18. Jahrhundert, sondern auch schon die Renaissance in Bewegung gesetzt habe. In vielfacher Hinsicht sei die Aufklärung Erbin früherer Ideenmassen; sie habe mehr Überkommenes gesichtet, geordnet und geklärt als neue Gedanken entwickelt. Zu ihrer *inhaltlichen* Abhängigkeit kontrastiere jedoch die *formale* Neuartigkeit ihres philosophischen Denkens. Daher besagt Cassirers zentrale These: Vor dem Gedanken*inhalt* rangiere der Gedanken*gebrauch*. Im Prozeß des Philosophierens, in dem Imperative wichtiger würden als Ergebnisse, erwiesen sich die Systeme des 17. Jahrhunderts und früherer Zeiten als unzureichend oder gar überholt. Der Impetus aufklärerischen Denkens liege nicht in Axiomen und Doktrinen, sondern im Suchen, Zweifeln, Niederreißen und Aufbauen. Die Wahrheit werde nicht nach den Resultaten, sondern nach der Qualität der forschenden und argumentierenden Auseinandersetzung beurteilt. Dabei übernehme die Philosophie, nach der sich die Zeit mit Stolz das „philosophische Jahrhundert" nenne, eine dominierende Rolle. Sie wirke nicht mehr neben oder über, sondern in allen Wissenschaften, sie durchdringe sämtliche Bereiche, leite zur Tat an und erhebe die auf kritische Vernunft begründete Lebensgestaltung zum obersten Prinzip. Damit will Cassirer Hegels Einwand entkräften, die Reflexion der Aufklärung habe das Leben nur begleitet. Dem oft erhobenen Vorwurf des Eklektizismus widerspricht er durch die Darlegung des einheitlichen Denkimpulses. Mit seiner These von der universalen Reflexion schließlich arbeitet er der späteren Auffassung der Frankfurter Schule entgegen, Aufklärung habe sich gerade durch die Verhinderung von Selbstreflexion in ihr Gegenteil verkehrt. Dagegen setzt Cassirer: „Der Gedanke strebt nicht nur zu neuen, bisher unbekannten Zielen weiter: er will wissen, wohin die Fahrt geht und er will die Richtung dieser Fahrt selbsttätig bestimmen."[10] Bei allen Entdeckungen der äußeren Wirklichkeit habe die Aufklärung den Ausgangspunkt und das Zentrum des Denkens niemals außer acht gelassen; in diesem Zusammenhang zitiert Cassirer Pope: "The proper study of mankind is man."

Indem Cassirer die Denkform der Aufklärung näher zu bestimmen sucht, stößt er auf eine Vernunfttätigkeit, die nicht dem «esprit systématique», wohl aber dem «esprit de système» zuwiderläuft. Sie verfährt nicht deduktiv, sondern analytisch; sie orientiert sich nicht an Descartes' ›Discours de la Méthode‹, sondern an Newtons ›Regulae philosophandi«. Statt ein System den Phänomenen vorzuschalten, intendiert sie es erst als Endergebnis vollständiger Erfassung aller Tatsachen. Sie übernimmt Newtons naturwissenschaftliche Methode zur Grundlage philosophischen Erkennens und läßt anstelle eingeborener Ideen primär Erfahrung, statt des Besitzes den Erwerb von Wahrheit gelten. Die philosophische Wissenschaft entwickelt während ihres Erkenntnisprozesses zwei Verfahren: Eines löst in Einzelphänomene auf, das andere setzt diese wieder zu neuen Ordnungen und Gesetzmäßigkeiten zusammen; das eine ist analytisch, das andere synthetisch, das eine nennt Cassirer „resolutiv", das andere „kompositiv".[11] Das zweite Bestreben, die Fakten nicht nur in ihrem Nebeneinander, sondern auch in ihrem Ineinander, in ihrer Interdependez, zu erkennen, bestimme die Enzyklopädie der Franzosen, aber auch andere Bereiche der Wissenschaft, so die Psychologie (Locke) und Staatsphilosophie (Hobbes, Condillac), deren propagierter Ausgleich der Interessen in Analogie zur Statik der Naturwissenschaften stehe. Während in der ersten Hälfte des 18. Jahrhunderts die Tendenz zum „Resolutiven" dominiere, verstärke sich in der zweiten der Zug zur lebendigen Synthesis im Sinne Leibnizens, für den die Monade mehr als ein Atom, das Ganze mehr als die Summe der Teile sei. Dabei weise Baumgarten eher als Wolff den Weg von der bloßen Geometrie zur Dynamik, vom Mechanismus zum Organismus, von der Identität des Einzelphänomens zu den Prinzipien der Kontinuität und Harmonie. Letztgenannte werde glanzvoll bestätigt, wenn die aufgeklärte Vernunft im Bereich der Außenwelt die Ordnung und Regularität als notwendige Korrelate ihrer Denkprinzipien erkenne und ihren eigenen Anteil am Schöpfungswerk zumindest ahne: „Die Natur im Menschen kommt gewissermaßen der Natur des Kosmos entgegen und findet sich in ihr wieder."[12]

Philosophiegeschichtliche Beiträge zur Aufklärung markieren in der Regel die Grenzen zu den vorhergehenden Epochen, insbesondere zum Barock und zum Mittelalter, und heben das Andersartige und Originäre des neuen Denkens von dem früheren ab. Eine davon abweichende, das Problembewußtsein differenzierende und bereichernde Forschungsrichtung zielt gerade auf den Zusammenhang von Aufklärung und Mittelalter, von Rationalismus und christlicher Religiosität. Der Begriff der „Säkularisierung" ist zum Stichwort für zahlreiche Untersuchungen, für Bücher, Aufsatzsammlungen und wissenschaftliche Tagungen geworden. Lange hat das Problem im Vordergrund gestanden, wie umfassend Säkularisation im Sinne von Verweltlichung religiöser Vorstellungen zu verstehen ist, wie eng die Bindung an die überkommenen Glaubensinhalte noch sein muß oder darf, um bei der Übertragung sakraler Formen auf profane Gegenstände noch von Säkularisierung sprechen zu können.¹³ In jüngerer Zeit hat sich die Fragestellung erweitert: Es geht darum, ob Säkularisierung die Ablösung und Ersetzung des Alten *durch* das Neue oder die sich nachprüfbar vollziehende Entwicklung des Neuen *aus* dem Alten bezeichnet. Beide Thesen der Säkularisationsforschung zielen auf den problematischen Zusammenhang von Mittelalter und Neuzeit/Aufklärung; doch die eine sieht in der Kontinuität den Dualismus, die andere im Dualismus die Kontinuität; die eine verfährt – um mit Cassirer zu sprechen – mehr „resolutiv", die andere mehr „kompositiv", die eine bevorzugt die mathematisch-analytische, die andere die historisch-synthetische Betrachtungsweise.

Für die erstgenannte bietet Carl L. BECKER (1946) ein Beispiel unter vielen. In seiner Sicht überträgt die Aufklärung die Schlüsselbegriffe des 13. Jahrhunderts: Gott, Sünde, Gnade, Erlösung und Himmel in säkularisierter Form auf Natur, Naturgesetz, Vernunft, Gefühl und Humanität. Das Himmelreich habe man auf die Erde verlegt; das wundertätige Agens der Rechtfertigung sei aus Gottes Händen in die der Menschen übergegangen. Die Vorstellungen von der Natur und ihrer Regularität konstituierten ein Ordnungsdenken, das vordem die Religion garantiert habe. Die Entthronung Gottes gehe einher mit der Vergöttlichung der Natur. Stießen die Philosophen entgegen der postulierten Sinnerfülltheit und Zweckmäßigkeit der Welt auf die Mängel und das Leid in ihr, so ersetzten sie die Vernunft durch Hoffnung, durch einen in die Zukunft projizierten Optimismus, der die felsenfeste Überzeugung hege, daß alles, was nicht in Ordnung sei, sich über kurz oder lang in Ordnung bringen lasse.

Hans BLUMENBERGS 1966 erschienene ›Legitimität der Neuzeit‹, seitdem erweitert und unter veränderten Titeln publiziert, schlägt den anderen Weg ein. Er verfolgt anhand der Begriffe „Säkularisierung", „Selbstbehauptung" und „theoretische Neugierde" (so auch die Titel der drei überarbeiteten Teile) den Gang der *curiositas* vom Altertum über ihr Verbot im Mittelalter bis zu ihrer neuzeitlichen Rechtfertigung, die er nicht als eine bloße Wiederbelebung des theoretischen Ideals der Antike, sondern als spezifische Reaktion auf die Diskriminierung der *curiositas* durch die Zwänge des Mittelalters versteht. Hierin zeigt sich bereits die Grundtendenz des Werkes, das zwar vordergründig die Grenze vom Mittelalter zur Neuzeit behandelt, mit eigentlicher Absicht jedoch den Übergang als Umbruch, Gegenschlag, Entfaltung und Kontinuität problematisiert. Da die Neuzeit vorerst in der Aufklärung gipfelt, ist auch von dieser die Rede. Wichtige Impulse für die weitere Forschung gibt Blumenberg vor allem in seiner kritischen Auseinandersetzung mit herkömmlichen Säkularisierungstheoremen. Seine Intention zielt nicht auf die Entflechtung einer für falsch gehaltenen Verbindung zwischen Weltlichem und Außerweltlichem, erst recht nicht auf eine Depravation des Säkularen unter dem wachsenden Eindruck der Unzulänglichkeit des Säkularisats. Sie zielt vielmehr auf eine neue Art von „Dialektik der Aufklärung", die sich seit der Antike nicht erst im 18. Jahrhundert entfaltet, sondern in die das Mittelalter bereits zutiefst verflochten ist: Die Bindung der Aufklärung an das Mittelalter führt bei Blumenberg weder zur Reaktion gegen sie noch zum Nachweis des Umschlags in ihr Gegenteil (Kritische Theorie), sondern vielmehr zu ihrer Legitimation. Gilt Aufklärung bei Horkheimer/Adorno (vgl. III,6) als irreversibel, aber unlegitimiert, so ist sie für Blumenberg durch ihre Rückführbarkeit gerechtfertigt. Rückführbarkeit aber heißt nicht Rückfall, sondern meint, daß sich Aufklärung, statt mit Restbeständen paganer Antike auszurüsten, aus dem Mittelalter hervorarbeitet, indem sie *seinen* Fragen mit *ihren* Antworten begegnet und damit eine originärere Leistung vollbringt, als wenn sie nur aus dem Überweltlichen ins Weltliche entwischte.

Die Kehrtwendung gegen die den herkömmlichen Säkularisierungstheoremen angelastete Entzweiung zwischen Mittelalter und Neuzeit und die Auffassung, daß viele Erscheinungen in der Neuzeit nicht denkbar seien ohne vorausgehendes Mittelalter, sollen jedoch nicht zu planen Herleitungen verleiten, so z. B. der Fortschrittsidee aus der christlichen Eschatologie, in dem Sinne, daß diese jene ablöste und nach Aufnahme fremder Faktoren an deren Stelle träte. Blumenberg will vielmehr die Säkularisierung des Religiösen in diesem begründet und durch dieses vollzogen sehen, wenn er formuliert: „nicht Verweltlichung der Eschatologie, sondern Verweltlichung durch Eschatologie."[14] Seine These begründet er in etwa so: Das Frühchristentum konnte einer ungläubigen Welt die Wahrheit seines Gottes nicht an der Erfüllung, sondern mußte sie an der Verzögerung seiner Verheißungen demonstrieren. Da Gott der Welt wieder entzogen war, wurde diese bis auf weiteres zu einem Surrogat, zu einem mit Tätigkeit zu erfüllenden Interim für die in Aussicht gestellte, doch bis auf unbestimmte Zeit gestundete ewige Gerechtigkeit: „die freigesetzte Energie des eschatologischen Ausnahmezustandes drängt darauf, sich in der Welt zu institutionalisieren."[15] Diese in und durch Religion sich vollziehende Verweltlichung werde vor allem deutlich an der Gründung der Gemeindegerichtsbarkeit, die Tertullian als Antizipation des Jüngsten Gerichts bezeichne. Mit demselben Argumentationsverfahren kritisiert Blumenberg die Auffassung von der neuzeitlichen Geschichtsphilosophie als säkularisierter Eschatologie in der Form der Theodizee (Leibniz); diese sieht er vielmehr in der vollendeten Spätphase der Theologie und durch diese selbst bereits geleistet. Die Neuzeit, so resümiert er, sei nicht durch Säkularisierung, sondern dadurch ausgezeichnet, daß sich der Mensch aus der Transzendenz zurückerobere, was er in sie investiert habe.[16]

Ebensowenig wie Fortschritt und Theodizee sei auch die theoretische Neugier bloße Wiederholung einer antiken Position, wie überhaupt die Hoffnung der Renaissance auf Wiederkunft der Griechen ein Irrtum sei. Das Ende des Mittelalters zeige sich darin, daß es die Schöpfung als Gottes Werk nicht mehr glaubhaft machen kann und nun dem Menschen die Last der Selbstbehauptung mit dem Ziel auferlegt, Welt und Dasein selbst durch Sinngebung zu füllen und zu planen. Die Kontinuität zwischen Mittelalter und Neuzeit liege dabei nicht im Fortbestand von Ideen, sondern in der Hypothek der Probleme, die im Zeitalter des Glaubens einmal lösbar erschienen und die nun ihre Lösbarkeit, nicht aber ihrer Lösungsbedürftigkeit verlustig gegangen sind. Auch in der Neuzeit wolle man erkennen, was mit anderen, aber untauglich gewordenen Mitteln schon einmal erkannt worden sei. Die Neuzeit beginne nicht beim Nullpunkt, sondern mit dem Versuch, die im Mittelalter aufgeworfenen Fragen in einem neuen Zusammenhang wieder aufzugreifen und möglicherweise zu beantworten.

Die Aufklärung des 18. Jahrhunderts gehe, das Säkularisierungstheorem vorbereitend, zunächst vom Dualismus zwischen Mittelalter und Neuzeit aus. Historisches Denken entfalte sich allmählich erst in dem Maße, in dem diese Entzweiung überbrückt und die Epochenschwelle durch Aufweis der Reduzierbarkeit des vermeintlich Neuen auf Mittelalterliches abgebaut werde. Die theoretische Neugier legitimiere sich anfangs durch die jahrhundertealte Unterdrückung, die vom Verbot der als hoffärtig diskriminierten *curiositas* ausging. Doch kaum sei die Autonomisierung der theoretischen Neugier im Gange, da melde sich auch schon der Zweifel an der Zuträglichkeit wissenschaftlicher Rücksichtslosigkeit. Neugierde erscheine einmal als notwendiges Agens freigesetzter Erkenntnis ohne Bindung an konkrete Subjekte, zum anderen aber auch als insistierendes Beharren auf der Glück verbürgenden Wahrheit für den Einzelmenschen. Dieser Zwiespalt verrate die Verflechtung von neuer Wissenschaft und alter Metaphysik. Gerade auf dem Höhepunkt der Aufklärung, etwa bei Lessing (vgl. das Bild vom Besitz der Wahrheit und der Suche nach ihr), zerbreche das Endgültigkeitsideal der philosophischen Erkenntnis, und bei Kant schließlich werde die Grenzziehung der Erkenntnis, die diese allererst ermögliche und sichere, zum Hauptthema theoretischer Neugierde. Die

Hypertrophie der Wißbegierde werde zum Hauptgegner der Aufklärung. Die Transzendentalphilosophie wird aus dieser Sicht zu einer Fortsetzung der mittelalterlichen *curiositas*-Kritik mit anderen Mitteln. Aufklärung legitimiert sich erst dadurch, daß sie den Dualismus zwischen sich und dem Mittelalter aufhebt, indem sie dessen Hypothek als in ihr liegend akzeptiert und mit ihren eigenen Mitteln abarbeitet. Ihre Aufgabe ist die „Rationalisierung des Irrationalen im Selbstverständnis der Rationalität"[17].

Zu den Kritikern, die sich nach Erscheinen der ›Legitimität der Neuzeit‹ zu Wort meldeten, gehört Odo MARQUARD (1973). Ausgehend von der Frage, ob die Geschichtsphilosophie als postulierter Ausgang des Menschen aus seiner selbstverschuldeten Unmündigkeit der Aufklärung oder einer „Gegenneuzeit" zuarbeite, kommt er zu dem Ergebnis, daß sie – erst recht in ihrer prätendiertesten Fortschrittlichkeit – statt Emanzipation nur deren Mythos hervorbringe; denn der „geschichtsphilosophische Ausgang der Menschen aus ihrer selbstverschuldeten Unmündigkeit endet mit der Schlüsselgewalt ihrer selbstverschuldeten Vormünder"[18]. Da die Geschichtsphilosophie gar nicht zur Neuzeit gehöre, könne für deren Mißlingen nicht die Säkularisierung (oder ihre Theorie, die Blumenberg attackiere) verantwortlich gemacht werden. Im Gegenteil: Der Verfehlung der Neuzeit hätte allenfalls durch ein Mehr an Säkularisierung, nicht als Diskriminierung, sondern als Zusammen von Kontinuität und wachsender Weltwirklichkeit, begegnet werden können.

Blumenbergs Replik auf Marquards Einwand gipfelt in dem Vorwurf, sein Kritiker mache ein Gelingen der Neuzeit allein abhängig von einem absoluten Neubeginn, von der Tilgung aller gegenneuzeitlichen und damit infizierenden Restbestände, während Blumenberg darauf insistiert, daß selbst der Cartesianische Ansatz – nicht nur, sondern sogar – eine neue Antwort auf eine alte Herausforderung ist. Die Diskussion um Divergenz und Kontinuität von Aufklärung und Mittelalter dauert an.

Ganz ohne Mittelalter vollzieht sich Aufklärung für Jürgen MITTELSTRASS (1970), der einen Bogen von der griechischen Antike („erste Aufklärung") zum 17./18. Jahrhundert („zweite Aufklärung") spannt. Er wendet sich entschieden gegen den propagierten und praktizierten Pluralismus philosophischer Ansätze, der mit der Forderung nach Autonomie die pure Beliebigkeit unverbindlicher Verlautbarungen verdecke. Mittelstraß sieht Aufklärung noch nicht darin, im Selbstdenken und -handeln von fremdem Denken und Handeln in Ruhe gelassen zu werden und alles andere buchstäblich in Ruhe zu lassen. Unter dem

Stichwort „vernünftige Selbständigkeit" verlangt er nicht nur Autonomie, die, allein gelassen, im monologisierenden Solipsismus erstarrt, sondern auch Vernünftigkeit als Fundament für ein lebensbezogenes Miteinander des Fragens und Argumentierens. Um der Denkwillkür und Wirkungslosigkeit der Philosophie entgegenzuarbeiten, will er das methodisch reflektierte Vorgehen („methodische Vernunft") durch ein Mit-anderen-Denken („dialogische Vernunft") ergänzt sehen. Aufklärung, in diesem Sinne fast synonym mit Philosophie, verfolgt er in einer Art wissenschaftstheoretischer „philosophierender Geschichtsschreibung", die, ohne Vollständigkeit zu erstreben, nicht erzählt, sondern interpretiert und wertet, die sich als „Rezension der Historie der systematischen Reflexion"[19] versteht.

Sind für Mittelstraß Aufklärung und Philosophie theoretisch fast identisch, so sind ihre historischen Ausprägungen durchaus unterschiedlich. Als spezifische Merkmale der zweiten Aufklärung analysiert er das epochale Bewußtsein mit strikter Abgrenzung gegen vorausgehende Zeiten, das Öffentlicher-Werden der vernünftigen Selbständigkeit, die enge Verflechtung von Philosophie und Physik, deren Errungenschaften er ausgiebig erörtert, die enzyklopädistische Tendenz, die immer weniger auf die Ansammlung von Wissen und immer mehr auf den umfassenden Begründungszusammenhang aus ist, sowie den Vorrang der Kritik, zunächst als allgemeine Skepsis, dann bei Kant, der die Aufklärung besser verstanden habe als sie sich selbst, als kritische Wissenschaft vom Wissen. In der noch ausstehenden Kritik, und zwar der historischen und sprachlichen Vernunft, sieht Mittelstraß die einzige Möglichkeit für eine dritte Aufklärung.

Was wir bei theologiebezogenen Arbeiten beobachten konnten, gilt in etwa auch für die philosophiegeschichtlichen: die Tendenz zur progressiven Universalisierung des Aufklärungsbegriffs. Werner SCHNEIDERS (1974) verfolgt anhand des reichen Quellenmaterials die Diskussion um das Selbstverständnis der deutschen Aufklärung (1780–1800) im Rahmen einer philosophischen Untersuchung, muß dabei jedoch, entsprechend der Auffassung des 18. Jahrhunderts, „von einem weiten Begriff von Philosophie ausgehen"[20]. Was die Forschung vielfach erst im nachhinein und hintereinander an der Aufklärung zu entdecken oder zu entfalten wußte, das sieht Schneiders bereits in ihrem Selbstbewußtsein geleistet, wenn er als ihre Hauptabsicht die „systematische Anwendung der Vernunft auf alle Lebens- und Wirklichkeitsbereiche"[21] nennt. In starkem Maße praxisbezogen und pädagogisch orientiert sowie gerüstet mit der Überzeugung, daß die Tugend mit dem Verstand zunehmen müsse, werde die Philosophie der Aufklärung, wenn auch nicht überall unmittelbar, im weitesten Sinne Gesellschaftstheorie. Die Auseinandersetzung über ihr Selbstverständnis werde anfangs von Pädagogen und Theologen genährt und entfalte sich dann in jeweils dominanten Tendenzen als religiöse und politische Aufklärung (Reinhold), als individuelle Einsicht und gesellschaftliche Praxis (Mendelssohn), als Emanzipation und Kritik (Kant) usw. Alle Forderungen des „Richtigdenkens" und „Freidenkens" zielten letztlich auf Probleme der Politik und Moral, Reform und Revolution.

Anmerkungen

[1] Liselotte Richter: Philosophie der Dichtkunst. Berlin 1948, S. 8.
[2] Max Wundt: Die dt. Schulphilos. im Zeitalter d. Aufklärung. Neudr. Heidelberg 1964, S. 14.
[3] Ebd. S. 17.
[4] Hans M. Wolff: Die Weltanschauung der dt. Aufklärung. 2. Aufl. Bern, München 1965, S. 10.
[5] Ders.: Die deutsche Aufklärung. In: Revue internat. de philos. 6 (1952), S. 370.
[6] Alfred Bäumler: Das Irrationalitätsproblem ... Tübingen 1967, S. 1.
[7] Ebd. S. 353.
[8] Elisabeth Heimpel-Michel: Die Aufklärung. Langensalza 1928, S. 5.
[9] Lydia Leiste: Der Humanitätsgedanke ... Diss. Halle 1932, S. 38.
[10] Ernst Cassirer: Die Philosophie d. Aufklärung. Tübingen 1932, S. 3.
[11] Ebd. S. 25 u. ö.
[12] Ebd. S. 58.
[13] Vgl. Sonderheft der ZfdPh 83 (1964) zum Bonner Germanistentag 1963.
[14] Hans Blumenberg: Säkularisation und Selbstbehauptung. Frankfurt a. M. 1974, S. 55.
[15] Ebd. S. 56.
[16] Vgl. ebd. S. 139.
[17] Ders.: Der Prozeß der theoretischen Neugierde. Frankfurt a. M. 1973, S. 185.
[18] Odo Marquard: Schwierigkeiten m. d. Geschichtsphilos. Frankfurt a. M. 1973, S. 19.
[19] Jürgen Mittelstraß: Neuzeit u. Aufklärung. Berlin, New York 1970, S. 8.
[20] Werner Schneiders: Die wahre Aufklärung. Freiburg, München 1974, S. 23.
[21] Ebd. S. 12.

Literatur

Anacker, Ulrich: Natur und Intersubjektivität. Elemente zu einer Theorie der Aufklärung. Frankfurt a. M. 1974.
Bäumler, Alfred: Kants Kritik der Urteilskraft, ihre Geschichte und Systematik. (Halle 1923) Neudr. u. d. T.: Das Irrationalitätsproblem in der Ästhetik und Logik des 18. Jh. bis zur Kritik der Urteilskraft. Tübingen 1967.
Becker, Carl L.: Der Gottesstaat der Philosophie des 18. Jh. Würzburg 1946.
Blumenberg, Hans: Die Legitimität der Neuzeit. Frankfurt a. M. 1966. Neuausg. d. 1. u. 2. Teils u. d. T.: Säkularisierung und Selbstbehauptung. Frankfurt a. M. 1974; d. 3. Teils u. d. T.: Der Prozeß der theoretischen Neugierde. Frankfurt a. M. 1973.
–: Die Vorbereitung der Aufklärung als Rechtfertigung der theoretischen Neugier. In: Europäische Aufklärung. Herbert Dieckmann zum 60. Geburtstag. München 1967, S. 23–45.
Boehm, Benno: Sokrates im 18. Jh. (Leipzig 1929) 2. Aufl. Neumünster 1966.
Brockdorff, Cay von: Die deutsche Aufklärungsphilosophie. München 1926.
Brüggemann, Fritz (Hrsg.): Das Weltbild der deutschen Aufklärung. Philosophische Grundlagen und literarische Auswirkung. (1930) Neudr. Leipzig 1966.
Cassirer, Ernst: Die Philosophie der Aufklärung. Tübingen 1932.
Franz, Katharina: Der Einfluß der stoischen Philosophie auf die Moralphilosophie der deutschen Aufklärung. Diss. Halle 1940.
Funke, Gerhard: Die Aufklärung. In ausgew. Texten dargest. u. eingeleitet. Stuttgart 1963.
–: Aufklärung, eine Frage der moralischen Haltung? In: Schoeps, Hans-Joachim (Hrsg.): Zeitgeist der Aufklärung. Paderborn 1972, S. 7–41.
Gockel, Heinz: Mythos und Poesie. Zum Mythosbegriff in Aufklärung und Frühromantik. Frankfurt a. M. 1981.
Heimpel-Michel, Elisabeth: Die Aufklärung. Eine historisch-systematische Untersuchung. Langensalza 1928.
Hinske, Norbert (Hrsg.): Eklektik, Selbstdenken, Mündigkeit. Hamburg 1986.
Jamme, Christoph, Gerhard Kurz (Hrsg.): Idealismus und Aufklärung. Kontinuität und Kritik der Aufklärung in Philosophie und Poesie um 1800. Stuttgart 1988.
Kondylis, Panajotis: Die Aufklärung im Rahmen des neuzeitlichen Rationalismus. Stuttgart 1981.
Kopper, Joachim: Einführung in die Philosophie der Aufklärung. Die theoretischen Grundlagen. Darmstadt 1979.
–: Ethik der Aufklärung. Darmstadt 1983.
Kremer, Josef: Das Problem der Theodicee in der Philosophie und Literatur des 18. Jh. In: Kantstudien. Erg.-H. 13. Berlin 1909.
Leiste, Lydia: Der Humanitätsgedanke in der Popularphilosophie der deutschen Aufklärung. Diss. Halle 1932.

Marquard, Odo: Schwierigkeiten mit der Geschichtsphilosophie. Frankfurt a. M. 1973.
Mittelstraß, Jürgen: Neuzeit und Aufklärung. Studien zur Entstehung der neuzeitlichen Wissenschaft und Philosophie. Berlin, New York 1970.
Moravia, Sergio: Beobachtende Vernunft. Philosophie und Anthropologie in der Aufklärung. München 1973.
–: From homme machine to homme sensible: Changing Eighteenth-Century Models of Man's Image. In: Journal of the History of Ideas 39 (1978), S. 45–60.
Penz, Lothar: Die unaufgeklärte Aufklärung. Eine Auseinandersetzung mit den Dogmen der Frankfurter Schule als Perspektive für eine politische Emanzipation. Hamburg 1988.
Reill, Peter Hannes: The German Enlightenment and the Rise of Historicism. Berkeley 1975.
Richter, Liselotte: Philosophie der Dichtkunst. Moses Mendelssohns Ästhetik zwischen Aufklärung und Sturm und Drang. Berlin 1948.
Salomon, Kurt (Hrsg.): Aufklärungsperspektiven. Weltanschauungsanalysen und Ideologiekritik. Tübingen 1989.
Schmidt-Biggemann, Wilhelm: Theodizee und Tatsache. Das philosophische Profil der deutschen Aufklärung. Frankfurt a. M. 1988.
Schneiders, Werner: Die wahre Aufklärung. Zum Selbstverständnis der deutschen Aufklärung. Freiburg, München 1974.
–: Christian Wolff. 1679–1754. Interpretationen zu seiner Philosophie und deren Wirkung. Hamburg 1983.
–: Hoffnung auf Vernunft. Aufklärungsphilosophie in Deutschland. Hamburg 1990.
Ueding, Gert: Rhetorik und Popularphilosophie. In: Rhetorik 1 (1980), S. 122–134.
Weigl, Engelhard: Aufklärung und Skeptizismus. Untersuchungen zu Jean Pauls Frühwerk. Hildesheim 1980.
Wolff, Hans M.: Die Weltanschauung der deutschen Aufklärung in geschichtlicher Entwicklung. (München 1949) 2. Aufl. Bern, München 1965.
–: Die deutsche Aufklärung. In: Revue internat. de philosophie 6 (1952), S. 356–370.
Wundt, Max: Die deutsche Schulphilosophie im Zeitalter der Aufklärung. (Tübingen 1945) Neudr. Heidelberg 1964.

3. Geistesgeschichtlich

Die geistesgeschichtliche Betrachtungsweise beschränkt sich nicht auf Theologie und Philosophie, sondern will sämtliche Hervorbringungen des menschlichen Geistes unter den Gesichtspunkten ihrer Kontemporaneität und Interdependenz zusammenfassen. Bei aller Berücksichtigung von Individualität, die sich nur erlebendem Verstehen erschließen soll, zielt sie auf übergreifende Zuordnungen von Ideen als Signatur einer Epoche. Obwohl DILTHEY (1901), der Begründer der geistesgeschichtlichen Theorie, deren strikten Unterschied zur naturwissenschaftlichen Verfahrensweise herausarbeitet, führt ihn seine Tendenz zum Zusammendenken bei der Aufklärung so weit, nicht nur die Erscheinungen der Religion, Philosophie, Kunst und Dichtung, sondern auch Geschichte und Naturerkenntnis in einem quasi organischen Zusammenhang zu sehen, den er als die „Idee der Evolution"[1] bezeichnet.

Die Themen des Zusammenhangs bzw. der Trennung stehen bei geistesgeschichtlichen Untersuchungen stets im Vordergrund; das gilt nicht nur für Probleme der systematischen, sondern auch der historischen Zugehörigkeit. Die Frage, ob nur Vernunftkategorien oder ob und inwieweit auch irrationale Momente die Signatur der Epoche bestimmen, hängt zusammen mit der historischen Einordnung von Aufklärung, vor allem mit der Beurteilung ihrer rückwärts- und vorwärtsgerichteten Bindungen. Hierfür zwei Beispiele: Benno VON WIESE, der in einem Forschungsbericht (1934) die Literatur der 20er und der beginnenden 30er Jahre überblickt, konstatiert ein zunehmendes Interesse an nichtrationalistischen Elementen des 18. Jahrhunderts, an Religion, Sentimentalität sowie an allem, was sich planer Verallgemeinerung entziehe. Neben der Tendenz, das Viele auf das Eine zurückzuführen, habe sich die Anerkennung des Einmaligen und Affektiven durchgesetzt, so daß eine Verbindung von „generalisierender Vernunft und individualisierender Empfindung"[2] entstanden sei. Die deutsche Empfindsamkeit des 18. Jahrhunderts ist weitgehend eine Entdeckung der geistesgeschichtlichen Betrachtungsweise, und sie wird seitdem je nach Einschätzung als Gegen- oder Komplementärerscheinung zur Aufklärung (vgl. S. 87 ff.) betrachtet.

Etwa 20 Jahre später (1956) zieht Wolfdietrich RASCH, abermals in einem Forschungsbericht, ein vorläufiges Fazit: Während die Arbeiten der 20er und 30er Jahre in der Aufklärung vorwiegend vorromantische Züge (die Irrationalismen der Religion, des Geniedenkens, des Individuell-Einmaligen usw.) sehen, legen die Beiträge nach 1945 den Akzent stärker auf die rückwärtigen Beziehungen. Dabei steht die Frage im Vordergrund, ob die Aufklärung sich mehr *aus* dem oder *gegen* das Barock entwickelt habe. Die Divergenztheorie vertreten Hazard, Martini, Wolff und Grappin; ein Weiterleben des Barock in der Aufklärung betonen Kettler, Newald und Benz, der im Barock die dominierende Kraft sogar des gesamten 18. Jahrhunderts sieht. Während Kettler "a strong under-current of baroque literature […] through the first half of the

Enlightenment"³ erkennt (religiös-moralische und intellektuell-didaktische Selbstrechtfertigung der Literatur, Nachahmungsprinzip, antike Vorbilder, Wahrheits- und Wahrscheinlichkeitspostulat, Einbildungskraft, ornamentale Stilelemente usw.), weist in jüngerer Zeit Ulf LEHMANN (1968) aus slawistischer Sicht den literaturwissenschaftlichen Barockbegriff wegen seiner Unschärfe und wegen mangelnden historischen Substrats – es habe keine Barockepoche gegeben – als untauglich zurück.

Forschungsbeiträge, die den Umwandlungsprozeß vom Barock zur Aufklärung verfolgen, richten ihr Augenmerk auf diverse Unterscheidungsmerkmale. Margarete HOERNER (1932) demonstriert den Wandel an den verschiedenen Anschauungs- und Darstellungsformen der Zeit (Gegenwart, Augenblick) in Kunst und Poesie und sieht im Barock die Punktualität und Vergänglichkeit, in der Aufklärung das Moment des Durativen dominieren. Günther MÜLLER (1936) verknüpft den geistesgeschichtlichen mit dem nationalgeschichtlichen Aspekt, wenn er der „Außenwendung" des Barock die „Innenwendung" des 18. Jahrhunderts folgen läßt und darin eine neue „volksseelische Entwicklungsstufe"⁴ erblickt. Heinz Otto BURGER (1961/62) schließlich gliedert die Aufklärung in drei Phasen nach dem Prinzip ihres jeweiligen Verhältnisses zum Barock, als dessen Hauptzug er die normative Vorstellung vom Menschen im allgemeinen und vom Dichter im besonderen hervorhebt. Im ersten Abschnitt setze sich die Aufklärung mit dem Barock kritisch auseinander; im zweiten komme es zu einer Wiederbelebung des Barock im Stil des neuen Pathos bei Bodmer, Pyra und Klopstock („Neubarock") und zu einem Kampf mit der Aufklärung, bis in einer dritten, antibarocken Phase die Aufklärung allein zur Herrschaft gelange.

Forscher, denen die geistesgeschichtlichen Wurzeln der Aufklärung nicht im Zeitalter des Barock zu liegen scheinen, greifen weiter zurück und stoßen vor allem in Süd- und Westeuropa auf wegbereitende Ideen und Gestalten. Arnold E. BERGER (1911) bringt eine Reihe älterer Traditionen in den Blick: den Humanismus und seine überkonfessionelle Verbindung von christlicher Religion und antiker Philosophie; die bibel- und dogmenkritischen Lehren des Erasmus von Rotterdam („Vater des religiösen Rationalismus"⁵); die liberalen Richtungen des Calvinismus; die schon bei Jean Bodin entwickelte Vorstellung von der allen positiven Religionen zugrunde liegenden natürlichen Religion. Diese Überzeugung, übertragen auf weltliche Bereiche (natürliches Recht, natürlicher Geschmack usw.) und verbunden mit der Mathematik und den Entdeckungen der Erfahrungswissenschaft, die erstmals die Deutung der Welt als eines einheitlich-organischen Lebenszusammenhangs (Bruno) ermöglicht habe, führe zu einer neuen Wertschätzung der Vernunft, die sich nicht zuletzt auf Fragen des sozialen Lebens ausdehne: „Es begann das Zeitalter des Naturrechts, das Staat und Recht als eine Schöpfung der menschlichen Vernunft, und nur als solche, zu begreifen suchte."[6]

Das Verdienst, die Einflüsse Voltaires auf die deutsche Aufklärung erforscht zu haben, gebührt Hermann August KORFF (1917). So wie Voltaire, nach dem seine Zeitgenossen ihr Jahrhundert benannten, weniger durch Originalität als durch vielseitige Assimilierung und Verbreitung aufklärerischer Ideen gewirkt habe, so mache sich sein Einfluß in Deutschland weniger bei exponierten Geistern bemerkbar als im damaligen gesamtkulturellen Bewußtsein des Adels und breiter Mittelschichten. Korff versteht die von Voltaire repräsentierte Aufklärung, die nicht er erschaffen, sondern die ihn erschaffen habe, als Befreiungsprozeß, der sich in gerader Linie von der Reformation bis zur Sozialdemokratie auf allen Gebieten des geistigen und sozialen Lebens fortsetze. Diese nicht zum System verfestigte Bewegung richte sich im wesentlichen gegen drei Angriffspunkte: die dogmatische Philosophie, die doktrinäre Philosophie und den kirchlichen „Zelotismus"[7].

Aus der Fülle von Einzeluntersuchungen zu den Quellen deutscher Aufklärung seien hier stellvertretend nur noch zwei neuere Arbeiten genannt: Gerhard SAUDER (1975) verfolgt die Bayle-Rezeption in Deutschland und stößt auf eine trotz des hohen Kaufpreises weite Verbreitung des ›Dictionnaire‹, das eine neue historisch-kritische Methode begründet und dessen dialektisches Argumentationsverfahren bis zum Beginn der Spätaufklärung Bewunderer und Nacheiferer gefunden habe. Fritz WAGNER (1976) rückt Newton in ein neues Licht, indem er nicht nur seine naturwissenschaftlichen, sondern auch seine theologischen Schriften berücksichtigt und dabei seine Distanz zu Descartes und erst recht zur mechanistischen Weltauffassung zeigt. Wenn Wagner recht hat mit seiner These, daß sich bei Newton Physik und Religion nicht ausschließen, sondern verbinden, dann wird Diltheys Interpretation der Aufklärung als Einheit von Geschichts- und Naturerfassung bestätigt.

Während Dilthey in der Aufklärung also noch den Zusammenhang von Natur und Geschichte, Vernunft und Seelenvermögen erkennt, finden seine Nachfolger zunächst eher Dualismen oder die Präpotenz des einen und die Verkümmerung des anderen Momentes. Es ist bemerkenswert, wie selten geistesgeschichtliche Arbeiten darauf eingehen, wie die Aufklärung ihre rationalen Kräfte entdeckt, nutzt und steigert, und wie oft sie statt dessen davon sprechen, wie sie sich zu ihrem Gegensatz, dem Irrationalen, verhält, ob sie es in sich aufnimmt oder verdrängt oder ob sie, an ihm scheiternd, ihre eigene Unwahrheit erfährt. So kommt es, daß viele Beiträge geistesgeschichtlicher Provenienz zwar die Aufklärung thematisieren, aber von ihren Gegenkräften handeln. Das ›Reallexikon‹ (Martin SOMMERFELD 1925/26) nennt als Kennzeichen der Aufklärungsepoche den Gegensatz zwischen Rationalismus und Pietismus. Andere Arbeiten zeigen bereits in ihren Titeln an, daß sie Aufklärung nicht als Einheit, sondern nur auf ihre Widersacher bezogen sehen, denen sie sich stellen muß oder deren sie nach Meinung der Verfasser bedarf, um aus den Fesseln ihrer eigenen Begrenztheit befreit zu werden. Rudolf Unger betrachtet sie bereits vom Standpunkt ihrer vermeintlichen Überwindung (Hamann) aus, der Literaturhistoriker Ferdinand Josef Schneider vermeidet gar ihren Namen und verwendet statt dessen die vorausgehende und die nachfolgende Epoche als Brückenköpfe (Barock – Klassizismus), zwischen denen er offenbar nichts entdeckt, was ihm eines einheitsschaffenden Begriffs wert erscheint, und auch Martini verfolgt noch die Stationen ›Von der Aufklärung zum Sturm und Drang‹, wobei er nicht die Kontinuität, sondern die erlösende Gegensätzlichkeit betont. UNGER (1911) erkennt und anerkennt die aufklärerische Leistung der Emanzipation von den metaphysischen und theologisch-scholastischen Bindungen auf allen Gebieten (Philosophie, Psychologie, Ethik, Staat, Recht, Ökonomie, Physiologie, Pädagogik und Religion). Zugleich jedoch habe die verselbständigte weltliche Kultur, in der die konkurrierenden Geistesströmungen eine Verbreitung, aber auch eine Verflachung der Bildung bewirkt hätten, zu einer Vernachlässigung außerrationaler Kräfte geführt. Nicht die Aufklärung, sondern Hamann habe die für die Neuzeit fundamentale Frage nach dem Verhältnis von Religion und Kultur durch seine Einsicht in die elementare Einheit beider Bereiche beantwortet. Ähnlich wie Unger beurteilt auch MARTINI (1952) die Aufklärung, die bei allen Verdiensten der Selbsterkenntnis und Selbstbildung des Menschen die kunstbedrohende Gefahr nicht vermieden habe, die subjektiv-irrationalen Antriebe zu negieren. Die Starrheit des Rationalismus und die Weltverleugnung des Pietismus seien erst bei Hamann aufgehoben, der die sensualistisch-realistischen und die mystisch-irrationalistischen Tendenzen miteinander verbinde und damit Herders „deutsche Revolution des Geistes" vorbereite, „die der politischen Revolution in Frankreich entsprechen sollte".[8]

Die zwiespältige Einschätzung der Aufklärung überträgt sich auch auf die Bewertung ihrer Dichtung; denn die Literaturgeschichte der

Aufklärung ist über weite Strecken ein Teil der Geistesgeschichte. Dieser Umstand resultiert nicht nur aus der Erkenntnis des historischen Zusammenhangs aller Produkte des menschlichen Geistes, sondern auch aus einem generellen Vorbehalt gegen den Wert aufklärerischer Poesie, die dem individualitätsbezogenen Verstehensbegriff der Geisteswissenschaft so wenig zu entsprechen scheint. Daher handelt sie, wenn überhaupt von Aufklärung, lieber von ihrer Philosophie und Theologie als von ihrer Dichtung. F. J. SCHNEIDER (1924), den vor allem die Frage beschäftigt, wie sich die deutsche Literatur des 18. Jahrhunderts zum überkommenen Erbe des Barock verhält, sieht nicht einmal in Lessing einen Eckstein, sondern nennt Opitz und Herder, die Renaissance und die Geniezeit die markierenden Wendepunkte in der deutschen Literaturgeschichte. Lessing sei allenfalls der Höhepunkt der durch Boileau und Gottsched begründeten Ästhetik; Aufklärung gilt Schneider als regelwütige Durststrecke zwischen Barock und Sturm und Drang. Unterteilt Sommerfeld die Aufklärungsliteratur in drei Phasen mit ihren jeweils eigenen Protagonisten und dominierenden Ideen: Gottsched (Herrschaft der Vernunft), Gellert (Moral, Empfindsamkeit), Klopstock, Wieland, Lessing (dichterisches Bild vom neuen Menschen), so sind für Schneider Barock und Geniezeit die wertbestimmenden Bezugspunkte: Aus dieser Sicht wird Klopstock, vertieft durch Empfindsamkeit, zum Repräsentanten des Hochbarock, Wieland zum Vertreter des Rokoko, Heinse zur Übergangserscheinung vom Barock zur Geniezeit. Beide Stilrichtungen seien im Gegensatz zu den idealisierenden Kunsttendenzen des 17. und 18. Jahrhunderts durch Realismus bzw. Naturalismus und durch Gegenwartsbezogenheit charakterisiert.

Die Hervorkehrung dessen, was der Aufklärung entgegensteht, was sie versäumt und was sie statt dessen betreibt, resultiert weniger aus nationalistischen Vorurteilen und Vorbehalten als aus der spezifisch geistesgeschichtlichen Betrachtungsweise und aus dem historischen Befund selbst. Vor allem dem, der die deutsche Entwicklung mit der in den westeuropäischen Ländern vergleicht, kann die Bedeutung des Irrationalen hierzulande nicht entgehen. Daher legt auch Harald George NICOLSON (1961), obwohl er das „Zeitalter der Vernunft" behandelt, in Deutschland den Schwerpunkt auf den Sturm und Drang, den er in Zusammenhang bringt mit der deutschen Kleinstaaterei sowie mit der Immobilität und Rückschrittlichkeit der deutschen Universitäten. Hier steht die geistesgeschichtliche an der Grenze zu einer umfassenderen Betrachtungsweise.

Im Unterschied zu allen bisher genannten Beiträgen geisteswissenschaftlicher Prägung handelt Hermann HETTNERS (1856–1870) dreiteilige ›Literaturgeschichte des 18. Jahrhunderts‹ von der Aufklärung selbst und nicht in erster Linie von deren Gegenkräften oder Korrektiven. Mit unverhohlener, ja emphatischer Parteinahme bezeichnet er die Kämpfe der Aufklärung, in die er sich und seine Zeitgenossen noch verwickelt sieht, als eine der bedeutendsten Epochen des menschlichen Geistes. Für ihn ist nicht Klopstock, sondern Lessing der Höhepunkt des Zeitalters. Was ist an Hettners unübertroffenem Werk erstaunlicher: der frühe Zeitpunkt seines Erscheinens (1856–70) oder der alle Grenzen einer Systematisierung, auch der hier praktizierten, überfliegende Weitblick oder die methodisch gesicherte Tendenz zur synthetischen Erfassung selbst noch so disparater Gegenstände? Wahrscheinlich ist es die unzeitgemäße Universalisierung eines Aufklärungsbegriffs, der sich bis heute als tragfähig und anregend erweist. Nicht umsonst erlebt Hettners Darstellung nach über 100 Jahren neue Auflagen und dient jüngeren Arbeiten (vgl. den Bd. ›Aufklärung‹, hrsg. vom [DDR-]Kollektiv f. Literaturgeschichte 1958) als Grundlage und Vorbild.

Die Universalisierung tendiert in mehrere Dimensionen: (1) Hettner betrachtet Aufklärung nicht als nationale, sondern als europäische Erscheinung. Er verfolgt die Entwicklungen und Interdependenzen von England (I. Teil) über Frankreich (II. Teil) nach Deutschland (III. Teil). Dabei arbeitet er sowohl die Kontinuität als auch die jeweiligen nationalen Eigenarten heraus. (2) Er sieht die Dichtung im Zusammenhang mit Wissenschaft und Philosophie. Im ersten Teil geht dreimal einem Kapitel über Dichtung eines über Wissenschaft voraus. Hier kommen Newton, die Empiristen, die Deisten usw. ausführlich zu Wort. Für die französischen Verhältnisse berücksichtigt Hettner die Ökonomisten, Enzyklopädisten, Materialisten, die Staatslehre Rousseaus sowie die sozialistischen Ansätze bei Morelly, Mably u. a. (3) Wissenschaft, Philosophie und Dichtung der Aufklärung stehen in Zusammenhang mit der Politik, wie sich bereits im Aufbau der Bücher zeigt: Der zweite Teil beginnt mit einem Kapitel über die letzten Jahre Ludwigs XIV., und auch die Darstellung der deutschen Aufklärung orientiert sich an politischen Kategorien und Phasen. Das erste Buch heißt „Vom Westfälischen Frieden bis zur Thronbesteigung Friedrichs des Großen". Die Verbindung mit der Politik wird nicht nur äußerlich in Aufbau und Titel, sondern auch im Inhalt hergestellt. Hettner ist zutiefst davon überzeugt, daß die europäische Aufklärung und die Französische Revolution durch ein und dieselbe Antriebskraft befördert werden, von dem Verlangen nämlich nach Erkenntnis und Freiheit. Auch die deutschen Dichter hätten die Revolution bejaht, bis sie in einen „Militärdespotismus" umgeschlagen sei. (4) Hettner zeigt nicht nur die Einflüsse der

Politik auf die geistesgeschichtlichen Phänomene der Aufklärung, sondern auch deren Rückwirkungen auf die Politik, z. B. in Italien und Spanien (Schlußkapitel zum II. Teil).

Das Zusammenwirken der verschiedenen Faktoren wird besonders sinnfällig bei den in der Einleitung zur englischen Aufklärung beschriebenen Grundlagen: Newtons Entdeckungen (Naturwissenschaft), Lockes Empirismus (Philosophie), Deismus (Religion), Sturz der Stuarts, bürgerliche Freiheiten und gesunde Staatsverfassung (Politik). Daß Hettners Darstellung hier dennoch zu den geistesgeschichtlichen und nicht zu den sozialgeschichtlichen Arbeiten gerechnet wird, hat seinen Grund in der idealistischen Konzeption. Die materiellen Bedingungen des Ökonomischen und Sozialen spielen keine nennenswerte Rolle; Politik wird durchweg als geistige Bewegung verstanden und ist insofern Gegenstand der Geistesgeschichte.

Eine andere wirkungsreiche, dezidiert geistesgeschichtliche Darstellung der europäischen Aufklärung leisten die beiden Bücher von Paul HAZARD. In der ›Krise des europäischen Geistes‹ (1939) formuliert er seine Überzeugung, daß „es die geistigen und moralischen Kräfte sind und nicht die materiellen, die das Leben leiten und beherrschen"[9]. Er läßt das Zeitalter der Aufklärung etwa 1680 beginnen und behandelt die in den nächsten drei Jahrzehnten erarbeitete philosophische Fundierung durch Spinoza, Malebranche, Fontenelle, Locke, Leibniz, Boussuet, Fénelon und Bayle. Die hier eingeleitete Emanzipation der Vernunft aus theologischer Bevormundung habe eine Politik ohne göttliches Recht, eine Religion ohne Mysterien und eine Moral ohne Dogmen erstrebt. Als Wegbereiter der Skepsis gegenüber dem Tradierten erkennt er die zur Relativierung des eigenen Standpunktes führende geographische Horizonterweiterung, den Zweifel am Vorbild antiker Geschichte und der Bibel, die intellektuelle Vorherrschaft einer lateinischen Kultur, zunächst in England und Frankreich, später auch in den Niederlanden, in Preußen und Rußland sowie die religiöse Heterodoxie, die nach anfänglich doktrinärer Einschnürung schließlich einem prinzipiellen Zweifel an der Wahrheit eines einzigen Bekenntnisses Vorschub geleistet habe. Der Negierung so mancher Traditionen stünden Wiederaufbauversuche und Neuerrichtungen auf vielen Gebieten gegenüber: empiristische Philosophie, Deismus, Naturreligion, Naturrecht, soziale Moral, bürgerliches Menschenbild. Zwar dominierten Kritik und Theorie, doch auch Einbildungskraft, Empfindung und Poesie behielten ihre Reservate, in denen sie bis Rousseau und Richardson überdauerten: religiöse Innerlichkeit, Psychologie, volkstümliche und zivilisationsfeindliche Tendenzen; Märchen, pikareske Tradition, Oper und Rührstück.

Mit dem Buch ›Die Herrschaft der Vernunft‹ (1949) schließt Hazard an die ›Krise des europäischen Geistes‹ an und behandelt die im 18. Jahrhundert wirkenden „Epigonen" der früher genannten Pioniere der Aufklärung. In einem Dreischritt analysiert er zunächst die Negierung („Prozeß gegen das Christentum"), dann die Setzung („Staat der Menschen") und schließlich die historische Überwindung („Zerfall"); bis auf den letzten Schritt folge das 18. Jahrhundert in allen wichtigen Fragen den schon im letzten Drittel des 17. Jahrhunderts geebneten Wegen. Als Ursachen für die Zersetzung der Aufklärung gibt er an: (1) Widersprüche im Begriff der Vernunftnatur, die durch Antagonismen zwischen Empirismus und Rationalismus, Autonomie und Determinismus entzweit werde und dem Leibnizschen Optimismus hohnspreche (Erdbeben von Lissabon). (2) Die Aufwertung des Gefühls in der Ästhetik, die das Schöne rein verstandesmäßig nicht begründen könne; Diderot sei ein Beispiel für den inneren Zusammenhang von radikaler Aufklärung und Empfindsamkeit. (3) Die divergierenden Ausprägungen des Deismus, etwa bei Bolingbroke und Pope oder Voltaire oder Lessing. Mit dem Zerfall der aufklärerischen Geisteshaltung schwinde zugleich die Chance einer gesamteuropäischen Kultur, die im 19. Jahrhundert den dominierenden Nationalismen weichen müsse.

Beide Richtungen der geistesgeschichtlichen Betrachtungsweise zielen letztlich auf eine Dichotomie von Aufklärung auf der einen und den Kräften des Gefühls und der Religion auf der anderen Seite. Die eine Gruppe sieht und begrüßt in den Irrationalismen Gegenbewegungen und Ablösungserscheinungen vom Rationalismus (Unger, Schneider, Martini usw.); die andere konzentriert sich auf die Leistungen der Vernunft, erblickt in allem Außerrationalen überwindenswerte Widerstände oder muß mit Bedauern dessen Triumph registrieren (Hettner, Hazard). Erst in jüngerer Zeit werden Versuche unternommen, nicht nur den Kontrast, sondern auch die Kontinuität zwischen Aufklärung und ihren vermeintlichen Gegenkräften zu erforschen. Ohne die Unterschiede zu verwischen, betont Gerhard KAISER (1966) in seinem knapp resümierenden Aufriß die Gemeinsamkeiten von Aufklärung einerseits, Sentimentalität und Sturm und Drang andererseits. Die Empfindsamkeit artikuliere zwar ein Unbehagen an der aufklärerischen Emanzipation aus vielen Bindungen und eröffne dagegen wieder Ausblicke auf das Jenseits; doch sie halte am Eigenwert von Welt und Glücksgenuß entschieden fest. Aufklärung und Sturm und Drang verhielten sich zueinander „wie Evolution und Revolution"[10]. Neue soziale Schichten würden literaturfähig, und aus der Vernunftnatur entwickele sich die ursprünglich-vitale Natur zur menschlichen Selbstverwirklichung. Kaisers Buch ist auch in methodischer Hinsicht ein Beispiel für die neue geisteswissenschaftliche Tendenz zu umfassenderer Sicht. Unter religions- bzw. philosophiegeschichtlichem Aspekt betrachtet er die Aufklärung als Ablösung der spekulativen durch die praktische Vernunft. In der Dialektik von Säkularisierung und Sakralisierung findet er einen Phasenvorsprung der protestantischen vor den katholischen Gebieten. Unter geistesgeschichtlichen Aspekten interpretiert er Aufklärung als europäische Universalkultur mit vernünftiger, praktischer und moralischer Zielsetzung, allerdings ohne barocke Stileinheit, die sich die Dichtung erst auf dem theoretischen Weg über die Poetik unter weitgehender Vernachlässigung anderer Künste erarbeite. Die sozialgeschichtliche Leistung der Aufklärung schließlich liegt für Kaiser in der Ausbildung einer bürgerlichen literarischen Öffentlichkeit (Autoren, Verlagswesen, Publikum).

Neben den geisteswissenschaftlichen Gesamtdarstellungen der deutschen Literatur des 18. Jahrhunderts gibt es eine Reihe von Einzeluntersuchungen, die auf ähnliche Weise die Aufklärung zunächst im Gegeneinander, später dann auch – wie Kaiser – im Neben- und Ineinander von Rationalismus und Irrationalismus behandeln. Das zeigt sich vor allem in der neueren Empfindsamkeitsforschung. Zuvor jedoch sind wichtige Beiträge zu verzeichnen, die sich vorwiegend alternativ auf die Verstandes- oder auf die Gemütskräfte in der Literatur der Aufklärung konzentrieren. Die Ersteren erforschen deren spezifische Apperzeptions-, Denk- und Darstellungskategorien, so am Beispiel der Rahmenschau die rationalistischen Anschauungsformen in ihrer Verbindung von ästhetischer und didaktischer Einstellung (LANGEN 1934); das logisch-kombinatorische Formprinzip des Witzes (BÖCKMANN 1932/ 1933); die Herrschaft des quantitativ-numerischen Denkens (REICHMANN 1968); das logische Fundament der Gottschedschen Nachahmungstheorie (GAEDE 1975); die mimetische Bindung des aufklärerischen Übersetzers an die Vorlage als verbindliches Muster (HUBER 1968). Auf der anderen Seite stehen Arbeiten, die unter verschiedenen Gesichtspunkten (Liebe, Tod, Genie usw.) an der Aufklärung entweder die Kräfte der Empfindung und Phantasie hervorheben oder ihr unangemessene und nur vorläufige Entwicklungsbedingungen für derart zarte Gebilde attestieren. KLUCKHOHN (1922) läßt keine Zweifel daran, daß die Auffassung der Liebe im Sinne einer Überwindung des Dualismus von Seelischem und Sinnlichem erst in der Romantik zum Tragen kommt. UNGER (1924) sieht den Palingenesiegedanken Leibnizscher Prägung an der Aufklärung vorbeilaufen und erst in der Geniezeit wieder fruchtbaren Boden finden. ROSENTHAL (1933) dagegen bemißt den hohen Anteil der Aufklärer, vor allem Lessings, an der Entfaltung des Geniegedankens.

Neuere Arbeiten richten ihr Augenmerk weniger auf Rationalismus und Irrationalismus als isolierte oder gegenläufige Stränge, sondern auf ihre spannungsvolle Verbindung. Mit dem Blick auf die theologische Tradition analysiert KETELSEN (1974) den Naturbegriff der norddeutschen Frühaufklärung, seine Bindung an die lutherische Orthodoxie, seine Opposition gegen new science und seinen harmonistischen Universalismus. DIECKMANN (1968) findet im 18. Jahrhundert Einheit und Kohärenz überall dort, wo man Frontstellung gegen die Tradition beziehe, aufbrechende Widersprüchlichkeit hingegen immer dann, wenn konkrete Konzepte zur besseren Einrichtung der Gegenwart und Zukunft erörtert würden. Eine durchgehende Haupttendenz sei das „Bewußtsein der Autonomie des menschlichen Geistes"[11]. PROMIES (1966) behandelt die Beziehungen des Rationalismus zu Phänomenen des Irrationalismus am Beispiel von Narrentum und Phantasie, und er fragt nach den Auseinandersetzungen und Vermittlungen „zwischen Urteilskraft und Einbildungskraft, selbstbewußtem Ich und reglementierender Gesellschaft, zwischen Regel und Ausnahme, Poesie und Philosophie, Barbarei und Kultur, Ordnung und Unordnung"[12]. Die aus der Befreiung von kirchlicher und staatlicher Bevormundung resultierende psychische Unsicherheit des Aufgeklärten manifestiere sich in der Frühaufklärung als Kampf gegen alles, was dem planen Verstand widerspreche (Gottscheds Ablehnung des Harlekin), in der Spätaufklärung als Protest gegen den Herrschaftsanspruch der Regel oder als oft gescheiterter Versuch der Versöhnung von Subjektivismus und Vernunft. Einerseits sollten Narrentum, Witz und Humor dazu dienen, der durch unbewältigte Irrationalität hervorgerufenen seelischen Verstörung entgegenzuwirken, andererseits könne mit Rücksicht auf die Prinzipien der Aufklärung nicht Narrenfreiheit ausgerufen werden. Groteske, schwarzer Humor, das Schaurige – das alles offenbare die Janusgesichtigkeit des Rationalismus, unter dessen Oberfläche Idealismus und Pessimismus, Vernunft und Verzweiflung im Streite lägen.

Die selbstverräterische, nach Kompensation dürstende Lust der Rationalisten am Individuell-Besonderen, an allem Exzeptionellen und Exzentrischen hat die Forschung sporadisch seit langem, systematisch aber in jüngster Zeit beschäftigt. Exoten, Sonderlinge, Ausgestoßene, Kranke, Outsider aller Art erwecken Fragen nach der Geschlossenheit oder Brüchigkeit des aufklärerischen Daseinsverständnisses. Man entdeckt im 18. Jahrhundert die Vorliebe für Naturlandschaften und ihre Bewohner: Bauern, Hirten, Wilde usw. Das mittlere Leben des idyllischen, zwischen der Idealität des Hirten und der Konkretheit des Tölpels stehenden Landmanns (B. DEDNER 1969) und die Alpen (R. WEISS 1933) gelten als Reservate außerzivilisatorischen Glücks. Alle außerhalb der bürgerlichen Ordnung Stehende und gegen deren Regelkanon Verstoßende werden nicht nur als abnorme Fälle, sondern auch als Prüfsteine für den verletzten Kanon behandelt und werfen die Frage auf, ob dieser nur verletzbar oder gar verletzenswert ist. Hier geht die geistesgeschichtliche oft in die sozialgeschichtliche Betrachtungsweise über. Zum bevorzugten Themenkreis gehören: die verführte Unschuld (H. PETRICONI 1953), die ungleiche Heirat (O. FUHLROTT 1966), der Sonderling (H. MEYER 1943), der Bösewicht (A. ANDRES 1955), der Hypochonder (W. BUSSE 1952), der Mißvergnügte (H. K. KÜFNER 1960), der oder die edle Wilde (H. M. WOLFF 1961, P. PÜTZ 1976), der Harlekin (H. STEINMETZ 1965), der Schwärmer (V. LANGE 1967), der Misanthrop (G. HAY 1970) und allgemein das Abscheuliche und Schreckliche in der Kunsttheorie des 18. Jahrhunderts (H. DIECKMANN 1968).

Die geistesgeschichtliche Betrachtung von Aufklärung hat oftmals, wie zu sehen war, mehr über Empfindsamkeit als über Aufklärung gehandelt und vor allem die Divergenzen zwischen beiden scharf herausgestellt. Empfindsamkeit gilt ihr als Rivalin und Ablösung der Aufklärung, als Vorromantik. Nach einigen Vorarbeiten aus früherer Zeit legen nunmehr auch neuere Beiträge – bei allen internen Gegensätzen – ihr Gewicht stärker auf die Analogie, die gemeinsamen Wurzeln und gleichgerichteten Wirkungen beider Erscheinungen. Forschungen solcher Art tendieren zu der These: Empfindsamkeit ist nach innen gewendete Aufklärung; diese bringt nicht nur Licht in den Bereich der Natur, sondern auch in den der Seele. Richard ALEWYN (1932) bezeichnet als positiven Erfolg dieser Ausdehnung die „Entdeckung der ‚Seele' im modernen Sinne als einer unendlich reichen und tiefen Welt, die nunmehr gleichbedeutend neben die äußere Wirklichkeit tritt"[13]. Hermann BOESCHENSTEIN (1954) nennt die deutsche Gefühlskultur im letzten Drittel des 18. Jahrhunderts „eine andere Welle der Aufklärung"[14], und auch Lothar PIKULIK (1966) erkennt die Steuerungsfunktion der Rationalität für die Sentimentalität, wenn er unter Empfindsamkeit reflektiertes Gefühl versteht. Die vorerst umfangreichste Darstellung zu diesem Thema stammt von Gerhard SAUDER (1974; 1980) und zielt ebenso auf die Einbeziehung der Empfindsamkeit in die Aufklärung und darüber hinaus in den sozialgeschichtlichen Prozeß des aufsteigenden Bürgertums im 18. Jahrhundert. Aufklärung und Empfindsamkeit seien ebensowenig voneinander zu trennen wie Kopf und Herz: „Die Empfindsamkeit der Aufklärung war keine Tendenz *gegen* die Vernunft, sondern der Versuch, mit Hilfe der Vernunft auch die Empfindungen aufzuklären."[15] Sauder kritisiert die vielen geisteswissenschaftlichen Versuche vor und insbesondere nach 1933, die nach vermeintlichen Oppositionsbewegungen zur Aufklärung begierig Ausschau halten und in der Empfindsamkeit ein hoffnungsvolles Licht urdeutscher Herkunft erblicken. Dagegen verweist er auf die mit der Aufklärung gemeinsame westliche Herkunft von «sensibilité» und "sensibility".

Für die geisteswissenschaftliche Betrachtungsweise stellen sich, wie zu sehen war, überwiegend inhaltsbezogene Fragen. Themen, Motive, Ideen und Theoreme aller Art lassen sich zwangloser mit außerdichterischen Produktionen des menschlichen Geistes zusammenbringen als Stile und Strukturen. Die geistesgeschichtliche Sicht von Literatur ist daher – das hat sie bei allen sonstigen Unterschieden mit der traditionell sozialgeschichtlichen gemeinsam – primär an dem interessiert, *was* Literatur transportiert, weniger an dem, *wie* sie vorgeht und wie sie durch ihre spezifische Form, die sie mit keiner anderen Hervorbringung des menschlichen Geistes teilt, neue kognitive Dimensionen erschließt. Die generelle Zurückhaltung der Geistesgeschichte gegenüber der Dichtung als Form gilt allerdings nicht für die literarischen Gattungen, mit denen sie sich gerade für das Zeitalter der Aufklärung ausführlich beschäftigt. Das liegt nicht zuletzt an dem Reichtum und der Ergiebigkeit des 18. Jahrhunderts für gattungspoetologische Nachforschungen; denn die literarischen *genera* sind hier noch als festumrissene Kategorien erkennbar, die Ordnung und Regularität verbürgen, die noch mit Klauseln und Vorschriften aufwarten (Gottsched) und die sich beinahe klassifizieren lassen wie Arten und Familien in der Biologie. Dennoch wäre gerade die Geistesgeschichte hieran wenig interessiert, wenn nichts in Bewegung geriete, wenn die literarischen Gattungen sich nicht veränderten, abstürben oder erneuerten. Das 18. Jahrhundert ist für die Erforschung der Gattungen insofern interessant, als die überkommenen Schemata *noch* greifbar und *schon* im Wandel sind. WELLEK (1959) und andere haben wiederholt hervorgehoben, daß sich etwa um 1750 die Lehren des in der Renaissance begründeten klassischen literaturtheoretischen Systems allmählich auflösen und einer Vielzahl konkurrierender Neuansätze weichen. Der Weg führt von der verpflichtenden Kraft des Normativen zur Maßstäbe setzenden Reaktion der Leser. Der tiefere Grund liegt in einem sich grundsätzlich verändernden Geschichtsbewußtsein, das den Anspruch der Erkenntnis mit dem der Individualität verbindet, so daß neben dem wissenschaftlichen Interesse an den *genera* der Sinn für Veränderungen und Entwicklungen entsteht. Die Ablösung vom Normativ-Klassizistischen wird dabei durch Einflüsse von außen begünstigt; das deutsche Lustspiel erfährt Anregungen durch die Commedia dell'arte (HINCK 1965), der deutsche Roman durch Laurence Sterne (MICHELSEN 1962) usw.

Es ist unmöglich, die vielfältigen Ansätze, Perspektiven und Einsichten der Gattungsforschung im einzelnen zu referieren oder in wenigen Begriffen zusammenzufassen. Es ist allenfalls möglich, einige Haupttendenzen der Arbeiten anzudeuten, die am Ende dieses Kapitels genannt werden. Dabei zeigt sich, daß die Grundzüge, die die übergreifenden Abhandlungen zur Aufklärung bestimmen, auch die gattungspoetologischen Arbeiten prägen. Es geht auch hier um deskriptive Fixierung der Phänomene und um ihre historische Herleitung, um Abgrenzung und Kontinuität. Zwei Gruppen lassen sich, grob gesehen, unterscheiden. Die eine, überwiegend ältere, erarbeitet innerhalb der einzelnen Gattungen und Arten noch speziellere typologische Untergliederungen. So differenziert STAHL (1934) innerhalb eines bestimmten Romantyps noch nach „Erziehungsroman", „Entwicklungsroman" und „Bildungsroman". Typisierungen entsprechender Art versuchen TREICHEL (1932) beim Kirchenlied und VONTOBEL (1942) beim Lehrgedicht. Das Aufspüren von Quellen und Vorbildern soll die Gültigkeit der einzelnen Typen untermauern.

Richtet die ältere Forschung ihre Aufmerksamkeit mehr auf die Festigkeit der Gattungen und sucht sie sogar noch innerhalb ihrer Grenzen nach herauslösbaren Untereinheiten, so konzentrieren neuere Beiträge ihr Interesse mehr auf die Historizität der Gattungen, vor allem auf die neuentstandenen Arten und Formen. Dabei beschränken sie sich nicht auf typologische Deskriptionen, sondern fragen nach den geschichtlichen Bedingungen der neuen Phänomene. Sie suchen nach Analogie- oder Kausalbeziehungen zwischen spezifischen historischen Gegebenheiten des 18. Jahrhunderts und den entsprechenden Dichtungsformen: zwischen der Perfektibilitätsidee und dem Bildungsroman, dem Wissenschaftsverständnis und dem Lehrgedicht, der Psychologie und dem Briefroman, der Gesellschaftskritik und der Satire, zwischen der Emanzipation des Bürgertums (einschließlich ihrer Verhinderung und der darauf reagierenden Kompensation) und der Utopie und Idylle. Hier wie an vielen anderen Stellen geht die geistesgeschichtliche in sozialgeschichtliche Arbeitsweise über.

Das zeigt sich unter anderem an der zunehmenden Erforschung der Wechselbeziehungen zwischen Autor und Publikum, so in den Arbeiten über den Essay oder die Trivialliteratur des 18. Jahrhunderts. SCHÖNERT (1969) überträgt Herman Meyers Begriff der „epischen Situation" auf die „satirische Situation" und widmet sich ausgiebig dem

Publikum, mit dem der Satiriker sich auf der Grundlage einer kommunikations- und wertungsermöglichenden Norm verständigt und auseinandersetzt. BRUMMACK (1975) verfolgt einen psychoanalytischen Ansatz und versteht Satire als Aggressionsventil und legitimierte Tabudurchbrechung im Dienste diverser Bedürfnisse des Autors und seiner Mitwelt. TRONSKAJA (1969) nennt das Publikum beim Namen, gegen das Satire sich richtet: Als Kampfmittel des Bürgertums sei sie antiklerikal, antifeudal und antikleinbürgerlich.

Die Veränderungen der Gattungen werden vielfach als Emanzipationsprozesse verstanden, in denen sich literarische Formen von Vorbildern und Vorschriften befreien. Sie werden in Analogie gebracht mit Emanzipationsbestrebungen umfassender Art. H. Chr. BUCH (1972) zeigt an der Befreiung der Literatur von der Herrschaft der bildenden Kunst *(ut pictura poesis)* die Autonomisierung des bürgerlichen Standes, der mehr und mehr zur neuen Trägerschicht der Literatur wird. Gattungen und ihre zutage tretenden Widersprüche indizieren inhaltliche, ideen- und sozialgeschichtliche Wandlungen, so von der Naturnachahmung zur Einbildungskraft (HERRMANN 1970), von Gebet und Predigt zur Didaxe und Selbstreflexion (Lehrgedicht, Autobiographie), vom höfischen zum bürgerlichen Publikum. Bestimmte Trägerschichten nehmen bestimmte Gattungen in ihren Dienst und benutzen sie als Vorreiter ihres eigenen Aufmarsches. Das Streben neuer Formen, sich in der quasi ständischen Gliederung der Gattungen zu behaupten oder gar emporzuarbeiten, gilt als Ausdruck des Aufstiegskampfes derjenigen Schichten, die diese Formen propagieren. H. W. JÄGER (1970) zeigt, wie dominierende poetologische Begriffe den politischen Forderungen der damaligen Zeit exakt korrespondieren. Aus diesem Grunde wird in der Aufklärung z. B. nicht nur der Roman, sondern auch dessen fast militante Legitimation, d. h. die Romantheorie, so eminent wichtig und beginnt keineswegs erst mit Blankenburg (VOSSKAMP 1973). Erst nachdem der Roman salonfähig geworden ist, darf auch der Bürger den Salon betreten.

Anmerkungen

[1] Wilhelm Dilthey: Das 18. Jh. und die geschichtliche Welt. In: Ges. Schr. III. Stuttgart ²1959, S. 209.

[2] Benno von Wiese: Dichtung und Geistesgeschichte des 18. Jh. In: DVjs 12 (1934), S. 457.

[3] Hans Kuhnert Kettler: Baroque Tradition in the Literature of the German Enlightenment. Cambridge 1943, S. 17 f.

⁴ Günther Müller: Die Wende vom Barock zur Aufklärung. In: Literaturwiss. Jahrb. d. Görres-Ges. 8 (1936), S. 65.
⁵ Arnold E. Berger: Die Entwicklung d. Aufklärungsideen ... In: Jahrb. d. Freien Deutschen Hochstifts (1911), S. 196.
⁶ Ebd. S. 202.
⁷ Vgl. Hermann August Korff: Voltaire im literar. Deutschland d. 18. Jh. Heidelberg 1917, S. 159.
⁸ Fritz Martini: Von der Aufklärung zum Sturm und Drang. In: Annalen d. dt. Literatur. Stuttgart ²1971, S. 449.
⁹ Paul Hazard: Die Krise d. europ. Geistes. Hamburg ⁵1965, S. 27.
¹⁰ Gerhard Kaiser: Von der Aufklärung bis zum Sturm und Drang. Gütersloh 1966, S. 74.
¹¹ Herbert Dieckmann: Diderot u. d. Aufklärung. Stuttgart 1972, S. 17.
¹² Wolfgang Promies: Der Bürger u. d. Narr ... München 1966, S. 10.
¹³ Richard Alewyn: Die Empfindsamkeit u. d. Entstehung d. mod. Dichtung. In: Zeitschr. f. Ästhetik u. allg. Kunstwiss. 26 (1932), S. 394.
¹⁴ Hermann Boeschenstein: Dt. Gefühlskultur. Bd. I. Bern 1954, S. 7.
¹⁵ Gerhard Sauder: Empfindsamkeit. Bd. I. Stuttgart 1974, S. XV.

Literatur

Alewyn, Richard: Die Empfindsamkeit und die Entstehung der modernen Dichtung. [Vortrag. Bericht in:] Zeitschr. f. Ästhetik u. allg. Kunstwiss. 26 (1932), S. 394–395.
Anger, Alfred: Literarisches Rokoko. (1962) 2. Aufl. Stuttgart 1968.
Bahner, Werner (Hrsg.): Renaissance, Barock, Aufklärung. Epochen und Periodisierungsphasen. Kronberg 1976.
Barner, Wilfried, u. a. (Hrsg.): Tradition, Norm, Innovation. Soziales und literarisches Traditionsverhalten in der Frühzeit der deutschen Aufklärung. München 1989.
Begemann, Christian: Furcht und Angst im Prozeß der Aufklärung. Zur Literatur und Bewußtseinsgeschichte im 18. Jh. Frankfurt a. M. 1987.
Berger, Arnold E.: Die Entwicklung der Aufklärungsideen in Westeuropa von der Reformation bis zur französischen Revolution. In: Jahrb. d. Freien Deutschen Hochstifts (1911), S. 186–210.
Beutin, Wolfgang, u. a.: Deutsche Literaturgeschichte. Von den Anfängen bis zur Gegenwart. (1979) 2., überarb. u. erw. Aufl. Stuttgart 1984.
Blume, Bernhard: Die Kahnfahrt. Ein Beitrag zur Motivgesch. des 18. Jh. In: Euphorion 51 (1957), S. 355–384.
Böckmann, Paul: Formprinzip des Witzes in der Frühzeit der deutschen Aufklärung. In: Jahrb. d. Freien Deutschen Hochstifts (1932/1933) S. 52–130.
Bödeker, Hans E., Georg G. Iggers u. a. (Hrsg.): Aufklärung und Geschichte. Studien zur deutschen Geschichtswissenschaft im 18. Jh. Göttingen 1987.

Boeschenstein, Hermann: Deutsche Gefühlskultur. Studien zu ihrer dichterischen Gestaltung. Bd. I: Die Grundlagen 1770–1830. Bern 1954.

Bohnen, Klaus (Hrsg.): Aufklärung und Sinnlichkeit. München 1981.

Boor, Helmut de, Richard Newald: Geschichte der deutschen Literatur von den Anfängen bis zur Gegenwart. Bd. 6: Sven Aage Jörgensen, Klaus Bohnen, Per Øhrgaard: Aufklärung, Sturm und Drang, Frühe Klassik. 1740–1789. München 1990.

Burger, Heinz Otto: Deutsche Aufklärung im Widerspiel zu Barock und „Neubarock". In: Formkräfte der deutschen Dichtung vom Barock bis zur Gegenwart. Vorträge, gehalten im Deutschen Haus, Paris 1961/62. Göttingen 1963, S. 56–80.

Burger, Heinz Otto (Hrsg.): Annalen der deutschen Literatur. Stuttgart 1971.

Busse, Walter: Der Hypochondrist in der deutschen Literatur der Aufklärung. Mainz 1952 [Masch.].

Dahnke, Hans-Dietrich (Hrsg.): Parallelen und Kontraste. Studien zu literarischen Wechselbeziehungen in Europa zwischen 1750 und 1850. Berlin 1983.

Dedner, Burghard: Topos, Ideal und Realitätspostulat. Studien zur Darstellung des Landlebens im Roman des 18. Jh. Tübingen 1969.

Dieckmann, Herbert: Das Abscheuliche und Schreckliche in der Kunsttheorie des 18. Jh. In: Hans Robert Jauß (Hrsg.): Die nicht mehr schönen Künste. Grenzphänomene des Ästhetischen. Poetik und Hermeneutik 3. München 1968, S. 271–317.

–: Themen und Struktur der Aufklärung. In: Diderot und die Aufklärung. Aufsätze zur europäischen Literatur des 18. Jh. Stuttgart 1972, S. 1–28.

Dilthey, Wilhelm: Das 18. Jh. und die geschichtliche Welt. In: Deutsche Rundschau 108 (1901), S. 241–262. Auch in: Ges. Schr. III. 2. Aufl. Stuttgart 1959, S. 209–268.

Doktor, Wolfgang: Die Kritik der Empfindsamkeit. Bern, Frankfurt a. M. 1975.

Engel, Eva J.: „Gedanck und Empfindung". Zur Entwicklung des Geniebegriffs. In: Alexander v. Bormann (Hrsg.): Wissen aus Erfahrungen. Werkbegriff und Interpretation heute. Festschr. f. Herman Meyer. Tübingen 1976. S. 91–106.

Ermatinger, Emil: Das Zeitalter der Aufklärung. In: H. A. Korff, W. Linden (Hrsg.): Aufriß der deutschen Literaturgeschichte nach neueren Gesichtspunkten. (1930) 2. Aufl. Leipzig, Berlin 1932, S. 104–125.

Fertig, Ludwig: Campes politische Erziehung. Eine Einführung in die Pädagogik der Aufklärung, Darmstadt 1977.

Flemming, Willi: Der Wandel des deutschen Naturgefühls vom 15. bis zum 18. Jh. Halle 1931.

Frühsorge, Gotthardt, u. a. (Hrsg.): Digressionen. Wege zur Aufklärung. Festgabe für Peter Michelsen. Heidelberg 1984.

Fuhlrott, Otto: Das Motiv der ungleichen Heirat in der deutschen Dramatik des 18. Jh. Diss. Potsdam 1966 [Masch.].

Gaede, Friedrich: Gottscheds Nachahmungstheorie und die Logik. In: DVjs Sonderh. 1975 („18. Jh."), S. 105–117.

Gay, Peter: The Enlightenment. An Interpretation. Bd. 1–2. New York 1966–69.
Gottlob, Michael: Geschichtsschreibung zwischen Aufklärung und Historismus. Frankfurt a. M., Bern, New York, Paris 1989.
Grimm, Gunter E.: Literatur und Gelehrtentum in Deutschland. Untersuchungen zum Wandel ihres Verhältnisses vom Humanismus bis zur Frühaufklärung. Tübingen 1983.
Grimminger, Rolf: Die Ordnung, das Chaos und die Kunst. Für eine neue Dialektik der Aufklärung. Frankfurt a. M. 1986.
Hay, Gerhard: Darstellung des Menschenhasses in der deutschen Literatur des 18. und 19. Jh. Frankfurt a. M. 1970.
Hazard, Paul: Die Herrschaft der Vernunft. Das europäische Denken im 18. Jh. Von Montesquieu bis Lessing. Hamburg 1949.
–: Die Krise des europäischen Geistes 1680–1715. (1939) 5. Aufl. Hamburg 1965.
Hettner, Hermann: Literaturgeschichte des 18. Jh. 3 Teile. Braunschweig 1856–1870. Separatdr. u. d. T.: Literaturgeschichte der Goethezeit. München 1970.
Hoerner, Margarete: Gegenwart und Augenblick. Ein Beitrag zur Geistesgeschichte des 17. u. 18. Jh. In: DVjs 10 (1932), S. 457–477.
Hornaday, Clifford Lee: Nature in the German Novel of the Late Eighteenth Century, 1770–1800. (1940) Neudr. New York 1966.
Huber, Thomas: Studien zur Theorie des Übersetzens im Zeitalter der deutschen Aufklärung 1730–1770. Meisenheim 1968.
Kaiser, Gerhard: Von der Aufklärung bis zum Sturm und Drang. (1966) Erw. Sonderausgabe: Aufklärung, Empfindsamkeit, Sturm und Drang. München 1976. In: Horst Rüdiger (Hrsg.): Geschichte der deutschen Literatur, Bd. 3. Gütersloh 1966 ff.
Ketelsen, Uwe-Karsten: Die Naturpoesie der norddeutschen Frühaufklärung. Poesie als Sprache der Versöhnung: Alter Universalismus und neues Weltbild. Stuttgart 1974.
Kettler, Hans: Baroque Tradition in the Literature of the German Enlightenment 1700/50. Studies in the Determination of a Literary Period. Cambridge 1943.
Kluckhohn, Paul: Die Auffassung der Liebe in der Literatur des 18. Jh. und in der deutschen Romantik. (1922) 3. Aufl. Tübingen 1966.
Korff, Hermann August: Voltaire im literarischen Deutschland des 18. Jh. Ein Beitrag zur Geschichte des deutschen Geistes von Gottsched bis Goethe. 2 Bde. Heidelberg 1917.
Küfner, Hans K.: Der Mißvergnügte in der Literatur der deutschen Aufklärung (1688–1759). Diss. Würzburg 1960 [Masch.].
Labroisse, Gerd: Literatur zur Lessing-Zeit. In: Deutsche Bücher. Referatorgan germanistischer, belletristischer und deutschkundlicher Neuerscheinungen. Bd. 6. Amsterdam 1976, S. 50–63.
Lange, Kurt: Der Student in der deutschen Literatur des 18. Jh. Diss. Breslau 1930.
Lange, Victor: Zur Gestalt des Schwärmers im deutschen Roman des 18. Jh. In: Festschr. f. R. Alewyn. Köln, Graz 1967, S. 151–164.

Langen, August: Anschauungsformen in der deutschen Dichtung des 18. Jh. Rahmenschau und Rationalismus. (Jena 1934) Neudr. Darmstadt 1968.
Lehmann, Ulf: Barock und Aufklärung. Zum Anwendungsbereich beider Begriffe. In: Zeitschr. f. Slavistik 13 (1968), S. 319–328.
Levie, Dagobert de: Die Menschenliebe im Zeitalter der Aufklärung. Säkularisation und Moral im 18. Jh. Ein Beitrag zur Ideengeschichte des 18. Jh. Bern, Frankfurt a. M. 1975.
Liepe, Else: Der Freigeist in der deutschen Literatur des 18. Jh. Diss. Kiel 1931.
Martini, Fritz: Von der Aufklärung zum Sturm und Drang 1700–1775. In: Annalen der deutschen Literatur. (1952) 2. Aufl. Stuttgart 1971.
Maurer, Michael: Aufklärung und Anglophilie in Deutschland. Göttingen, Zürich 1987.
Merker, Nicolao: Die Aufklärung in Deutschland. München 1982.
Meyer, Herman: Der Typus des Sonderlings in der deutschen Literatur. (Amsterdam, Paris 1943) 2. Aufl. München 1963.
–: Hütte und Palast in der Dichtung des 18. Jh. In: Formenwandel. Festschr. f. Paul Böckmann. Hamburg 1964, S. 138–155.
Mittner, Ladislao: Freundschaft und Liebe in der deutschen Literatur des 18. Jh. In: Festschr. f. Hans Heinrich Borcherdt. München 1962, S. 97–138.
Möller, H.: Vernunft und Kritik. Deutsche Aufklärung im 17. und 18. Jh. Frankfurt a. M. 1986.
Mog, Paul: Ratio und Gefühlskultur. Studien zu Psychogenese und Literatur im 18. Jh. Tübingen 1976.
Mortier, Roland: Diderot in Deutschland 1750–1850. (1967) 2. Aufl. Stuttgart 1972.
Motekat, Helmut: Wechselbeziehungen zwischen der deutschen und englischen Literatur im 18. Jh. München 1950.
Müller, Günther: Die Wende vom Barock zur Aufklärung. In: Literaturwiss. Jahrb. d. Görres-Ges. 8 (1936), S. 58–73.
Newald, Richard: Die deutsche Literatur vom Späthumanismus zur Empfindsamkeit 1570–1750. In: Helmut de Boor, Richard Newald: Geschichte der deutschen Literatur. Bd. 5. München 1949 ff.
–: Von Klopstock bis zu Goethes Tod 1750–1832. Ende der Aufklärung und Vorbereitung der Klassik. In: Ebd. Bd. 6, Teil 1.
Nicolson, Harold George: Das Zeitalter der Vernunft. München 1961.
Petriconi, Helmut: Die verführte Unschuld. Bemerkungen über ein literarisches Thema. Hamburg 1953.
Pikulik, Lothar: „Bürgerliches Trauerspiel" und Empfindsamkeit. Köln, Graz 1966.
Promies, Wolfgang: Die Bürger und der Narr oder das Risiko der Phantasie. Sechs Kapitel über das Irrationale in der Literatur des Rationalismus. München 1966.
Pütz, Peter: Die Herrschaft des Kalküls. Form- und Sozialanalyse von Gellerts ›Inkle und Yariko‹. In: Wissen aus Erfahrungen. Festschr. f. Herman Meyer. Tübingen 1976, S. 107–121.

Radandt, Friedhelm: From Baroque to Storm and Stress. 1720 bis 1775. London, New York 1977.
Rasch, Wolfdietrich: Die Literatur der Aufklärungszeit. Ein Forschungsbericht. In: DVjs 30 (1956), S. 533–560.
Reichmann, Eberhard: Die Herrschaft der Zahl. Quantitatives Denken in der deutschen Aufklärung. Stuttgart 1968.
Rietschel, Olga: Der Mönch in der Dichtung des 18. Jh. Würzburg 1934.
Rosenthal, Bronislawa: Der Geniebegriff des Aufklärungszeitalters. (Berlin 1933) 2. Aufl. Nendeln 1967.
Saine, Thomas P.: Von der Kopernikanischen bis zur Französischen Revolution. Die Auseinandersetzung der deutschen Frühaufklärung mit der neuen Zeit. Berlin 1987.
Sauder, Gerhard: Empfindsamkeit. Bd. I: Voraussetzungen und Elemente. Stuttgart 1974. Bd. II: Quellen und Dokumente. Stuttgart 1980.
–: Bayle-Rezeption in der deutschen Aufklärung. In: DVjs Sonderh. 1975 („18. Jh."), S. 83–104.
Schings, Hans Jürgen: Melancholie und Aufklärung. Melancholiker und ihre Kritiker in Erfahrungsseelenkunde und Literatur des 18. Jh. Stuttgart 1977.
Schmidt, Jochen: Die Geschichte des Genie-Gedankens in der deutschen Literatur, Philosophie und Politik 1750–1945. Bd. 1: Von der Aufklärung bis zum Idealismus. Darmstadt 1985.
Schmidt, Jochen (Hrsg.): Aufklärung und Gegenaufklärung in der europäischen Literatur, Philosophie und Politik von der Antike bis zur Gegenwart. Darmstadt 1989.
Schneider, Ferdinand Josef: Die deutsche Dichtung vom Ausgang des Barocks bis zum Beginn des Klassizismus 1700–1785. In: Epochen der deutschen Literatur. Bd. III. (1924) 2. Aufl. Stuttgart 1948 u. d. T.: Die deutsche Dichtung der Aufklärungszeit.
Schneiders, Werner: Aufklärung und Vorurteilskritik. Stuttgart 1983.
Schöffler, Herbert: Deutscher Geist im 18. Jh. Essays zur Geistes- und Religionsgeschichte. (1956) 2. Aufl. Göttingen 1967.
Schoeps, Hans-Joachim: Deutsche Geistesgeschichte der Neuzeit. Ein Abriß in 5 Bdn. Von der Aufklärung zur Romantik. Bd. 3. Mainz 1978.
Siegrist, Christoph: Aufklärung und Sturm und Drang: Gegeneinander oder Nebeneinander? In: Walter Hinck (Hrsg.): Sturm und Drang. Ein literaturwissenschaftliches Studienbuch. Kronberg 1978, S. 1–13.
Sommerfeld, Martin: Aufklärung. In: Paul Merker, Wolfgang Stammler (Hrsg.): Reallexikon der deutschen Literaturgeschichte. Bd. 1. Berlin 1925/26, S. 90–97.
Steinmetz, Horst: Der Harlekin. Seine Rolle in der deutschen Komödientheorie und Dichtung des 18. Jh. Groningen 1965.
Stolpe, Heinz: Aufklärung, Fortschritt, Humanität: Studien und Kritiken. Berlin, Weimar 1989.
Toellner, Richard (Hrsg.): Aufklärung und Humanismus. Heidelberg 1980.

–: Rudolf Unger: Zur Geschichte des Palingenesiegedankens im 18.Jh. In: DVjs 2 (1924), S.257–274.
–: Hamann und die Aufklärung. Studien zur Vorgeschichte des romantischen Geistes im 18.Jh. 2 Bde. (Jena 1911) Neudr. Tübingen 1963.
Vierhaus, Rudolf (Hrsg.): Die Wissenschaften im Zeitalter der Aufklärung. Göttingen 1985.
Wagner, Fritz: Isaac Newton im Zwielicht zwischen Mythos und Forschung. Studien zur Epoche der Aufklärung. Freiburg, München 1976.
Walzel, Oskar: Die europäische Aufklärung. In: Propyläen-Weltgeschichte Bd.6. Berlin, Frankfurt a.M., Wien 1932, S.330–338.
Weber, Heinz-Dieter: Die Verzeitlichung im 18.Jh. In: Heinz-Dieter Weber (Hrsg.): Vom Wandel des neuzeitlichen Naturbegriffs. Konstanz 1989, S.97–131.
Wegmann, Nikolaus: Diskurse der Empfindsamkeit: Zur Geschichte eines Gefühls in der Literatur des 18.Jh. Stuttgart 1988.
Weiss, Richard: Das Alpenerlebnis in der deutschen Literatur des 18.Jh. Leipzig 1933.
Wiese, Benno v.: Dichtung und Geistesgeschichte des 18.Jh. Eine Problem- und Literaturschau. In: DVjs 12 (1934), S.430–478.
Wiese, Benno v. (Hrsg.): Deutsche Dichter des 18.Jh. Ihr Leben und Werk. Berlin 1977.
Wilkinson, Elizabeth M.: Schiller und die Idee der Aufklärung. Betrachtungen anläßlich der ›Briefe über die ästhetische Erziehung‹. In: Jahrb. d. deutschen Schillergesellschaft 4 (1960), S.42–59.
Wittkowski, Wolfgang (Hrsg.): Goethe im Kontext. Kunst und Humanität, Naturwissenschaft und Politik von der Aufklärung bis zur Restauration. Ein Symposion. Tübingen 1984.
Wolff, A.: Der Toleranzgedanke in der deutschen Literatur zur Zeit Mendelssohns. Berlin 1915.
Wolff, Hans M.: Germanische „Edle Wilde". In: Worte und Werte. Bruno Markwardt zum 60.Geburtstag. Berlin 1961, S.477–482.
Wuthenow, Ralph-Rainer: Zwischen Absolutismus und Aufklärung: Rationalismus, Empfindsamkeit, Sturm und Drang. 1740–1796. In: Horst Albert Glaser (Hrsg.): Deutsche Literatur. Eine Sozialgeschichte. Bd.4. Reinbek 1980.
Žmegač, Victor (Hrsg.): Geschichte der deutschen Literatur vom 18.Jh. bis zur Gegenwart. Königstein/Ts. 1978ff.

Zu den literarischen Gattungen

Zur allgemeinen Theorie

Albrecht, Wolfgang: Kritik, Polemik und Ästhetik im Zeichen der Gelehrsamkeit. Lessings Beitrag zu den ›Briefen, die neueste Literatur betreffend‹. In: Impulse. Aufsätze, Quellen, Berichte zur deutschen Klassik und Romantik 9 (1986), S. 115–152.

Ammermann, Monika: Gemeines Leben. Gewandelter Naturbegriff und literarische Spätaufklärung. Lichtenberg, Wezel, Garve. Bonn 1978.

Bender, Wolfgang: Rhetorische Tradition und Ästhetik im 18. Jh.: Baumgarten, Meier und Breitinger. In: ZfdPh 99 (1980), S. 481–506.

Boetius, Henning (Hrsg.): Dichtungstheorien der Aufklärung. Tübingen 1971.

Gaede, Friedrich: Poetik und Logik. Zu den Grundlagen der literarischen Entwicklung im 17. und 18. Jh. Bern, München 1978.

Herrmann, Hans Peter: Naturnachahmung und Einbildungskraft. Zur Entwicklung der deutschen Poetik von 1670–1740. Bad Homburg, Berlin, Zürich 1970.

Hohner, Ulrich: Zur Problematik der Naturnachahmung in der Ästhetik des 18. Jh. Erlangen 1976.

Horch, Hans-Otto, Georg-Michael Schulz (Hrsg.): Das Wunderbare und die Poetik der Frühaufklärung. Gottsched und die Schweizer. Darmstadt 1988.

Jäger, Hans Wolf: Politische Kategorien in Poetik und Rhetorik der zweiten Hälfte des 18. Jh. Stuttgart 1970.

Jauß, Hans Robert (Hrsg.): Nachahmung und Illusion. München 1964.

Jauß, Hans Robert, Max Imdahl: Ästhetische Normen und geschichtliche Reflexion in der «Querelle des Anciens et des Modernes». München 1984.

Lange, Victor: The Classical Age of German Literature 1740–1815. London 1982.

Lühe, Irmela von der: Natur und Naturnachahmung in der ästhetischen Theorie zwischen Aufklärung und Sturm und Drang. Untersuchungen zur Batteux-Rezeption in Deutschland. Bonn 1979.

Markwardt, Bruno: Geschichte der deutschen Poetik. Bd. 1.: Barock und Frühaufklärung. (1937) 3. Aufl. Berlin 1964. Bd. 2.: Aufklärung, Rokoko, Sturm und Drang. (1956) 2. Aufl. Berlin 1970.

Martini, Fritz: Deutsche Literaturgeschichte von den Anfängen bis zur Gegenwart. Stuttgart 1977.

Martinson, Steven D.: On Imitation, Imagination and Beauty. A Critical Reassessment of the Concept of the Literary Artists During the Early German „Aufklärung". Bonn 1977.

Mog, Paul: Ratio und Gefühlskultur. Studien zu Psychogenese und Literatur im 18. Jh. Tübingen 1976.

Nivelle, Armand: Literarästhetik. In: Walter Hinck (Hrsg.): Europäische Aufklärung. 1. Teil. In: Klaus von See (Hrsg.): Neues Handbuch der Literaturwissenschaft. Bd. 11. Frankfurt a. M. 1974, S. 15–56.

–: Literarästhetik der europäischen Aufklärung. Wiesbaden 1977. Michael

Rössner, Birgit Wagner: Aufstieg und Krise der Vernunft. Komparatistische Studien zur Literatur der Aufklärung. Festschr. f. Hans Hinterhäuser. Wien, Köln 1984.

Scherpe, Klaus: Gattungspoetik im 18. Jh. Historische Entwicklung von Gottsched bis Herder. Stuttgart 1968.

–: Historische Widersprüche in der Gattungspoetik des 18. Jh. In: GRM 34 (1984), S. 312–322.

Schmidt, Horst-Michael: Sinnlichkeit und Verstand. Zur philosophischen und poetologischen Begründung von Erfahrung und Urteil in der deutschen Aufklärung. München 1982.

Sørensen, Bengt Algot: Symbol und Symbolismus in den ästhetischen Theorien des 18. Jh. und der deutschen Romantik. Kopenhagen 1963.

Sørensen, Bengt Algot (Hrsg.): Allegorie und Symbol. Texte zur Theorie des dichterischen Bildes im 18. und 19. Jh. Frankfurt a. M. 1972.

Tarot, Ralf: Drama – Roman – dramatischer Roman. Bermerkungen zur Darstellung von Unmittelbarkeit und Innerlichkeit in Theorie und Dichtung im 18. Jh. In: Momentum dramaticum. Festschr. f. Eckehard Catholy. Waterloo 1990, S. 241–269.

Voßkamp, Wilhelm: Historisierung und Systematisierung. Thesen zur deutschen Gattungspoetik im 19. Jh. In: Eberhard Lämmert, Dietrich Scheunemann (Hrsg.): Regelkram und Grenzgänge. Von praktischen Gattungen. München 1988, S. 38–48.

Wellek, René: Geschichte der Literaturkritik 1750–1830. Darmstadt, Berlin, Neuwied 1959–1977.

Wuthenow, Ralph-Rainer: Das Bild und der Spiegel. Europäische Literatur im 18. Jh. München, Wien 1984.

Zelle, Carsten: 'Angenehmes Grauen'. Literaturhistorische Beiträge zur Ästhetik des Schrecklichen im 18. Jahrhundert. Hamburg 1987.

–: Ästhetischer Neronismus. Zur Debatte über ethische und ästhetische Legitimation der Literatur im Jahrhundert der Aufklärung. In: DVjs 63 (1989), S. 397–419.

Zum Drama allgemein

Andres, Astrid: Die Figur des Bösewichts im Drama der Aufklärung. Diss. Freiburg 1955.

Boas, Frederick S.: An Introduction to Eighteenth-Century Drama 1700–1780. Oxford 1953.

Grimm, Reinhold (Hrsg.): Deutsche Dramentheorien. Beiträge zu einer historischen Poetik des Dramas in Deutschland. Bd. I. Frankfurt a. M. 1971.

Guthke, Karl S.: Die Auseinandersetzung um das Tragikomische und die Tragikomödie in der Ästhetik der deutschen Aufklärung. In: Jahrb. f. Ästhetik u. allg. Kunstwiss. 6 (1961), S. 114–138.

Heitner, Robert R.: German Tragedy in the Age of Enlightenment. A Study in the Development of Original Tragedies 1724–68. Los Angeles 1963.

Hinck, Walter: Drama der Aufklärung – Theater der Hoffnung. In: Gotthardt Frühsorge u. a. (Hrsg.): Digressionen. Wege zur Aufklärung. Festgabe für Peter Michelsen. Heidelberg 1984, S. 125–133.
Jacobs, Jürgen: Das klassizistische Drama der Frühaufklärung. In: Walter Hinck (Hrsg.): Handbuch des deutschen Dramas. Düsseldorf 1980, S. 61–75; S. 536–538.
Kafitz, Dieter: Grundzüge einer Geschichte des deutschen Dramas von Lessing bis zum Naturalismus. Bd. 1. Königstein 1982.
Koebner, Thomas: Zum Streit für und wider die Schaubühne im 18. Jh. In: Festschr. f. Rainer Gruenter. Heidelberg 1978, S. 26–57.
Koopmann, Helmut: Drama der Aufklärung. Kommentar einer Epoche. München 1979.
Krebs, Roland: L'idée de «Théâtre National» dans l'Allemagne des lumières. Théorie et réalisations. Wiesbaden 1985.
Niesz, Anthony J.: Dramaturgy in German Drama: From Gryphius to Goethe. Heidelberg 1980.
Pütz, Peter: Die Leistung der Form. Lessings Dramen. Frankfurt a. M. 1986.
Saße, Günter: Die aufgeklärte Familie. Untersuchungen zur Genese, Funktion und Realitätsbezogenheit des familialen Wertsystems im Drama der Aufklärung. Tübingen 1988.
Schings, Hans-Jürgen: Der mitleidigste Mensch ist der beste Mensch. Poetik des Mitleids von Lessing bis Büchner. München 1980.
Scholz, Wolfgang: Abbildung und Veränderung durch das Theater im 18. Jh. Hildesheim, New York 1980.
Schreiber, S. Etta: The German Women in the Age of Enlightenment. A Study in the Drama from Gottsched to Lessing. New York 1948.
Sørensen, Bengt Algot: Herrschaft und Zärtlichkeit. Der Patriarchalismus und das Drama im 18. Jh. München 1984.
Steinmetz, Horst: Das deutsche Drama von Gottsched bis Lessing. Ein historischer Überblick. Stuttgart 1987.

Zum bürgerlichen Schau- und Trauerspiel

Altenhein, Hans-Richard: Geld und Geldeswert im bürgerlichen Schauspiel des 18. Jh. Siegen 1952.
Birk, Heinz: Bürgerliche und empfindsame Moral im Familiendrama des 18. Jh. Diss. Bonn 1967.
Glaser, Horst Albert: Das bürgerliche Rührstück. Analekten zum Zusammenhang von Sentimentalität mit Autorität in der trivialen Dramatik Schröders, Ifflands, Kotzebues und anderer Autoren am Ende des 18. Jh. Stuttgart 1969.
Götte, Rose: Die Tochter im Familiendrama des 18. Jh. Diss. Bonn 1964.
Guthke, Karl S.: Das deutsche bürgerliche Trauerspiel. 2., überarb. und erw. Aufl. Stuttgart 1976.
Huyssen, Andreas: Das leidende Weib in der dramatischen Literatur von

Empfindsamkeit und Sturm und Drang. Eine Studie zur bürgerlichen Emanzipation in Deutschland. In: Monatshefte 69 (1977), S. 159–173.

Inbar, Eva Maria: Shakespeare-Rezeption im deutschen bürgerlichen Drama des 18. Jh. In: GRM 30 (1980), S. 129–149.

Kahl-Pantis, Brigitte: Bauformen des bürgerlichen Trauerspiels. Ein Beitrag zur Geschichte des deutschen Dramas im 18. Jh. Frankfurt a. M., Bern, Las Vegas 1977.

Mathes, Juerg: Die Entwicklung des bürgerlichen Dramas im 18. Jh. Tübingen 1974.

Mayer, Dieter: Vater und Tochter. Anmerkungen zu einem Motiv im deutschen Drama der Vorklassik. Lessing: Emilia Galotti; Lenz: Die Soldaten; Wagner: Die Kindermörderin; Schiller: Kabale und Liebe. In: LfL 1980, S. 135–147.

Meinicke, Herbert: Das bürgerliche Drama in Deutschland und Samuel Richardsons Familienromane. Diss. Heidelberg 1922.

Meyer, Reinhard: Das deutsche Trauerspiel des 18. Jh. Eine Bibliographie. München 1977.

Michelsen, Peter: Zur Entstehung des bürgerlichen Trauerspiels. Einige geistes- und literaturgeschichtliche Vorüberlegungen zu einer Interpretation der ›Miß Sara Sampson‹. In: Jürgen Brummack u. a. (Hrsg.): Literaturwissenschaft und Geistesgeschichte. Festschr. f. Richard Brinkmann. Tübingen 1981, S. 83–98.

Pikulik, Lothar: „Bürgerliches Trauerspiel" und Empfindsamkeit. Köln, Graz 1966.

Schaer, Wolfgang: Die Gesellschaft im deutschen bürgerlichen Drama des 18. Jh. Grundlagen und Bedrohung im Spiegel der dramatischen Literatur. Beckum 1963.

Schenkel, Martin: Lessings Poetik des Mitleids im bürgerlichen Trauerspiel ›Miß Sara Sampson‹: poetisch-poetologische Reflexionen. Mit Interpretationen zu Pirandello, Brecht und Handke. Bonn 1984.

–: „Wer über gewisse Dinge den Verstand nicht verlieret, der hat keinen zu verlieren." Zur Dialektik der bürgerlichen Aufklärung in Lessings Emilia Galotti. In: ZfdPh Sonderh. 105 (1986), S. 161–186.

Schulz, Georg-Michael: Tugend, Gewalt und Tod. Das Trauerspiel der Aufklärung und die Dramaturgie des Pathetischen und Erhabenen. Tübingen 1978.

Selver, Henrik: Die Auffassung des Bürgers im deutschen bürgerlichen Drama des 18. Jh. Diss. Leipzig 1931.

Stefanczyk, Krystyna: Das bürgerliche Trivialdrama im 18. Jh. In: Germanica Wratislaviensia 27 (1976), S. 91–108.

Szondi, Peter: Die Theorie des bürgerlichen Trauerspiels im 18. Jh. Der Kaufmann, der Hausvater und der Hofmeister. Frankfurt a. M. 1973.

Ter-Nedden, Gisbert: Lessings Trauerspiele. Der Ursprung des modernen Dramas aus dem Geist der Kritik. Stuttgart 1986.

Wierlacher, Alois: Das bürgerliche Drama. Seine theoretische Begründung im 18. Jh. München 1968.

–: Das bürgerliche Drama. In: Hinck, Walter (Hrsg.): Europäische Aufklärung.

1. Teil. In: Neues Handbuch der Literaturwissenschaft Bd. 11. Frankfurt a. M. 1974, S. 137–160.

Willenberg, Knud: Zur Konstitution des bürgerlichen Helden im deutschen Trauerspiel des 18. Jh. Stuttgart 1975.

Zum Lustspiel

Aikin-Sneath, B.: Comedy in Germany in the First Half of Eighteenth Century. Oxford 1936.

Arntzen, Helmut: Die ernste Komödie. Das deutsche Lustspiel von Lessing bis Kleist. München 1968.

Boehlen, Heinz: Der Einfluß der Commedia dell'arte auf die europäische Komödie des 17. und 18. Jh. Diss. Marburg 1944 [Masch.].

Böhler, Michael: Lachen oder Verlachen? Das Dilemma zwischen Toleranz und traditioneller Lustspielfunktion in der Komödientheorie. In: Peter Freimark u. a. (Hrsg.): Lessing und die Toleranz. Beiträge der 4. internationalen Konferenz der Lessing Society in Hamburg vom 27. bis 29. Juni 1985. Detroit 1986, S. 245–262.

Boom, Rüdiger van den: Die Bedienten und das Herr-Diener-Verhältnis in der deutschen Komödie der Aufklärung (1742–1767). Frankfurt a. M. 1979.

Catholy, Eckehard: Das deutsche Lustspiel. Von der Aufklärung bis zur Romantik, Stuttgart 1982.

Cleve, John Walter van: Harlequin Besieged. The Reception of Comedy in Germany During the Early Enlightenment. Bern, Frankfurt a. M., Las Vegas 1980.

Friederici, Hans: Das deutsche bürgerliche Lustspiel der Frühaufklärung 1736–1750. Unter besonderer Berücksichtigung seiner Anschauungen von der Gesellschaft. Halle 1957.

Hansen, Günther: Forum der Commedia dell'Arte in Deutschland. Emsdetten 1984.

Hinck, Walter: Das deutsche Lustspiel des 17. und 18. Jh. und die italienische Komödie. Commedia dell'Arte und Théâtre italien. Stuttgart 1965.

–: Die europäische Komödie der Aufklärung. In: Walter Hinck (Hrsg.): Europäische Aufklärung. 1. Teil. In: Neues Handbuch der Literaturwissenschaft Bd. 11. Frankfurt a. M. 1974, S. 119–135.

Müller, Norbert: Die poetische Gerechtigkeit im deutschen Lustspiel der Aufklärung. Mainz 1969.

Scott-Prelorentzos, Alison: The Servant in German Enlightenment Comedy. Edmonton 1982.

Steinmetz, Horst: Die Komödie der Aufklärung. Stuttgart 1966.

Warning, Rainer: Die Komödie der Empfindsamkeit. Steele – Marivaux – Lessing. In: E. Heftrich, J.-M. Valentin (Hrsg.): Gallo-Germanica. Wechselbeziehungen und Parallelen deutscher und französischer Literatur. Nancy 1986, S. 13–28.

Wetzel, H.: Das empfindsame Lustspiel der Frühaufklärung (1745–1750). Zur Frage der Befreiung der deutschen Komödie von der rationalistischen und französischen Tradition im 18. Jh. Diss. München 1956 [Masch].
Wicke, Günter: Die Struktur des deutschen Lustspiels der Aufklärung. Versuch einer Typologie. Bonn 1965.

Zum Roman

Zur Romantheorie:

Graevenitz, Gerhart v.: Die Setzung des Subjekts. Untersuchung zur Romantheorie. Tübingen 1973.
Kimpel, Dieter, Conrad Wiedemann (Hrsg.): Theorie und Technik des Romans im 17. und 18. Jh. 2 Bde. Tübingen 1970.
Kleinschmidt, Erich: Fiktion und Identifikation. Zur Ästhetik der Leserrolle im deutschen Roman zwischen 1750 und 1780. In: DVjs 53 (1979), S. 49–73.
Lämmert, Eberhard, u. a. (Hrsg.): Romantheorie. Dokumentation ihrer Geschichte in Deutschland 1620–1880. Köln, Berlin 1971.
Sommerfeld, Martin: Romantheorie und Romantypus der deutschen Aufklärung. In: DVjs 4 (1962), S. 459–490; 2. Aufl. Darmstadt 1967.
Voßkamp, Wilhelm: Romantheorie in Deutschland von Martin Opitz bis Friedrich von Blankenburg. Stuttgart 1973.

Zum Roman allgemein:

Becker, Eva D.: Der deutsche Roman um 1780. Stuttgart 1964.
Bräuner, Harald: Die Suche nach dem „deutschen Fielding". Englische Vorlagen und deutsche Nachahmer in Entwürfen des Originalromans (1750–1780). Stuttgart 1988.
Brenner, Peter J.: Die Krise der Selbstbehauptung. Subjekt und Wirklichkeit im Roman der Aufklärung. Tübingen 1981.
Fauchery, Pierre: La destinée féminine dans le roman européen du dix-huitième siècle. 1713–1807. Paris 1972.
Freudenreich, Carla: Zwischen Loën und Gellert. Der deutsche Roman 1740–1747. München 1979.
Frick, Werner: Providenz und Kontingenz. Untersuchungen zur Schicksalssemantik im deutschen und europäischen Roman des 17. und 18. Jh. Tübingen 1988.
Gebhardt, Walter: Religionssoziologische Probleme im Roman der deutschen Aufklärung. Coburg 1931.
Geulen, Hans: Der Galante Roman. In: Helmut Koopmann (Hrsg.): Handbuch des deutschen Romans. Düsseldorf 1983, S. 117–130; 607–608.
Gösse, Sybille: Materialismus und Nihilismus. Studien zum deutschen Roman der Spätaufklärung. Würzburg 1987.

Götz, Max: Der frühe bürgerliche Roman in Deutschland 1720–1750. Diss. München 1958 [Masch.].

Graber, P. A.: Religious Types in Some Representative German Novels of the Age of Enlightenment. Diss. Univ. of Iowa 1953.

Hirsch, Arnold: Bürgertum und Barock im deutschen Roman. Ein Beitrag zur Entstehungsgeschichte des bürgerlichen Weltbildes. (Frankfurt a. M. 1934) 2. Aufl. Köln, Graz 1957.

–: Barockroman und Aufklärungsroman. In: Etudes Germaniques 9 (1954), S. 97–111.

Jacobs, Jürgen: Der komisch-realistische Roman. In: Neues Handbuch der Literaturwissenschaft Bd. 11. Frankfurt a. M. 1974, S. 203–216.

Kayser, Wolfgang: Die Anfänge des modernen Romans im 18. Jh. und seine heutige Krise. In: DVjs 28 (1954), S. 417–446.

–: Entstehung und Krise des modernen Romans. (1955) 5. Aufl. Stuttgart 1968.

Kimpel, Dieter: Der Roman der Aufklärung 1670–1774. 2., völlig neubearb. Aufl. Stuttgart 1977.

Kurth, Lieselotte E.: Die zweite Wirklichkeit. Studien zum Romamndes 18. Jh. Chapel Hill 1969.

Lange, Victor: Erzählformen im Roman des 18. Jh. In: Anglia 76 (1958), S. 129–144.

Lugowski, Clemens: Die Form der Individualität im Roman. Studien zur Struktur der frühen deutschen Prosaerzählung. (Berlin 1932) 2. Aufl. Frankfurt a. M. 1976.

May, Kurt: Deutsche Prosa im 18. Jh. Berlin 1937.

Michelsen, Peter: Laurence Sterne und der deutsche Roman des 18. Jh. Göttingen 1962.

Poser, Michael v.: Der abschweifende Erzähler. Rhetorische Tradition und deutscher Roman im 18. Jh. Bad Homburg 1969.

Rommel, Otto: Rationalistische Dämonie. In: DVjs 17 (1939), S. 183–220.

Schings, Hans-Jürgen: Der anthropologische Roman. Seine Entstehung und Krise im Zeitalter der Spätaufklärung. In: Bernhard Fabian (Hrsg.): Deutschlands kulturelle Entfaltung. Die Neubestimmung des Menschen. München 1980, S. 247–275.

Singer, Herbert: Der deutsche Roman zwischen Barock und Rokoko. Köln, Graz 1963.

–: Der galante Roman. (1961) 2. Aufl. Stuttgart 1966.

Spiegel, Marianne: Der Roman und sein Publikum im früheren 18. Jh. 1700–1767. Bonn 1967.

Touaillon, Christine: Der deutsche Frauenroman im 18. Jh. Wien, Leipzig 1919.

Voges, Michael: Aufklärung und Geheimnis. Untersuchungen zur Vermittlung von Literatur- und Sozialgeschichte am Beispiel der Aneignung des Geheimbundmaterials im Roman des späten 18. Jh. Tübingen 1987.

Voßkamp, Wilhelm: Romantheoretische Aspekte im 18. Jh. In: Walter Hinck

(Hrsg.): Europäische Aufklärung. 1. Teil. In: Neues Handbuch der Literaturwissenschaft Bd. 11. Frankfurt a. M. 1974, S. 161–164.
–: Formen des satirischen Romans im 18. Jh. Ebd. S. 165–184.
Wahrenburg, Fritz: Funktionswandel des Romans und ästhetische Norm. Stuttgart 1976.
Watt, Ian: Der bürgerliche Roman. Aufstieg einer Gattung. Defoe – Richardson – Fielding. Frankfurt a. M. 1974. Orig.-Ausg.: The Rise of the Novel. London 1957.
Weber, Ernst, Christine Mithal: Deutsche Originalromane zwischen 1680 und 1780. Eine Bibliographie mit Besitznachweisen. Berlin 1983.
Zimmermann, Harro (Hrsg.): Der deutsche Roman der Spätaufklärung. Fiktion und Wirklichkeit. Heidelberg 1990.

Zum Bildungsroman:

Gerhard, Melitta: Der deutsche Entwicklungsroman bis zu Goethes ›Wilhelm Meister‹. (Halle 1926) 2. Aufl. Bern, München 1968.
Jacobs, Jürgen: Wilhelm Meister und seine Brüder. Untersuchung zum deutschen Bildungsroman. München 1972.
Koehn, Lothar: Entwicklungs- und Bildungsroman. Ein Forschungsbericht. Stuttgart 1969.
Orlowski, Hubert: Untersuchung zum falschen Bewußtsein im deutschen Entwicklungsroman. Poznań 1971.
Schaefer, Klaus: Zum Entwicklungsproblem im Roman der deutschen Aufklärung. In: Weimarer Beiträge 18 (1972), S. 172–177.
Stahl, Ernst-Ludwig: Die religiöse und die humanitätsphilosophische Bildungsidee und die Entstehung des deutschen Bildungsromans im 18. Jh. Bern 1934.

Zum empfindsamen Roman:

Allerdissen, Rolf: Der empfindsame Roman des 18. Jh. In: Helmut Koopmann (Hrsg.): Handbuch des deutschen Romans. Düsseldorf 1983, S. 184–203; 614–616.
Baasner, Frank: Libertinage und Empfindsamkeit. Stationen ihres Verhältnisses im europäischen Roman des 18. Jahrhunderts. In: Arcadia 23 (1988), S. 14–41.
Eder, Irmgard: Untersuchungen zur Geschichte des empfindsamen Romans in Deutschland. Diss. Wien 1953.
Hohendahl, Peter Uwe: Der europäische Roman der Empfindsamkeit, Wiesbaden 1977.
Jaeger, Georg: Empfindsamkeit und Roman. Wortgeschichte. Theorie und Kritik im 18. und frühen 19. Jh. Stuttgart, Berlin, Köln, Mainz 1969.

Meyer-Krentler, Eckhardt: Der andere Roman. Gellerts ›Schwedische Gräfin‹: Von der aufklärerischen Propaganda gegen den 'Roman' zur empfindsamen Erlebnisdichtung. Göppingen 1974.
–: Der Bürger als Freund. Ein sozialethisches Programm und seine Kritik in der neueren deutschen Erzählliteratur. München 1984.
Miller, Norbert: Der empfindsame Erzähler. Untersuchung an Romananfängen des 18. Jh. München 1968.
Witte, Bernd: Der Roman als moralische Anstalt. Gellerts Leben der schwedischen Gräfin von G... und die Literatur des 18. Jh. In: GRM 30 (1980), S. 150–168.

Zum Briefroman:

Kimpel, Dieter: Entstehung und Formen des Briefromans in Deutschland. Interpretation zur Geschichte einer epischen Gattung des 18. Jh. und zur Entstehung des modernen deutschen Romans. Diss. Wien 1961 [Masch.].
Picard, Hans Rolf: Die Illusion der Wirklichkeit im Briefroman des 18. Jh. Heidelberg 1971.
Schmidt, Erich: Richardson, Rousseau und Goethe. Ein Beitrag zur Geschichte des Romans im 18. Jh. Jena 1875.
Voss, Ernst Theodor: Erzählprobleme des Briefromans, dargestellt an vier Beispielen des 18. Jh. Bonn 1960.

Zur Lyrik

Beetz, Manfred: Rhetorische Logik. Prämissen der deutschen Lyrik im Übergang vom 17. zum 18. Jahrhundert. Tübingen 1980.
Behm-Cierpka, Stefanie: Die optimistische Weltanschauung in der deutschen Gedankenlyrik der Aufklärungszeit. Diss. Heidelberg 1933.
Bohnen, Klaus (Hrsg.): Deutsche Gedichte des 18. Jahrhunderts. Stuttgart 1987.
Colleville, Maurice: La renaissance du lyrisme dans la poésie Allemande au XVIIIe siècle. Paris 1936.
Eibl, Karl: Prodesse et delectare: Lyrik des 18. Jh. vor der Schwelle zur Autonomieästhetik. In: Historizität in Sprach- und Literaturwissenschaft. Vorträge und Berichte der Stuttgarter Germanistentagung 1972. München 1974, S. 281–293.
Hoff, Kay: Die Wandlung des dichterischen Selbstverständnisses in der ersten Hälfte des 18. Jh., dargestellt an der Lyrik dieser Zeit. Diss. Kiel 1949.
Joswig, Horst: Leidenschaft und Gelassenheit in der deutschen Lyrik des 18. Jh. Berlin 1938.
Kahn, Charlotte: Die Melancholie in der deutschen Lyrik des 18. Jh. Heidelberg 1932.
Kemper, Hans-Georg: Gottebenbildlichkeit und Naturnachahmung im Säkularisierungsprozeß. Problemgeschichtliche Studien zur deutschen Lyrik in Barock und Aufklärung. Tübingen 1981.

Ketelsen, Uwe-K.: Naturpoesie als Medium bürgerlicher Ideologiebildung im frühen 18. Jh. Barthold Hinrich Brockes ›Die kleine Fliege‹. In: Norbert Mecklenburg (Hrsg.): Naturlyrik und Gesellschaft. Stuttgart 1977, S. 45–55.

Martens, Wolfgang: Über Naturlyrik der frühen Aufklärung „B. H. Brockes". In: Wege der Worte. Festschr. f. Wolfgang Fleischhauer. Köln, Wien 1978, S. 263–276.

Martini, Fritz: Sänger und Gesang. Mythos, Poetik und Geschichte. Ein Kapitel deutscher Lyrikgeschichte zwischen Klopstock und Heine. In: Goethe-Jb. 101. 1984, S. 139–161.

Nohl, Herman: Die Lyrik der Aufklärung. In: Die Sammlung 1 (1945/46), S. 475–484.

Paustian, Helmut: Die Lyrik der Aufklärung als Ausdruck der seelischen Entwicklung von 1710–1771. Berlin 1933.

Perels, Christoph: Studien zur Aufnahme und Kritik der Rokokolyrik zwischen 1740 und 1760. Göttingen 1974.

Pestalozzi, Karl: Die Entstehung des lyrischen Ich. Studien zum Motiv der Erhebung in der Lyrik. Berlin 1970.

Pütz, Peter: Aufklärung. In: Walter Hinderer (Hrsg.): Geschichte der politischen Lyrik in Deutschland. Stuttgart 1978, S. 114–140.

Richter, Karl: Literatur und Naturwissenschaft. Eine Studie zur Lyrik der Aufklärung. München 1972.

Schröter, Adalbert: Der Entwicklungsgang der deutschen Lyrik in der 1. Hälfte des 18. Jh. Diss. Leipzig 1879.

Schuppenhauer, Klaus: Der Kampf um den Reim in der deutschen Literatur des 18. Jh. Bonn 1970.

Treichel, Ernst: Die Sprache des evangelischen Kirchenliedes in der Aufklärungszeit. Greifswald 1932.

Verweyen, Theodor: Emanzipation der Sinnlichkeit im Rokoko? Zur ästhetisch-theoretischen Grundlegung und funktionsgeschichtlichen Rechtfertigung der deutschen Anakreontik. In: GRM 25 (1975), S. 276–306.

Waldberg, Max v.: Die galante Lyrik. Straßburg 1885.

Warde, Newell E.: Johann Peter Uz and German Anacreontism: the Emancipation of the Aesthetic. Frankfurt a. M., Bern, Las Vegas 1978.

Zeman, Herbert: Die deutsche anakreontische Dichtung. Ein Versuch zur Erfassung ihrer ästhetischen und literarhistorischen Erscheinungsformen im 18. Jh. Stuttgart 1972.

Zum Lehrgedicht

Albertsen, Leif Ludwig: Das Lehrgedicht. Aarhus 1967.

–: Zur Theorie und Praxis der didaktischen Gattungen im deutschen 18. Jh. In: DVjs 45 (1971), S. 181–192.

Jäger, Hans-Wolf: Zur Poetik der Lehrdichtung in Deutschland. In: DVjs 44 (1970), S. 544–576.

Jäger, Hans-Wolf: Weltbürgertum in der deutschen Lehrdichtung. In: Revue d'Allemagne 18 (1986), S. 600–611.
Schaaf, Paul: Das philosophische Gedicht. In: DVjs 6 (1928), S. 270–292.
Siegrist, Christoph: Das Lehrgedicht der Aufklärung. Stuttgart 1974.
Totok, Wilhelm: Das Problem der Theodizee in der deutschen Gedankenlyrik der Aufklärung. Diss. Marburg 1948.
Ulrich, Wolfgang: Studien zur Geschichte des deutschen Lehrgedichts im 17. und 18. Jh. Diss. Kiel 1960 [Masch.].
Vontobel, Willy: Von Brockes bis Herder. Studien über die Lehrdichtung des 18. Jh. Diss. Bern 1942.
Wierlacher, Alois: Über die Bedeutung des Lehrgedichts für die theoretische Begründung des bürgerlichen Dramas im 18. Jh. In: GRM 17 (1967), S. 365–380.

Zur Fabel

Dithmar, Reinhard: Die Fabel. Geschichte, Struktur, Didaktik. Paderborn 1971.
Hasubek, Peter (Hrsg.): Die Fabel. Theorie, Geschichte und Rezeption einer Gattung. Berlin 1982.
–: Fabelforschung. Darmstadt 1983.
Kayser, Wolfgang: Die Grundlagen der deutschen Fabeldichtung des 16. und 18. Jh. In: Archiv f. d. Studium d. neueren Sprachen 86 (1931), S. 19–33.
Ketelsen, Uwe-K.: Vom Siege der natürlichen Vernunft: Einige Bemerkungen zu einer sozialgeschichtlichen Interpretation der Geschichte der Fabel in der deutschen Aufklärung. In: Seminar. A Journal of Germanic Studies 16 (1980), S. 208–223.
Leibfried, Erwin: Fabel. (1967) 4. Aufl. Stuttgart 1982.
Mitchell, Phillip M.: Aspekte der Fabeltheorie im 18. Jh. vor Lessing. In: Peter Hasubek (Hrsg.): Die Fabel. Theorie, Geschichte und Rezeption einer Gattung. Berlin 1982, S. 119–133.
Noel, Thomas: Theories of the Fable in the Eighteenth Century. New York, London 1975.
Wilke, Christian Hartwig: Fabel als Instrument der Aufklärung. Untersuchung der Leistungsfähigkeit eines literarischen Typus. In: Basis 2 (1971), S. 71–102.

Zur Satire

Arntzen, Helmut: Die Satiretheorie der Aufklärung. In: Walter Hinck (Hrsg.): Europäische Aufklärung. 1. Teil. In: Neues Handbuch der Literaturwissenschaft Bd. 11. Frankfurt a. M. 1974, S. 57–74.
–: Satire in der deutschen Literatur. Geschichte und Theorie. Bd. 1: Vom 12. bis zum 17. Jh. Darmstadt 1989.
Brummack, Jürgen: Zu Begriff und Theorie der Satire. In: DVjs Sonderh. 1971 („Forschungsberichte"), S. 275–377.

–: Vernunft und Aggression. Über den Satiriker Liscow. In: DVjs Sonderh. 1975 („18.Jh."), S. 118–137.
Carels, Peter G.: The Satiric Treatise in Eighteenth-Century Germany. Bern, Frankfurt a.M. 1976.
Grimm, Gunter (Hrsg.): Satiren der Aufklärung. Stuttgart 1975.
Jacobs, Jürgen: Zur Satire der frühen Aufklärung. Rabener und Liscow. In: GRM 49 (1968), S. 1–13.
Martens, Wolfgang: Von Thomasius bis Lichtenberg: Zur Gelehrtensatire der Aufklärung. In: Lessing Yearbook 10 (1978), S. 7–34.
Moser-Rath, Elfriede: „Lustige Gesellschaft". Schwank und Witz des 17. und 18.Jh. in kultur- und sozialgeschichtlichem Kontext. Stuttgart 1984.
Petig, William E.: Forms of Satire in Antipietistic Drama. In: Colloquia Germanica. Internationale Zeitschrift für germanische Sprach- und Literaturwissenschaft 18 (1985), S. 257–263.
Schönert, Jörg: Roman und Satire im 18.Jh. Ein Beitrag zur Poetik. Stuttgart 1969.
Seibert, Regine: Satirische Empirie: Literarische Struktur und geschichtlicher Wandel in der Satire der Spätaufklärung. Würzburg 1981.
Tronskaja, Marija Lazarevna: Die deutsche Prosasatire der Aufklärung. Berlin 1969.
Wellmanns, Günter Theodor: Studien zur deutschen Satire im Zeitalter der Aufklärung. Theorie, Stoffe, Form und Stil. Bonn 1969.

Zur Idylle

Boeschenstein-Schaefer, Renate: Idylle. Stuttgart 1967.
–: Arbeit und Muße in der Idyllendichtung des 18.Jh. In: Hoffmeister, Gerhard (Hrsg.): Goethezeit. Studien zur Erkentnis und Rezeption Goethes und seiner Zeitgenossen. Festschr. f. Stuart Atkins. Bern, München 1981, S. 9–30.
Feuerlicht, Ignace: Vom Wesen der deutschen Idylle. In: Germanic Review 22 (1947), S. 202–217.
–: Die deutsche Idylle seit Geßner. In: Modern Language Quarterly (1951), S. 58–72.
Garber, Klaus: Der locus amoenus und der locus terribilis: Bild und Funktion der Natur in der deutschen Schäfer- und Landlebendichtung des 17.Jh. Köln, Wien 1974.
Geißler, Rolf: Versuch über deutsche Idylle. In: WW 11 (1961), S. 271–278.
Hämmerling, Gerhard: Die Idylle von Geßner bis Voss. Theorie, Kritik und allgemeine geschichtliche Bedeutung. Frankfurt a.M. 1981.
Jäger, Hella: Naivität. Eine kritisch-utopische Studie in der bürgerlichen Literatur und Ästhetik des 18.Jh. Kronberg 1975.
Kesselmann, Heidemarie: Die Idyllen Salomon Geßners im Beziehungsfeld von Ästhetik und Geschichte im 18.Jh. Ein Beitrag zur Gattungsgeschichte der Idylle. Kronberg 1976.

Lange, Thomas: Idyllische und exotische Sehnsucht. Formen bürgerlicher Nostalgie in der deutschen Literatur des 18.Jh. Kronberg 1976.
Lohmeier, Anne-Marie: Beatus ille. Studien zum 'Lob des Landlebens' in der Literatur des absolutistischen Zeitalters. Tübingen 1981.
Müller, Nikolaus: Die deutschen Theorien der Idylle von Gottsched bis Geßner und ihre Quellen. Diss. Straßburg 1911.
Namowicz, Tadeusz: Funktion der Idylle in der deutschen und polnischen Aufklärung. In: Akten des VI. Internationalen Germanistenkongresses Basel, 3 (1980), S. 111–116.
Nemoianu, Virgil: Micro-harmony. The Growth and Uses of the Idyllic Model in Literature. Bern, Frankfurt a. M., Las Vegas 1977.
Prinsen, M. M.: De idylle in de 18. eeuw in het licht der aesthetische theorien. Diss. Amsterdam 1934.
Schneider, Helmut: Bürgerliche Idylle. Studien zu einer litararischen Gattung des 18.Jh. am Beispiel von Johann Heinrich Voss. Diss. Bonn 1975.
Schneider, Helmut (Hrsg.): Idyllen der Deutschen. Texte und Illustrationen. Frankfurt a. M. 1978; überarbeitet als Taschenbuch 1981.
–: Deutsche Idyllentheorien im 18.Jh. Tübingen 1988.

Zur Utopie

Bersier, Gabrielle: Wunschbild und Wirklichkeit. Deutsche Utopien im 18.Jh. Heidelberg 1981.
Biesterfeld, Wolfgang: Die literarische Utopie. Stuttgart 1974.
Fohrmann, Jürgen: Abenteuer und Bürgertum. Zur Geschichte der deutschen Robinsonaden im 18.Jh. Stuttgart 1981.
Freschi, Marino: L'utopia nel settecento tedesco. Neapel 1974.
Grohnert, Dietrich: Robinson zwischen Trivialität und Sozialutopie. Bemerkungen zur Entstehung und Autorenabsicht deutscher Robinsonaden. In: Wissenschaftliche Zeitschrift der Pädagogischen Hochschule Potsdam 16 (1972), S. 411–421.
Hippel, Olga von: Die pädagogische Dorf-Utopie der Aufklärung. Langensalza, Berlin, Leipzig 1939.
Hohendahl, Peter Uwe: Zum Erzählproblem des utopischen Romans im 18.Jh. In: Helmut Kreuzer (Hrsg.): Gestaltungsgeschichte und Gesellschaftsgeschichte. Stuttgart 1969, S. 79–114.
Naumann, Dietrich: Politik und Moral. Studien zur Utopie der deutschen Aufklärung. Heidelberg 1977.
Piechotta, Hans-Joachim: Reise und Utopie. Zur Literatur der Spätaufklärung. Frankfurt a. M. 1976.
Reichert, Karl: Utopie und Staatsroman. Ein Forschungsbericht. In: DVjs 39 (1965), S. 259–287.
Schings, Hans-Jürgen: Der Staatsroman im Zeitalter der Aufklärung. In:

Helmut Koopmann (Hrsg.): Handbuch des deutschen Romans. Düsseldorf 1983, S. 151–169; 610–613.
Stockinger, L.: Ficta Republica. Gattungsgeschichtliche Untersuchungen zur utopischen Erzählung in der deutschen Literatur des frühen 18. Jh. Tübingen 1981.
Voßkamp, Wilhelm (Hrsg.): Interdisziplinäre Studien zur neuzeitlichen Utopie. 3 Bde. Stuttgart 1982.
–: «Belle nature». Paysage et utopie dans la littérature du 18e siècle. In: Hinrich Hudde, Peter Kuon (Hrsg.): De l'Utopie à l'Uchronie. Formes, significations, fonctions. Tübingen 1988, S. 75–87.
Winter, Michael: Compendium Utopiarum. Typologie und Bibliographie literarischer Utopien. Bd. I: Von der Antike bis zur Frühaufklärung. Stuttgart 1978.

Zum Brief und zur Autobiographie

Becker-Cantarino, Barbara: Leben als Text. Briefe als Ausdrucks- und Verständigungsmittel in der Briefkultur und Literatur des 18. Jh. In: Hiltrud Gnüg, Renate Möhrmann (Hrsg.): Frauen, Literatur, Geschichte. Schreibende Frauen vom Mittelalter bis zur Gegenwart. Stuttgart 1985, S. 83–103; 515–517.
Brockmeyer, Rainer: Geschichte des deutschen Briefes von Gottsched bis zum Sturm und Drang. Diss. Münster 1961.
Lehmann, Jürgen: Bekennen – Erzählen – Berichten. Studien zur Theorie und Geschichte der Autobiographie. Tübingen 1988.
Motsch, Markus: Die poetische Epistel. Ein Beitrag zur Geschichte der deutschen Literatur und Literaturkritik des 18. Jh. Bern, Frankfurt a. M. 1974.
Niggl, Günter: Geschichte der deutschen Autobiographie im 18. Jh. Theoretische Grundlegung und literarische Entfaltung. Stuttgart 1977.
Nickisch, Reinhard M.: Die Stilprinzipien in den deutschen Briefstellern des 17. und 18. Jh. Mit einer Bibliographie zur Briefschreiblehre (1474–1800). Göttingen 1969.
Niggl, Günther (Hrsg.): Die Autobiographie. Zu Form und Geschichte einer literarischen Gattung. Darmstadt 1989.
Pascal, Roy: Die Autobiographie. Gehalt und Gestalt. Stuttgart, Berlin, Köln, Mainz 1965.
Wuthenow, Ralph-Rainer: Das erinnerte Ich. Europäische Autobiographie und Selbstdarstellung im 18. Jh. München 1974.

Zu sonstigen Formen

Berg, Eberhard: Zwischen den Welten. Über die Anthropologie der Aufklärung und ihr Verhältnis zu Entdeckungs-Reise und Welt. Erfahrung mit besonderem Blick auf das Werk Georg Forsters. Berlin 1982.

Brüggemann, Theodor: Geschichte der Kinder- und Jugendliteratur 1750–1800. Werkstattbericht über ein Forschungsprojekt. In: Clemens Alfred Baumgärtner (Hrsg.): Ansätze historischer Kinder- und Jugendbuchforschung. Battmannsweiler 1980, S. 10–44.

Buch, Hans Christoph: Ut pictura poesis. Die Beschreibungsliteratur und ihre Kritiker von Lessing bis Lukács. München 1972.

Dell'Orto, Vincent J.: Audience and the Tradition of German Essay in the Eighteenth Century. In: Germanic Review 50 (1975), S. 111–123.

Erb, Therese: Die Pointe in der Dichtung von Barock und Aufklärung. Bonn 1929.

Ewers, Hans-Heino (Hrsg.): Kinder- und Jugendliteratur der Aufklärung. Eine Textsammlung. Stuttgart 1980.

Fresenius, August: Die Verserzählung des 18. Jh. In: Euphorion 28 (1927), S. 519–540.

Grätz, Manfred: Das Märchen in der deutschen Aufklärung. Vom Feenmärchen zum Volksmärchen. Stuttgart 1988.

Hillmann, Heinz: Wunderbares in der Dichtung der Aufklärung. Untersuchungen zum französischen und deutschen Feenmärchen. In: DVjs 43 (1969), S. 76–113.

Hurrelmann, Bettina: Jugendliteratur und Bürgerlichkeit. Soziale Erziehung in der Jugendliteratur der Aufklärung am Beispiel von Christian Felix Weißes ›Kinderfreund‹ 1776–1782. Paderborn 1974.

Jacobs, Jürgen: Prosa der Aufklärung. Moralische Wochenschriften, Autobiographie, Satire, Roman. Kommentar zu einer Epoche. München 1976.

–: Die deutsche Erzählung im Zeitalter der Aufklärung. In: Karl Konrad Polheim (Hrsg.): Handbuch der deutschen Erzählung. Düsseldorf 1981, S. 56–71; 564–566.

Küntzel, Heinrich: Essay und Aufklärung. Zum Ursprung einer originellen deutschen Prosa im 18. Jh. München 1969.

Laan, James M. van der: The German Essay of the 18th Century: Mirror of its Age. In: Lessing Yearbook 18 (1986), S. 179–196.

Leibfried, Erwin: Philosophisches Lehrgedicht und Fabel. In: Walter Hinck (Hrsg.): Europäische Aufklärung 1. Teil. In: Neues Handbuch der Literaturwissenschaft. Bd. 11. Frankfurt a. M. 1974, S. 75–90.

Oesterle, Günter: Das „Unmanierliche" der Streitschrift. Zum Verhältnis von Polemik und Kritik in Aufklärung und Romantik. In: Akten des 7. Internationalen Germanisten-Kongresses. Kontroversen, alte und neue. Bd. 2. Göttingen 1985, S. 107–120.

Schlaffer, Heinz: Musa iocosa. Gattungspoetik und Gattungsgeschichte der erotischen Dichtung in Deutschland. Stuttgart 1971.

Schusky, Renate (Hrsg.): Das deutsche Singspiel im 18. Jh. Quellen und Zeugnisse zu Ästhetik und Rezeption. Bonn 1980.

Steffen, Hans: Märchendichtung in Aufklärung und Romantik. In: Ders. (Hrsg.): Formkräfte der deutschen Dichtung vom Barock bis zur Gegenwart. (1963) 2. Aufl. Göttingen 1967, S. 100–123.

Stewart, William E.: Die Reisebeschreibung und ihre Theorie im Deutschland des 18.Jh. Bonn 1978.
Winter, Hans Gerhard: Dialog und Dialogroman in der Aufklärung. Mit einer Analyse von J.J. Engels Gesprächstheorie. Darmstadt 1974.
Wuthenow, Ralph-Rainer: Die erfahrene Welt. Europäische Reiseliteratur im Zeitalter der Aufklärung. Mit zeitgenössischen Illustrationen. Frankfurt a. M. 1980.

Zum Trivialroman

Bauer, Rudolf: Der historische Trivialroman in Deutschland im ausgehenden 18.Jh. Plauen 1930.
Beaujean, Marion: Der Trivialroman in der zweiten Hälfte des 18.Jh. Die Ursprünge des modernen Unterhaltungsromans. Bonn 1964.
Greiner, Martin: Die Entstehung der modernen Unterhaltungsliteratur. Studien zum Trivialroman des 18.Jh. Reinbek 1964.
Moser-Rath, Elfriede: „Schertz und Ernst beysammen". Volkstümliches Erzählgut in geistlichen Schriften des 18.Jh. In: Zeitschr. f. Volksk. 61 (1965), S. 38–73.
Schulte-Sasse, Jochen: Die Kritik an der Trivialliteratur seit der Aufklärung. Studien zur Geschichte des modernen Kitschbegriffs. München 1971.
Thalmann, Marianne: Der Trivialroman des 18.Jh. und der romantische Roman. Ein Beitrag zur Entwicklungsgeschichte der Geheimbundmystik. Berlin 1923.

4. Kulturgeschichtlich

Die kulturgeschichtliche Betrachtungsweise hängt einerseits eng mit der geistesgeschichtlichen, andererseits mit der sozialgeschichtlichen zusammen, und ihre Grenzen zu beiden sind fließend. Dennoch trägt sie besondere Merkmale, die trotz aller Übergangstendenzen eine Unterscheidung rechtfertigen. Diese basiert nicht so sehr darauf, daß die Kulturgeschichte in einem additiven Sinne mehr als die Geistes- und weniger als die Sozialgeschichte umfaßt, sondern primär auf ihrer qualitativen Andersartigkeit gegenüber den benachbarten Verfahrensweisen. Im Unterschied zur sozialgeschichtlichen berücksichtigt die kulturgeschichtliche stärker die spezifischen Bedingungen einer bestimmten Kultur-„Landschaft". Sie teilt also mit der Geistesgeschichte das Interesse an den individuellen Ausprägungen und Gesamtphysiognomien, die, wenn sie solche von Völkern und politischen Einheiten sind, auch Gegenstand einer nationalgeschichtlichen Betrachtung werden können. Kultur im Sinne Alfred Webers ist „seelisch-geistige Ausdrucksform in der Lebenssubstanz oder seelischgeistige Haltung ihr gegenüber"[1]. Damit gehört zu einer Kultur sowohl das unter bestimmten räumlichen Bedingungen vorgefundene oder erarbeitete Substrat des Lebens (Zivilisation) als auch die Tendenz, das äußere Dasein mit einer sich stets wandelnden geistigen Objektwelt anzureichern oder aber beides zu negieren (Zivilisations- und Kulturkritik). Der Kultur eignet also im Unterschied zur fortschreitenden, manchmal stehenbleibenden, aber niemals rückschauenden Zivilisation die Möglichkeit der Selbstreflexion und Selbstverneinung, die ihrerseits die gesamtkulturelle Physiognomie wiederum mitprägen. Zur Kulturgeschichte rechnen weiterhin – das trennt sie von der Geistes- und führt sie zur Sozialgeschichte – die materiellen Bedingungen der „Lebenssubstanz": Klima, physiologisch-anthropologische Besonderheiten, Produktionsweisen usw. Materielles findet der Kulturhistoriker aber nicht nur in den Bedingungen, sondern auch in den Produkten einer Kultur: Werkzeuge, Handelsformen, Kunstgewerbe usw. Die kulturgeschichtliche Forschung behandelt also nicht nur wie die geistesgeschichtliche die Hervorbringungen des Geistes, sondern alle menschlichen Verhaltensweisen und Leistungen von der Philosophie bis zur Industrie, sofern sie durch einen erkennbaren historisch-geographischen Zusammenhang gekennzeichnet sind.

Der Schritt von der Geistes- zur Kulturgeschichte bewirkt in der Erforschung des Aufklärungszeitalters eine Akzentverlagerung von der Empfindsamkeit auf das Rokoko. Da die Kulturgeschichte nicht allein die Leistungen des Wortes (Theologie, Philosophie, Dichtung), also nicht nur Bücher, sondern auch Bauwerke, Gartenanlagen und Sitten untersucht, lenkt sie ihr Augenmerk von der Literatur stärker auf die Kunst, vom Interieur auf Höfe und Feste, vom Privaten aufs Öffentliche, vom Bürger auf den Adel, von der Moralität auf die Frivolität, von der Subjektivität auf die Repräsentation. Erweckt die geistesgeschichtliche ähnlich wie die sozialgeschichtliche Sicht den Eindruck, das ganze 18. Jahrhundert sei die Domäne des Bürgers, so läßt die kulturgeschichtliche die Welt des Hofs zu Wort kommen und zeigt dessen anhaltende Vorherrschaft auf vielen Gebieten des Geschmacks: bildende Kunst, Oper, Mode, Konversation usw.

Die Verlagerung des Interesses von der Moralität auf die Frivolität trägt oft selbst moralisierenden Charakter. Zahlreiche, großenteils populärwissenschaftliche „Kultur- und Sittengeschichten" bieten Einblicke in Bereiche, die zu erkunden dem Publikum ebenso begehrenswert wie Anlaß zu sittlicher Entrüstung ist. Bruno BAUER z. B. behandelt in seiner ›Geschichte der Politik, Cultur und Aufklärung des 18. Jh.‹ (1843–45) zwar ausgiebig die politischen Ereignisse (Erbfolgekriege, Verfall Sachsens, Aufstieg Preußens), die ständischen Verhältnisse (Königtum, mittlere und kleinere Höfe), die „theologische und polizeiliche Bewachung des Lebens"², die „Engherzigkeit und Heuchelei des Pietismus"³, die Jesuiten, Hofpoeten usw., doch seine Ausführungen sind weniger sozial- als sittengeschichtlicher Art, weniger analysierend als moralisierend. Gesellschaftliche Mißstände werden nicht als geistigen und materiellen Bedingungen unterliegende Prozesse begriffen, sondern als pures charakterliches Fehlverhalten diskriminiert. Korruption und Verschwendung, Luxus und Lüste, mangelnder Mut und fehlende Konsequenz machen das 18. Jahrhundert in den Augen Bauers zu dem Sumpf, aus dem erst das 19. Jahrhundert sich wieder herausarbeite. Was er über das deutsche Schulwesen, insbesondere über Schulpforta, mitzuteilen weiß, enthält nichts über die historischen Fortschritte gegenüber vergangenen Zeiten (Schullosigkeit, Herrschaft der geistlichen Institutionen usw.), sondern ist voll von Empörung über die exzessiven Prügelmaßnahmen, die moralische Invalidität und barbarische Roheit der Lehrer: „Laster wurden von diesen Mauern eingeschlossen, wie sie nur in den Klöstern des Mittelalters zu finden waren."⁴ Die am ausführlichsten dargestellte Unverträglichkeit von Französischer Revolution und deutscher Aufklärung erklärt Bauer mit deren eigener Ohnmacht und Haltlosigkeit. Lediglich in der Musik von Bach und Händel erklinge vorausschauend der „erste Jubel der Menschheit über ihre wiedergewonnene Freiheit"⁵.

Die gleiche moralisierende Haltung finden wir wenig später auch bei Karl BIEDERMANN (1854 ff.), der für das 18. Jahrhundert ein kulturgeschichtliches Gesamtbild der materiellen, politischen, literarischen und religiösen Zustände sowie der Verhältnisse des Reiches, der Einzelstaaten und der Individuen entwirft. Wir meinen fast die Stimme des alten Odoardo Galotti zu hören, forttönend als stereotyp militante Desavouierung der höfischen Lüstlinge: „Es ist eine unerfreuliche Aufgabe, an die wir jetzt Hand anlegen, die Schilderung des wüsten, verweichlichten, ausschweifenden, von keiner höhern geistigen Idee durchleuchteten, von keiner edleren Empfindung durchwärmten Lebens der vornehmen Kreise, unerfreulich für den Kulturgeschichtsschreiber wie für den Patrioten."⁶ Biedermann wiederholt die topischen Verurteilungen und Eklogen des 18. Jahrhunderts: Die Fürsten, allen voran August der Starke, sind ein Ausbund an Liederlichkeit; Friedrich II. in seiner „bürgerlich" genannten Lebensstrenge gilt dagegen als Garant für Freiheit und Tugend; endete der 30jährige Krieg mit einem totalen Sieg der Aristokratie und einer nationalen Überfremdung, so bringt der 7jährige Krieg, der das Jahrhundert in eine schmachvolle und eine aussichtsreiche Hälfte teilt, den Aufstieg des bürgerlichen Elements und eine allmähliche patriotische Befreiung von der französischen Vorherrschaft. Aus dem bisher Gesagten wird Biedermanns Intention andeutungsweise sichtbar. Da er die kirchlichen, wissenschaftlichen, literarischen und sonstigen Kulturerscheinungen nicht in ihrem bloßen Nebeneinander, sondern in ihrem organischen Zusammenhang darstellen will, und zwar so, daß wie in einem Konzert die nacheinander einsetzenden Stimmen und Tonweisen ebenso wie die Gesamtharmonie vernehmbar sind, sucht er nach einem Entwicklungsgesetz, das sich wie ein roter Faden durch die Abfolge kulturgeschichtlicher Phänomene zieht, und er findet es in der „Wiedererhebung des *bürgerlichen* Elementes zu selbstständigem [sic] Dasein und Bewußtsein gegenüber dem *aristokratischen*"[7]. „Bürgertum" ist dabei für Biedermann – und auch hierin steht er dem Denken des 18. Jahrhunderts sehr nahe – weniger ein politischer als ein moralischer Begriff. Er sieht zwar den Anteil des Bürgers an dem erwachenden nationalen Bewußtsein, an der Neubelebung des wisschenschaftlichen Geistes, an der sittlichen Umgestaltung des religiösen Lebens durch die Pietisten, an der Kultivierung natürlicher Empfindungen und an der Vorbereitung und Schaffung großer Kunstwerke, doch Substrat und oberste Norm des Bürgerlichen erblickt er in der Moralität, vor deren Tribunal sich alle Erscheinungen zu legitimieren haben. Die Bürger bekämpfen den Adel mit ihrer stärksten Waffe, mit ihrer Tugend, die sich in jeder Hinsicht antifeudalistisch versteht und damit eine politische Stoßkraft erhält, was Biedermann entgeht. „Bürgerlich" ist für ihn gleichbedeutend mit: nicht verschwenderisch, nicht ausländischem Raffinement verfallen, nicht affektiert, nicht ausschweifend bzw. mit: sparsam, patriotisch, natürlich und keusch. Selbst die Empfindsamkeit, als bürgerliche Errungenschaft ansonsten begrüßt, muß sich vor dieser Moral rechtfertigen, wenn sie durch Übertreibung zum Epikureismus entartet und die unbeschränkte Herrschaft der sinnlichen Triebe des Menschen verkündigt.

Im Schlußband (Teil 2, Abteilung 3) seines monumentalen Werkes behandelt Biedermann das deutsche 18. Jahrhundert auf seinem Höhepunkt: die klassische Literatur (Goethe, Schiller), die Theologie und Philosophie (Lessing, Herder, Jacobi, Kant), die veränderten Beziehungen zwischen Adel und Bürgertum, die durchweg positive Aufnahme der Ideale der Französischen Revolution, die Entwicklungen auf dem Gebiet der allgemeinen Bildung (Übergewicht des nördlichen und protestantischen Deutschland), der Kunst, Musik usw. Am Ende vertritt er ähnlich wie Bauer die Auffassung, daß seine eigene Zeit das 18. Jahrhundert übertreffe an „gleicher Vertheilung der Bildung auf alle Gesellschaftsklassen", an „werkthätiger Menschenliebe" und an „sittlichem Lebensernst".[8] Auch der Fortschritt ist für Biedermann eine primär moralische Erscheinung.

Seit dem Ende des 19. Jahrhunderts weicht die moralbezogene und moralisierende Kulturgeschichtsschreibung über Aufklärung mehr und mehr einer historisierenden, die den Akzent von den sittlichen Verhaltensweisen auf die gesamtkulturellen Leistungen verlagert und dem Verstehen und Erklären den Vorzug vor dem Werten gibt. Zwar widmen sich noch einige populärwissenschaftliche Beiträge dem Sittenleben des 18. Jahrhunderts (z. B. Kurt GEBAUER 1931), doch weithin beherrschen nun andere Themen das Feld. An einem vergleichsweise kleinen paradigmatischen Ausschnitt zeichnet G. FINSLER (1884) ein Geschichts- und Kulturbild der Stadt Zürich in der zweiten Hälfte des 18. Jahrhunderts, und er demonstriert daran, wie trotz des Weiterbestehens der alten Verfassung das Recht des Einzelindividuums dem Ganzen gegenüber wächst, wie die bisherigen Institutionen zwar fortbestehen, doch am Vorabend der Französischen Revolution mit einem neuen Geist erfüllt werden. Max von BOEHN (1921) behandelt in seiner sehr detaillierten kulturhistorischen Darstellung des 18. Jahrhunderts den deutschen Reichsgedanken, Verwaltung, Ackerbau, Industrie, Militär, den Kaiserhof, die weltlichen und geistlichen Höfe sowie Adel, Bürgertum und Bauernstand.

Weniger den materiellen und politischen Erscheinungen als den künstlerischen Produkten widmet sich ›Die deutsche Literatur der Aufklärungszeit‹ von Albert KÖSTER (1925). Kulturgeschichtlich ausgreifend erfaßt die Untersuchung außer der Literatur vor allem die Musik, Lebensart und Lebensgefühl, Sitte und Moral (Stellung der Frau, Hauswesen, Kindererziehung usw.). In Methode und Wertsetzung dagegen nähert sich das Buch der geistesgeschichtlichen Betrachtungsweise. Ganz in deren Sinne kritisiert Köster die starre Regelhaftigkeit und Ungeschicklichkeit der rationalistischen Philosophie und Ästhetik (Wolff, Gottsched), die die einmalige „innere Form"[9] des Dichtwerks verfehlt habe. Selbst Lessing, zusammen mit Friedrich II. auf dem Höhepunkt der deutschen Aufklärung, sei noch fixiert auf das Mustergültige und Nachahmenswerte, und erst Klopstock habe trotz aller Hypertrophien den Durchbruch zum Individuellen geleistet. Schließlich ist Aufklärung für Köster gar kein spezifischer Lebens- und Geistesinhalt, sondern ein formales, regulatives Prinzip, das eine aus anderen Quellen gespeiste Substanz lediglich reinige und veredle. Die Substanz selbst sei prärational und trete erst nach Klopstock in der Geniezeit in Erscheinung. Zu den Nachteilen der rationalistischen Aufklärung rechnet er die Leugnung individueller Unterschiede und Abstufungen unter Menschen, Kunstwerken und Völkern; die zur Gesinnungslosigkeit und Verdünnung der Religion führende Toleranz; die Duldung des Mittelmaßes zugunsten der Klarheit und Verständlichkeit; die durch popularphilosophische Verbreitung erzielte Verflachung der Volksbildung; die absolute Vorrangstellung des Mannes vor der Frau, der Freundschaft vor der Liebe sowie die Reduktion des Kindes zum bloßen Objekt der Erziehung. Auf der anderen Seite zählt er zu den Vorzügen: die durch die Aufklärung ermöglichte europäische Anerkennung der deutschen Literatur; die Stärkung des Selbstbewußtseins und des Willens, den vielen Mißständen (Kriege, Verarmung, Unterdrückung, geistige Enge) mit robuster Zuversicht entgegenzuwirken; die auf dem Glauben an die Verbesserungsfähigkeit des Menschen basierende Wohltätigkeit und wechselseitige Hilfeleistung. Kösters offensichtliche Bevorzugung der Phantasie vor der Vernunft hindert ihn jedoch nicht an der Einsicht in die gerade der deutschen Aufklärung eigene Verflechtung von Rationalismus und Pietismus, von Vernunft und Empfindung.

Was Hettner und Hazard aus geistesgeschichtlicher Sicht leisten, das stellt aus kulturhistorischer Emil ERMATINGER (1934) dar. Sein reichbebilderter Band zeigt schon rein äußerlich, daß hier nicht nur von Büchern, sondern von allen möglichen Zuständen und Dingen die Rede ist, sofern sie Zeugnisse menschlicher Tätigkeit, d. h. Gegenstände der Kulturwissenschaft, sind. Angesichts der Vielzahl und Divergenz der Erscheinungen sucht Ermatinger nach einem allen gemeinsamen Grundzug, und er findet ihn in der Spannung und Auseinandersetzung zwischen Mittelalter und Neuzeit. Da das Mittelalter auf vielen Gebieten bis ins 18. Jahrhundert in der Gestalt des Barock erhalten bleibt und seine Geltung verteidigt, bewegt sich Ermatinger ständig zwischen den Fronten, inspiziert wechselweise mal die eine, mal die andere, vergleicht, konstatiert Gegensätze, Übergänge, Neuerungen usw. Für Philosophie und Religion vermerkt er die Loslösung vom dogmatisch bestimmten kirchlichen System des Mittelalters und des Barock zugunsten des autonom denkenden und handelnden Individuums. Sozialgeschichtlich beobachtet er die allmähliche Ablösung des Duodezabsolutismus durch ein zum Patriotismus erwachendes Bürgertum. Für das Miteinander der Menschen erblickt er im Barock ähnlich wie im Mittelalter einen bis in alle Details ausgeprägten Sinn für gesellschaftliches Zeremoniell, dessen Vorbild für beide Epochen Frankreich sei. Das 18. Jahrhundert in Deutschland bringe dagegen eine wachsende Lockerung des Verhaltens und der zwischenmenschlichen Beziehungen. Kleidervorschriften und Badesitten (Baden im Freien) seien zumindest in der zweiten Hälfte weniger streng, die Anredeformen weniger förmlich, die Kinder weniger puppenhaft.

Die Wirkungen der deutschen Aufklärung im 18. Jahrhundert faßt Ermatinger unter drei Punkten zusammen: (1) Als wichtigsten philosophischen Begründer der neuen Weltanschauung hebt er Leibniz hervor, dessen Monadenlehre die Idee des Individualismus fundiere und der den Weltpessimismus des christlichen Barock überwinde. (2) Die Übertragung der durch philosophisches Denken erarbeiteten Prinzipien auf die einzelnen Fachwissenschaften werde vornehmlich durch Wolff geleistet, dessen Logik zur Grundlage der wissenschaftstheoretischen Erkenntnis und einer Neuorientierung der Naturwissenschaften werde. (3) Um die volkstümliche Vermittlung aufklärerischen Denkens und die Neugestaltung des Lebens mache sich Thomasius verdient, indem er Pedanterie und Borniertheit, Aberglauben und Hexenwahn bekämpfe. Im Anschluß hieran gibt Ermatinger einen Überblick über die vielschichtigen Wirkungsbereiche der Aufklärung; er behandelt die künstlerischen (bildende Kunst, Porträtkunst), die sozialen (ständische Unterschiede, Sittenlehre und Sittenverfall), die religiösen, die politischen (Kaiserreich, Fürstenhöfe, Recht, Heer, Staatsauffassung, Volkssouveränität) sowie die pädagogischen (Privaterziehung, Schulen, Universitäten). Das Erwachen des bürgerlichen Kulturbewußtseins verfolgt er an den Moralischen Wochenschriften, Zeitungen, Lexika und an der Entwicklung des Buchhandels. Er beschreibt die wirtschaftlichen Existenzmöglichkeiten der Schriftsteller, ihre soziale Lage und die Auswirkungen der Pressezensur. Weiterhin erhalten wir eine Fülle von Informationen über Lebensstil, Sitten und Formen der Geselligkeit: Wir blicken in Paläste und Bürgerhäuser, auf Gärten und Haartrachten, schauen Klopstock und anderen beim Schlittschuhlaufen zu, lesen von Wasserleitungen, Bädern und Gesundheitspflege, von Tänzen und Spielen, von Gebräuchen bei Geburt, Hochzeit und Tod, von Günstlingen und Mätressen, vom Alltagsleben (Aufstehen, Frühstück, Arbeit, Feierabend) – und in allen Fällen geht es Ermatinger um die einheitliche Grundtendenz des Jahrhunderts, um die Ablösung des Hergebrachten durch das Neue, des Barock durch die Aufklärung. Selbst banal Erscheinendes versucht er von dieser Grundspannung her zu deuten, so etwa das im wörtlichen Sinne verstandene Bedürfnis der Aufklärung nach mehr Licht, dem die vergrößerten Fenster, helleres Glas, weißer Stuck, Spiegel, Gold- und Silberleisten und sogar noch das in Mode kommende Porzellan dienen sollen, welches das schwere dunkle Zinn der Landsknechtszeit verdrängt.

Das zu Beginn des Kapitels angekündigte und bei Ermatinger beobachtete spezielle Interesse der Kulturgeschichte am Barock zeigt sich ebenso bei Egon FRIEDELL (1927ff.), der sich in seiner dreibändigen ›Kulturgeschichte der Neuzeit‹ sehr viel ausführlicher und auch eindringlicher mit Barock und Rokoko als mit der Aufklärung befaßt. Die von der Agonie einer Epoche ausgehende Faszination der kultivierenden décadence übt auf den Literaten, der das Rokoko ein «Fin de siècle» nennt, eine ungleich stärkere Anziehungskraft aus als die bürgerlich robuste Aufklärung, die er respektvoll, doch unbeteiligt und im Unterschied zu seiner Rokokointerpretation ohne nennenswerte neue Einsicht abhandelt. Das Barock steht auch bei Richard BENZ (1949) im Mittelpunkt der Kultur des 18. Jahrhunderts, doch nicht im Zeichen des Niedergangs, sondern in dem der Blüte. Benz legt auch nicht wie Ermatinger den Schwerpunkt auf die Trennung der Aufklärung vom Barock, sondern auf dessen Weiterleben bis in die deutsche Klassik hinein. Das 18. Jahrhundert leiste in der Vereinigung von Gotik, Renaissance und Reformation „eine letzte reifste Zusammenfassung abendländischer Kultur"[10]. In der Baukunst des Barock verbinde sich christliches Weltgefühl mit antiken Formen; in der Musik, vor allem bei Händel, gelange ein neuer Welt- und Geschichtsoptimismus zum Durchbruch, und nur die deutsche Poesie hinke in dieser „Kultur ohne Dichtung"[11] hinterher; erst mit Gellert beginne sie Anschluß zu finden.

In Übereinstimmung mit der eingangs geäußerten Behauptung, daß sich auch innerhalb der einzelnen Betrachtungsweisen zunehmende Tendenzen der Universalisierung des Aufklärungsbegriffs ankündigen, beobachten wir an neueren kulturgeschichtlichen Arbeiten, wie sie die kulturellen Leistungen unter philosophischen, religiösen und vor allem materiellen Bedingungen sehen und dabei die Grenzen eines kulturgeschichtlichen Raumes überschreiten. Sie nähern sich damit dem Verfahren sozialgeschichtlicher Untersuchungen. Hermann LEY (1966) verfolgt atheistisches als grundsätzlich aufklärerisches Denken von den ökonomischen Produktionsformen frühester Zeiten, seit den Hochkulturen Ägyptens (Echnaton) über Mesopotamien (Gilgamesch-Epos), Griechenland bis zur atheistischen Skepsis in Rom. Renate KRÜGER (1972) behandelt Kunst und Kultur im Zeitalter der Empfindsamkeit. Ausgehend von den politisch-sozialen Verhältnissen in Deutschland (Endphase des Feudalabsolutismus, territoriale Zersplitterung, Verarmung breiter Volksschichten, geistige Rückständigkeit, zunehmender Einfluß der kapitalistischen Produktionsweisen auf alle Bereiche des gesellschaftlichen Lebens), analysiert sie die kulturgeschichtlichen Erscheinungen unter dem Gesichtspunkt ihrer wirtschaftlich-sozialen Bedingungen. In der Literatur spiegele sich in verschiedenen Variationen das Gefühl der Ohnmacht gegenüber den gesellschaftlichen Widersprüchen. Die Enttäuschungen führten zu Weltflucht und Weltschmerz (Rousseau, ›Werther‹, Claudius). Wechselwirkungen zwischen Kunsthandwerk und Lebensgewohnheiten zeigt Krüger an der Mode, dem Mobiliar, an Poesiealben, Schattenbildern usw. Die Musik entferne sich von ihrer zweckbestimmten Gebrauchsfunktion und gerate mehr und mehr in Abhängigkeit vom freien Markt künstlerischer Angebote und Nachfragen. Thomas P. SAINE (1974) stellt die grundsätzliche Frage nach den Ursachen der Rückständigkeit Deutschlands in allen politischen und kulturellen Bereichen des 18. Jahrhunderts. Selbst die Aufklärung habe hier weniger Abhilfe geschaffen als in den westlichen Ländern. Den Hauptgrund für die relative Folgenlosigkeit sieht er in dem verheerenden Mangel an kontroversen Diskussionen innerhalb des gesamtkulturellen aktiven Lebens. Die wenigen oppositionellen Ansätze in Naturwissenschaft, Theologie und Philosophie seien wegen fehlender öffentlicher Auseinandersetzungen erstickt, und was forensisch hätte ausgetragen werden müssen, sei abgedrängt worden in die „schwärmerisch individualistischen Formen der Naturgläubigkeit und der frömmelnden Phantasie"[12]. Die Intentionen neuerer Forschungen (Saine u. a.) zielen auf eine Ablösung der deskriptiven Kulturgeschichte durch analysierende Kulturkritik.

Anmerkungen

[1] Alfred Weber: Kultursoziologie. In: Handwörterbuch der Soziologie. Hrsg. von Alfred Vierkandt. Stuttgart 1931, S. 287.
[2] Bruno Bauer: Geschichte d. Politik. Neudr. Aalen 1965. Bd. 1, S. 57 ff.
[3] Ebd. S. 168 ff.
[4] Ebd. S. 78.
[5] Ebd. S. 320.
[6] Karl Biedermann: Deutschland im 18. Jh. Neudr. Aalen 1969. 2. Bd. 1. Teil, S. 85.
[7] Ebd. S. VIII.
[8] Ebd. 2. Teil, 3. Abt., S. 1223 f.
[9] Albert Köster: Die dt. Literatur d. Aufklärungszeit. Heidelberg 1925, S. 11.
[10] Richard Benz: Deutsches Barock. Stuttgart 1949, S. 20.
[11] Ebd. S. 271.
[12] Thomas P. Saine: Was ist Aufklärung? In: ZfdPh 93 (1974), S. 545.

Literatur

Bauer, Bruno: Geschichte der Politik, Kultur und Aufklärung des 18. Jh. 4 Teile. (Berlin 1843–45) Neudr. Aalen 1965.
Benz, Richard: Deutsches Barock. Kultur des 18. Jh. Stuttgart 1949.
Biedermann, Karl: Deutschland im 18. Jh. 5 Bde. (Leipzig 1854–80) Neudr. Aalen 1969.
Bödeker, Erich, Ulrich Hermann (Hrsg.): Über den Prozeß der Aufklärung im 18. Jh. Personen, Institutionen und Medien. Göttingen 1987.
Boehn, Max v.: Die Mode. Menschen und Moden im 18. Jh. München 1909.
–: Deutschland im 18. Jh. Das Heilige Römische Reich Deutscher Nation. Berlin 1921.
Bormann, Alexander v. (Hrsg.): Vom Laienkult zum Kunstgefühl. Texte zur deutschen Geschmacksdebatte im 18. Jh. Tübingen 1974.
Brady, Patrick: Rococo Style in European Poetry. In: Synthesis 7 (1980), S. 207–230.
Elias, Norbert: Über den Prozeß der Zivilisation. Soziogenetische und psychogenetische Untersuchungen. 2 Bde. (Basel 1939) 3. Aufl. Frankfurt a. M. 1977.
Ermatinger, Emil: Deutsche Kultur im Zeitalter der Aufklärung. In: Handbuch der Kulturgeschichte. (Potsdam 1934) Neudr. Frankfurt a. M. 1969.
Finsler, G.: Zürich in der zweiten Hälfte des 18. Jh. Ein Geschichts- und Kulturbild. Zürich 1884.
Friedell, Egon: Kulturgeschichte der Neuzeit. 3 Bde. (München 1927–1931) Neudr. in einem Bd. München 1960.
Garber, Jörn: Von der Menschheitsgeschichte zur Kulturgeschichte. Zum geschichtstheologischen Kulturbegriff der deutschen Spätaufklärung. In: Jutta Held (Hrsg.): Kultur zwischen Bürgertum und Volk. Berlin 1983, S. 76–97.
Gebauer, Kurt: Geistige Strömungen und Sittlichkeit im 18. Jh. Beiträge zur deutschen Moralgeschichte. Berlin 1931.
Hampson, Norman: A Cultural History of the Enlightenment. New York 1968.
Hoffmann, Alfred: Gärten des Rokoko. Irrendes Spiel. In: Park und Garten im 18. Jh. Colloquium der Arbeitsstelle 18. Jh. Gesamthochschule Wuppertal. Heidelberg 1978, S. 36–47.
Kocka, Jürgen: Geschichte und Aufklärung. Göttingen 1989.
Köster, Albert: Die deutsche Literatur der Aufklärungszeit. Heidelberg 1925.
Krüger, Renate: Das Zeitalter der Empfindsamkeit. Kunst und Kultur des späten 18. Jh. in Deutschland. Wien, München 1972.
Lepenies, Wolf: Das Ende der Naturgeschichte. Wandel kultureller Selbstverständlichkeiten in den Wissenschaften des 18. und 19. Jh. München 1976.
–: Naturgeschichte und Anthropologie im 18. Jh. In: Bernhard Fabian u. a. (Hrsg.): Deutschlands kulturelle Entfaltung. Die Neubestimmung des Menschen. München 1980, S. 211–226.
Ley, Hermann: Geschichte der Aufklärung und des Atheismus. Bd. 1. Berlin 1966.

Mönch, Walter: Deutsche Kultur von der Aufklärung bis zur Gegenwart. München 1962.
Müllenbrock, Heinz-Joachim: Aufklärung im Zeichen der Freiheit – das Vorbild Englands. In: Jürgen von Stackelberg (Hrsg.): Zur geistigen Situation der Zeit der Göttinger Universitätsgründung 1737. Göttingen 1988, S. 144–166.
Nassen, Ulrich: Trübsinn und Indigestion – Zum medizinischen und literarischen Diskurs über Hypochondrie im 18. Jh. In: Fugen. Deutsch-Französisches Jahrbuch für Text-Analytik (1980), S. 171–186.
Pace, K. Claire: "Strong contraries ... happy discord": Some Eighteenth-Century Discussions about Landscape. In: Journal of the History of Ideas 40 (1979), S. 141–155.
Saine, Thomas P.: „Was ist Aufklärung?" Kulturgeschichtliche Überlegungen zu neuer Beschäftigung mit der deutschen Aufklärung. In: ZfdPh 93 (1974), S. 522–545.
Schäfer, Alfred: Aufklärung und Verdinglichung. Reflexionen zum historischsystematischen Problemgehalt der Bildungstheorie. Meisenheim 1988.
Stackelberg, Jürgen von: Klassizismus und Aufklärung – der Blick nach Frankreich. In: Jürgen von Stackelberg (Hrsg.): Zur geistigen Situation der Zeit der Göttinger Universitätsgründung 1737. Göttingen 1988, S. 167–185.
Stanitzek, Georg: Blödigkeit. Beschreibungen des Individuums im 18. Jh. Tübingen 1989.
Stephan-Kopitzsch, Ursula: Die Toleranzdiskussion im Spiegel überregionaler Aufklärungszeitschriften. Frankfurt a. M., Bern, New York, Paris 1989.
Ungern-Sternberg, Wolfgang von: Schriftstelleremanzipation und Buchkultur im 18. Jh. In: JbIG 8 (1976), S. 72–98.
Vierhaus, Rudolf: Kultur und Gesellschaft im achtzehnten Jahrhundert. In: Bernhard Fabian, Wilhelm Schmidt-Brüggemann (Hrsg.): Das achtzehnte Jahrhundert als Epoche. Nendeln 1978, S. 71–86.
Wiese, Benno von: Kultur der Aufklärung. In: Alfred Vierkandt (Hrsg.): Handwörterbuch der Soziologie. Stuttgart 1931, S. 14–24.
Zeim, Charlotte E.: Die rheinische Literatur der Aufklärung. Hildesheim 1982.

5. Nationalgeschichtlich

Die nationalgeschichtliche Betrachtung von Literatur setzt die Entdeckung der Individualität, insbesondere der nationalen Individualität voraus. Dabei erhebt sich die Frage, ob ein darauf basierendes Interpretationsverfahren überhaupt eine Erweiterung im Prozeß der progressiven Universalisierung zu leisten vermag. Führt die nationalgeschichtliche Sicht nicht vielmehr zu einer Verengung und Reduktion auf bestimmte Regionen mit Menschen gemeinsamer Herkunft und einheitlichen, auszeichnenden oder diskriminierenden Merkmalen? Tendiert sie nicht zu Provinzialismen oder gar Chauvinismen mit verheerenden Folgen? Fragen dieser Art stellen sich dringlich angesichts der im Nationalsozialismus zutage tretenden Konsequenzen. Dennoch zielt die nationalgeschichtliche Behandlung der Kulturphänomene in ihrem Ansatz und in ihrer ursprünglichen Intention auf eine umfassendere Sicht als die kulturgeschichtliche. Sie greift deren Gegenstände allesamt auf, begnügt sich aber nicht mit der Akkumulierung kultureller Leistungen, sondern will diese in ihrem quasiorganischen Zusammenhang begreifen, und zwar als Ausdruck dessen, was sie den „Geist" oder die „Seele" eines Volkes nennt. Sie erweitert die kulturgeschichtlichen Aspekte um die irrationale Dimension eines kollektiven Ganzen, dessen Zusammengehörigkeit sich in der Einheit eines geistig-literarischen Ausdruckswillens manifestieren soll. In den ›Stimmen der Völker‹ nennt HERDER die Poesie die „Blume der Eigenheit eines Volks, seiner Sprache und seines Landes, seiner Geschäfte und Vorurtheile seiner Leidenschaften und Anmaßungen, seiner Musik und Seele"[1]. Für Herder bedeutet die Einbettung der Literatur in den Gesamtbereich eines Volkes keine Verengung und Isolierung, denn er sieht in der Vielheit und Verschiedenheit der Individualitäten allererst die Grundlage für ein vielstimmiges Miteinander, in dem die Besonderheiten der einen die der anderen durch Kontrast und Sympathie zur eigenen Entfaltung stimulieren. So ergibt sich das nur scheinbare Paradox, daß erst die Entdeckung der Nationen den Kosmopolitismus ermöglicht, dem Herder und Goethe entgegenstreben.

Im Sinne Herders und nicht aus verengter Sicht des Nationalismus erforscht auch noch der italienische Philosoph Carlo ANTONI (1951) die nationalen Bedingungen des deutschen 18. Jahrhunderts. Die Auflehnung gegen die Herrschaft der Vernunft interpretiert er als Kampf gegen den absolutistischen und kosmopolitischen Staat. Das patriarchalische, philanthropische und utilitaristische Gemeinwesen mit dem Ziel allgemeiner Wohlfahrt finde im jungen Nationalgedanken seinen Feind, der ideengeschichtlich mehr und mehr zum Vorkämpfer der historischen Vernunft werde. Lange bevor sich seine politische Stoßkraft bemerkbar mache, wirke er in der Ästhetik, lange vor der Reichstheorie (Möser u. a.) bei Hamann und Herder, Haller, Bodmer und Winckelmann.

Die auf nationale Individualitäten bezogene Literaturbetrachtung wird in Deutschland von Herder über die Romantik ins 19. Jahrhundert befördert, in dem die Dichtung weiterhin auf lange Zeit nicht nur als „Blume", sondern auch als Kompensation fehlender Nationalität zu gelten hat. Die „Literaturgeschichte ist die ideale Geschichte der Nationen"[2], formuliert Robert PRUTZ (1862) in der Meinung, daß die Geschichte der Dichtung Ausdruck, Überhöhung und Regulativ des Nationallebens sei. Die Literarhistorie bringe Ordnung und Gesetz in den vermeintlich willkürlichen und zufälligen Ablauf der Weltgeschichte. Auch die Literatur der Aufklärung erscheint aus dieser Sicht als Ausprägung eines nationalen Substrates. Joseph NADLER (1912 ff.), der von „ewig gültigen" und „alten, immer wiederkehrenden" Konstanten im „rhythmischen Wandel geschichtlicher Vorgänge"³ ausgeht, bestreitet die Existenz einer gemeineuropäischen Aufklärung. Was sie gemeinsam habe, sei nicht neu, und das Originäre und Eigentümliche bleibe trotz aller wechselseitigen Beeinflussungen spezifisch englisch, französisch oder deutsch. Nadler differenziert die Aufklärung nicht nur nach ihren verschiedenen Nationalitäten, sondern auch noch innerhalb eines Volkes nach spezifischen Erscheinungsformen bestimmter Stämme und Landschaften: Die deutsche Aufklärung sei nach ihren Bedingungen und Trägern ein „ostdeutscher Vorgang" und damit die Schwester der ebenfalls im Osten heranwachsenden mystisch-pietistischen Tradition. Die Aufklärung im Norden, Westen und Süden Deutschlands sei auf den Einfluß des „Siedelgebietes"⁴ zurückzuführen, und mit der eindrucksvollen Reihe ostdeutscher Philosophen und Wissenschaftler seit Kopernikus und Leibniz vermöchten die Mutterlande sich nicht zu messen. Die Verflachung der Leibnizschen Lehre durch seine Schüler müsse dem Zustrom französischer Aufklärung zugeschrieben werden. Die Vertiefung und damit Überwindung der Aufklärung westlicher Prägung durch die näherrückende Romantik sieht Nadler abermals aus dem Osten (Hamann, Herder usw.) kommen.

Die Beurteilung der Aufklärung aus nationalgeschichtlicher Sicht orientiert sich im wesentlichen an zwei Grundpositionen: (1) Gilt Aufklärung als eine originär westeuropäische Erscheinung, verfällt sie dem Verdikt deutscher Vorbehalte und muß sich durch die hier am Werk befindlichen Gegenkräfte überwinden lassen. (2) Gilt sie nicht als a priori un- oder gar antideutsch, so werden an ihr die spezifisch deutschen Leistungen und Ausprägungen herausgestellt. Paradigmatisch für beide Positionen stehen die Auffassungen zweier Historiker: TREITSCHKE (1879 ff.) verurteilt Aufklärung aufgrund ihres Grenzen aufhebenden Weltbürgertums als antinationale Bewegung.⁵ MEINECKE (1924) dagegen leitet den nationalstaatlichen Gedanken gerade aus dem Spannungsverhältnis von Kosmopolitismus und romantischem Volksbegriff ab. Martin SOMMERFELD (1915) schließt sich dem an mit dem Argument, daß seit Ulrich von Hutten der nationale Gedanke erstmals wieder durch die Aufklärung in einer größeren Öffentlichkeit diskutiert worden sei (Thomasius, Leibniz, Abbt, Iselin, Sonnenfels, v. Moser u. a.). Er räumt allerdings ein, daß die Popularphilosophen nicht so sehr das Wesen des Staates, sondern vielmehr das praktische Verhältnis des einzelnen zu ihm im Auge hätten. Während für Herder und Goethe das Nationale wie selbstverständlich den Gesamtbereich des Menschen umschließe, also „vital" verstanden werde, sei der Staat für die Aufklärer nur eine „politische" Kategorie; doch sie sähen ihn immerhin als Garanten möglichst umfassender Glücksverwirklichung. Die Alternativen von Treitschke und Meinecke kehren noch einmal wieder in den gleichzeitig erschienenen Arbeiten (1923) von S. MARCK und Ed. WECHSSLER: Die eine erblickt in der deutschen Aufklärung nur ein Tal zwischen den Gipfeln der beiden Systeme von Leibniz und Kant und attestiert ihr „nicht eine besonders charakteristische Ausprägung des Volksgeistes"[6]; die andere betont die fruchtbaren Spannungen zwischen den Gegensätzen, „die deutsches und französisches Wesen immer trennen werden"[7], und die aus diesen Kämpfen resultierenden Errungenschaften der deutschen Aufklärung: die Befreiung „von Wahn und Vorurteil und Kleinmut"[8].

Ähnlich wie das geistesgeschichtliche richtet sich auch das nationalgeschichtliche Interesse, wenn ihm die Unzulänglichkeit der Aufklärung offenkundig scheint, auf die vermeintlich bewährte Gegenkraft: auf die Empfindsamkeit. Analog zur Aufklärung wird auch sie auf den Nationalcharakter bezogen, erscheint jedoch im Unterschied zu jener als angemessener Ausdruck einer deutschen Geistes- und Seelenlage, einer von nationalen Bedingungen geprägten Politik, Ethik und Religion. Max WIESER (1924) vertritt die Auffassung: „Zur Entstehung des sentimentalen Menschen gehört ein bestimmtes Klima, ein bestimmter Boden, eine bestimmte Zeit. So sind z. B. die Menschen im nördlichen Klima sentimentaler als im südlichen";[9] das liege daran, daß ein rauhes Klima stärkere Ideale erzeuge und sentimentale Hemmungen begünstige. Das gesamte Bürgertum des im weiteren Sinne protestantischen Nordens stehe, da Norddeutsche und Briten eng zusammengehörten, unter dem Einfluß der englischen Sentimentalität. Wolff sei der Schöpfer der Lehre vom sentimentalen Menschen; Wieland, Lessing, Schiller und Goethe erschienen als dessen Repräsentanten, und dem 20. Jahrhundert bleibe die Aufgabe, eine dem deutschen Lebensgefühl adäquate Verbindung des Ursprünglichen und Sentimentalen zu schaffen.

Scheint die nationalgeschichtliche Sicht ursprünglich eine Perspektivenerweiterung gegenüber der kulturgeschichtlichen zu intendieren, so gerät sie seit den 20er Jahren in eine zunehmende Verengung. Einer der Hauptgründe liegt in der Pervertierung des Herderschen Individualitätsgedankens. Bilden für Herder die verschiedenartigen Nationalindividuen mit ihren jeweiligen Besonderheiten gerade die Grundlage für einen weltliterarischen Kosmopolitismus, so wird Andersartigkeit nunmehr als Fremdheit und Bedrohung empfunden. An die Stelle der Gleichwertigkeit und Gleichberechtigung aller Individuen tritt, mitbedingt durch die wirtschaftlichen, sozialen und politischen Entwicklungen in der Weimarer Republik, die prätendierte Suprematie der einen Nation über die anderen, Deutschlands über die übrigen Länder, zumindest in Europa. Nationale Individualität ist nicht mehr eine historisierende, sondern eine politisierende, nicht mehr eine anthropologische, sondern eine biologisch-rassische Kategorie. Damit verschärft sich zugleich die Frage, ob Aufklärung als fremdländischer Import eine Gefährdung des „Artgemäßen" darstelle oder ob Deutschland eine eigene, seinem Charakter gemäße, Aufklärung hervorzubringen imstande sei. Zu den Autoren, die zur letztgenannten Auffassung neigen, gehört Karl Viëtor (1936). Er behandelt den deutschen Idealismus von den Anfängen der Aufklärung über seinen Höhepunkt in Klassik und Romantik bis zum Verfall im 19. Jahrhundert. Die Leistung der Aufklärung liege in der literarischen Erziehung zur Vergeistigung und Versittlichung der jungen bürgerlichen Gesellschaftsschicht. Der spezifisch deutsche Beitrag bestehe dabei in der Verbindung von Rationalismus, Sensualismus und Pietismus, so daß aus dieser Verschmelzung eine „wahrhaft deutsch geartete, eine Nationalliteratur"[10] entstehen könne. Auch Wolfdietrich Rasch (1941) konzediert, daß die deutsche Aufklärung bei aller Fragwürdigkeit ihrer Maßstäbe und Denkweisen eine Brücke schlage vom Barockzeitalter zum „neuen Aufbruch des deutschen Geistes"[11], den er im Sturm und Drang herannahen sieht. Benno von Wiese macht zwar 1941 einige Abstriche an der 10 Jahre früher von ihm wesentlich als „Emanzipierung"[12] gedeuteten Aufklärung, doch er verfällt keineswegs in eine vom Zeitgeist diktierte Gegenposition. Im Unterschied zu Fricke und anderen lehnt er die Aufklärung nicht als schlechtweg „wesensfremd" ab, sondern arbeitet die spezifischen Besonderheiten der deutschen Aufklärung als eigenständige Leistungen heraus. Er sieht in ihr die „Vorbereitung der besonderen deutschen Kulturidee"[13], die im klassisch-romantischen Zeitalter ihren Höhepunkt finde. Zu den wegbereitenden Verdiensten der deutschen Aufklärung rechnet er Leibnizens „mystisch-religiösen Universalismus"[14]; die Neugewichtung des Individuellen gegenüber seiner in der westeuropäischen Aufklärung propagierten Unterordnung unter das Allgemeine; Lessings Entdeckung des Genies als ästhetische Monade; die aus der Verbindung mit dem Protestantismus entstehende neue Form des Glaubens; die jegliche Radikalität vermeidende Kultivierung seelischer

Sanftheit (Gellert); den Primat des Sittengesetzes vor dem westeuropäischen Anspruch, sich der Welt nur durch das Denken zu bemächtigen.

Im Gegensatz zu derart differenzierenden und für einzelne nationale Ausprägungen von Aufklärung sogar erhellenden Untersuchungen steht die mit den Prinzipien des Nationalsozialismus konforme Vielzahl aufklärungsfeindlicher Stimmen. Gerhard FRICKE (1935) beginnt seine Abhandlung ›Der deutsche Mensch der Aufklärung‹ mit den Worten: „Der Darsteller der deutschen Aufklärung befindet sich zunächst in einer eigentümlichen Lage. Er fühlt sich fast versucht, von vornherein um Nachsicht für seinen Gegenstand zu bitten",[15] und die Behandlung der Aufklärung im Unterricht muß Heinrich PÄLMER (1935) damit zu rechtfertigen suchen, daß das „Ringen mit dem aufklärerischen Irrtum"[16] den Schülern ebensowenig erspart bleiben könne wie dem gesamten deutschen Volk und daß ihrer zerstörerischen Kraft noch am ehesten durch gezielte Aufklärung über Aufklärung entgegenzuwirken sei. Dieser Aufgabe widmen sich vor allem zahlreiche Mitarbeiter in den damals einschlägigen Organen: ›Zeitschrift für deutsche Bildung‹, ›Zeitschrift für Deutschkunde‹ und ›Von deutscher Art und Dichtung‹. Da die meisten dieser Autoren die offizielle Denk- und Sprachregelung übernehmen und somit bis in das Vokabular eine inbrünstige Einigkeit an den Tag legen, brauchen wir auf individuelle Abtönungen keine Rücksicht zu nehmen und lassen wenige Beispiele für viele sprechen. Ulrich HAACKE (1932), Hennig BRINKMANN (1934), Gerhard FRICKE (1935), Heinz KINDERMANN (1935), Werner ZIMMERMANN (1940) u.v.a. verengen Herders Individualitätsgedanken auf ein nationalistisches Konzept mit rassischen Konstanten, die den Nationalgeist eines Volkes unabänderlich prägen sollen. Der hieraus abgeleitete Begriff des „Artgemäßen" wird zum obersten Maßstab, mit dem alles biologisch und kulturell „Artwidrige" erkannt und abgewertet wird. Hierzu gehört in erster Linie die Aufklärung, die als westlicher Import eine „Überfremdung" des „artgemäß Deutschen" bringt und somit als „Gift" und „Schädling" zu deklarieren ist. Zu den Stereotypen des gegen sie erhobenen Belastungsmaterials gehören: ungermanischer und somit lebensfeindlicher Rationalismus, fehlender Sinn für das Irrational-Schicksalhafte, Zerstörung der Standeskultur durch Verwischung der natürlichen Ungleichheit, uneinsichtige Haltung gegenüber Herrschaft und Dienst, gemeinschaftssprengender Liberalismus, Uniformität und Nihilismus, Entartung durch Vorherrschaft des Großstadtlebens („Asphaltkultur") vor der deutschgemäßen agrarischen Struktur, Abkehr von Bauerntum, Scholle und Erdgebundenheit, Religionsschändung, Vaterlandslosigkeit, Begünstigung der Sozialdemokratie und

Kulturbolschewismus. Der Vorwurf gegen die Aufklärung als Produkt westlicher Überfremdung verbindet sich mit massivem Antisemitismus. Die Juden, so meinen vor allem Brinkmann und Zimmermann, hätten durch die Aufklärung auf eine Angleichung des Deutschtums an die westliche Zivilisation hingearbeitet, um sich selbst in einer allgemeinen geistigen und nationalen Wurzellosigkeit mehr Einflußmöglichkeit zu verschaffen. Dem 18. Jahrhundert, nicht zuletzt Lessings ›Nathan‹, sei anzulasten, daß die Emanzipation der Juden in der deutschen Geschichte eine so „verhängnisvolle Rolle"[17] spiele. Lessing, damals noch streitbarer Fürsprecher einer Minderheit, wäre 150 Jahre später, zur Zeit der Vorherrschaft des Judentums, sicherlich entschiedener Antisemit geworden, meint Zimmermann. Wenn Fricke in der Zerstörung des natürlichen Menschen durch eine übergeordnete Idee die von der Aufklärung ausgehende „tiefe zerrüttende und lähmende Vergiftung" im „Organismus des deutschen Geistes"[18] zu erkennen glaubt, so mag er 1935 noch übersehen oder nicht geahnt haben, welche Gegengifte bereits im Umlauf waren und welche noch Anwendung finden sollten.

Anmerkungen

[1] Herder's Werke. Hrsg. von Heinrich Düntzer. 5. Bd. Berlin o. J., S. 5.
[2] Robert Prutz: Menschen und Bücher. Leipzig 1862. I, S. 111.
[3] Josef Nadler: Literaturgeschichte d. dt. Stämme u. Landschaften. 4. Aufl. Berlin 1938–1941. Bd. II, 387 f.
[4] Ebd. S. 388.
[5] Vgl. Heinrich von Treitschke: Deutsche Geschichte im 19. Jh. 5 Bde. (1879–1894) Neuausg. Leipzig 1927, 1. Teil, S. 103
[6] Siegfried Marck: Das Jahrhundert d. Aufklärung. Leipzig 1923, S. 57.
[7] Eduard Wechssler: Die Auseinandersetzung d. dt. Geistes m. d. franz. Aufklärung. In: DVjs 1 (1923), S. 619.
[8] Ebd.
[9] Max Wieser: Der sentimentale Mensch ... Gotha 1924, S. 17.
[10] Karl Viëtor: Dt. Dichten u. Denken ... 3. Aufl. Berlin 1958, S. 33.
[11] Wolfdietrich Rasch: Neue Forschungen ... In: Zeitschr. f. Dt. Bildung 17 (1941), S. 314.
[12] Vgl. Benno v. Wiese: Kultur der Aufklärung. In: Handwörterbuch d. Soziologie. Hrsg. von Alfred Vierkandt. Stuttgart 1931, S. 14–24.
[13] Ders.: Die deutsche Leistung der Aufklärung. In: Von deutscher Art in Sprache u. Dichtung 3 (1941), S. 242.
[14] Ebd. S. 245.
[15] Gerhard Fricke: Der deutsche Mensch d. Aufklärung. In: Der deutsche Mensch. Stuttgart, Berlin 1935, S. 113.

[16] Heinrich Pälmer: Volk u. König. In: Zeitschr. f. Dt. Bildung 11 (1935), S. 318.
[17] Werner Zimmermann: Die Gestalt d. Juden ... In: Zeitschr. f. Deutschkunde 54 (1940), S. 253.
[18] Gerhard Fricke, a. a. O., S. 140.

Literatur

Antoni, Carlo: Der Kampf wider die Zukunft. Zur Entstehungsgeschichte des deutschen Freiheitsgedankens. Stuttgart 1951.
Braunbehrens, Volkmar: Nationalbildung und Nationalliteratur. Zur Rezeption der Literatur des 17. Jh. von Gottsched bis Gervinus. Berlin 1974.
Brinkmann, Hennig: Die deutsche Berufung des Nationalsozialismus. Jena 1934.
Fricke, Gerhard: Der deutsche Mensch der Aufklärung. In: Der deutsche Mensch. Fünf Vorträge von Hans Naumann, Willy Andreas, Adolf Feulner, Gerhard Fricke, Erich Rothacker. Stuttgart, Berlin 1935, S. 111–144.
Haacke, Ulrich: Aufklärung und Romantik, nicht Literatur, sondern Leben. In: Zeitschr. f. Dt. Bildung 8 (1932), S. 427–436.
Kindermann, Heinz: Klopstocks Entdeckung der Nation. Danzig, Berlin 1935.
–: Die Sturm- und Drangbewegung im Kampf um die deutsche Lebensform. In: Von deutscher Art und Dichtung 4 (1941), S. 3–52.
Marck, Siegfried: Das Jahrhundert der Aufklärung. Vom englischen Empirismus bis Kant. Leipzig 1923.
Mörikofer, Joh. Caspar: Die Schweizerische Literatur des 18. Jh. Leipzig 1861.
Nadler, Josef: Literaturgeschichte der deutschen Stämme und Landschaften. 4 Bde. (Regensburg 1912–1918) 4. Aufl. Berlin 1938–1941.
Obenauer, Karl Justus: Die deutsche Aufklärung. Ein Literaturbericht. In: Zeitschr. f. Dt. Bildung 16 (1940), S. 30–33.
Pälmer, Heinrich: Volk und König. Ein Beispiel für die Behandlung der Aufklärung im deutschen Unterricht. In: Zeitschr. f. Dt. Bildung 11 (1935), S. 317–321.
Prignitz, Christoph: Vaterlandsliebe und Freiheit. Deutscher Patriotismus von 1750 bis 1850. Wiesbaden 1981.
Prutz, Robert: Menschen und Bücher. Biographische Beiträge zur deutschen Literatur- und Sittengeschichte des 18. Jh. Leipzig 1862.
Rasch, Wolfdietrich: Neue Forschung zur Literatur der Aufklärungszeit und des Sturm und Drang. In: Zeitschr. f. Dt. Bildung 17 (1941), S. 314–319.
Schondorff, Joachim (Hrsg.): Aufklärung auf wienerisch. Wien, Hamburg 1980.
Sommerfeld, Martin: Aufklärung und Nationalgedanke. In: Das literar. Echo 17 (1915), S. 1353–1363.
Viëtor, Karl: Deutsches Dichten und Denken von der Aufklärung bis zum Realismus. Dt. Literaturgesch. von 1700–1890. (1936) 3. Aufl. Berlin 1958.

Wechssler, Eduard: Die Auseinandersetzung des deutschen Geistes mit der französischen Aufklärung (1732–1832). In: DVjs 1 (1923), S. 613–635.
Wiese, Benno von: Die deutsche Leistung der Aufklärung. In: Von deutscher Art in Sprache und Dichtung 3 (1941), S. 241–269.
Wieser, Max: Der sentimentale Mensch, gesehen aus der Welt holländischer und deutscher Mystiker im 18. Jh. Gotha, Stuttgart 1924.
Zimmermann, Werner: Die Gestalt des Juden in der deutschen Dichtung der Aufklärung. Ein Beitrag zur Geschichte der Emanzipation des Judentums. In: Zeitschr. f. Deutschkunde 54 (1940), S. 245–253.

6. Sozialgeschichtlich

Der sozialgeschichtliche Begriff von Aufklärung ist gegenüber den bisher behandelten Betrachtungsweisen insofern umfassender, als er im Unterschied zur religions-, philosophie- und geistesgeschichtlichen Sicht nicht nur die ideellen, sondern auch die materiellen Erscheinungen und deren Bedingungen zu erfassen sucht. Seine Erweiterung gegenüber den kultur- und nationalgeschichtlichen Abhandlungen gründet auf der Hypostasierung überregional und international wirkender Kräfte, die nicht in den räumlichen Gegebenheiten (Klima, Boden, Landschaft, Volk usw.) liegen, sondern von gesellschaftlichen Schichtungen, von deren ökonomischen Verhältnissen, Ideologien und Antagonismen ausgehen. Bei aller differenzierenden Berücksichtigung regionaler Besonderheiten sind für die Sozialgeschichte geographische und nationale Unterschiede weniger wichtig als wirtschaftliche Produktionsweisen und gesellschaftliche Gruppenbewegungen, die ihre Eigengesetzlichkeit nicht an den Grenzen eines Staates aufgeben. Die wirtschaftlich-sozialen Faktoren gelten als korrespondierende oder konstituierende Elemente der kulturellen Erscheinungen. Da die ökonomischen Grundlagen im Gegensatz zu den geographischen und biologischen stetiger Veränderung unterworfen sind, kennt die Sozialgeschichte im Unterschied zur Nationalgeschichte dementsprechend im Bereich des Geistig-Kulturellen keine Konstanten, sondern nur Prozesse. Diese strikt historische Auffassung teilt sie mit der Geistesgeschichte. Im Unterschied zu ihr jedoch orientiert sie sich weniger an individuellen Produkten, z. B. an einmalig-unwiederholbaren Kunstgestalten, als an allgemeinen Tendenzen und Gesetzmäßigkeiten, die für möglichst viele Einzelphänomene bestimmend sind. Die Suche nach überindividueller Einheitlichkeit verbindet die sozialgeschichtliche wiederum – bei allen sonstigen Unterschieden – mit der nationalgeschichtlichen Betrachtung.

Fassen wir zusammen: Daß die Sozialgeschichte in der Reihe der progressiven Universalisierung die bisher umfassendste Perspektive einzunehmen bestrebt ist, bekräftigt sie durch Ausweitung ihres Ansatzes in mehrere Dimensionen: (1) Die ins Blickfeld kommenden Phänomene und ihre Interdependenzen umfassen Geistiges und Materielles. (2) Einzelphänomene fungieren als Indikatoren überindividueller Vorgänge. (3) Sie sind Ausdruck überregionaler Prozesse. (4) Werden sie innerhalb eines bestimmten Zeitablaufs untersucht, so hat ihr Aussagewert eher phasenübergreifende als periodisch gebundene Geltung. Das führt im Falle der Aufklärung dazu, diese nicht losgelöst (etwa in bestimmten Epochengrenzen von 1730–1770 o. ä.), sondern in übergreifenden zeitlichen Zusammenhängen zu betrachten: Aufklärung wird Bestandteil der gesamtgesellschaftlichen Bewegung des 18. Jh., zu der außerdem Erscheinungen wie Empfindsamkeit, Sturm und Drang, Klassik und teilweise sogar Frühromantik gehören (vgl. Balet u. a.). (5) Da die entscheidenden sozialgeschichtlichen Vorgänge des 18. Jahrhunderts mit dem Bürgertum verbunden sind, dieses aber auch heute noch als mitunter selbstkritische Trägerschicht der Aufklärungsdiskussion fungiert, erweitert sich der Begriff der Aufklärung über das 18. Jahrhundert hinaus bis in die Gegenwart und stellt sich den offenen Fragen der Zukunft. Damit ist Aufklärung aus sozialgeschichtlicher Sicht – ähnlich übrigens wie aus philosophiegeschichtlicher – nicht nur eine historisch fixierbare Erscheinung, sondern auch ein überzeitlicher Auftrag, den unabgeschlossenen oder gar verirrten Gang menschlicher Selbstbefreiung fortzusetzen oder dessen bisheriges Scheitern wenigstens zu reflektieren. Erfaßt die zeitliche Ausdehnung in erster Linie die Vergangenheit (Antike), so stehen die Geschichte und Vorgeschichte der „Dialektik der Aufklärung" (Horkheimer/Adorno) zur Debatte; kommt dagegen stärker die Zukunft ins Spiel, so drängen sich Fragen auf nach möglichen Fortschritten der Aufklärung im Sinne der unabgeschlossenen Freiheitsgeschichte (Habermas, Oelmüller u. a.).

Keine andere Epoche der deutschen und europäischen Geschichte ist sozialgeschichtlich ein so ergiebiges und daher bevorzugtes Forschungsfeld wie das 18. Jahrhundert. Die entscheidenden wirtschaftlichen und gesellschaftlichen Bewegungen (Industrialisierung, Abschaffung des Feudalsystems, Demokratisierung usw.) gelangen zwar erst im 19. und 20. Jahrhundert zum Durchbruch, doch im Zeitalter der Aufklärung kommen sie in Gang, werden in Deutschland zumindest theoretisch erörtert, diskutiert bzw. unterdrückt, zensiert und in philosophischen und poetischen Entwürfen propagiert, sei es auch mit der ohnmächtigen Geste politischer Entsagung, die jedoch unter den gegebenen Umständen mehr kritisches Potential enthalten kann als direkte Invektiven. Je weniger von den Freiheitsvorstellung realisierbar ist, um so wichtiger und sozialgeschichtlich ertragreicher werden Wissenschaften und Künste, teils in kompensierender, teils in antizipierender Funktion. Die Literaturgeschichte der Aufklärung ist nicht nur ein Teil der Sozialgeschichte, sondern die deutsche Sozialgeschichte des 18. Jahrhunderts manifestiert sich primär als Literaturgeschichte.

Die sozialgeschichtliche Dimension von Aufklärung ist dieser zwar von Anfang an inhärent (vgl. Thomasius, Mendelssohn, Kant), wird auch seitdem – vor allem von Marxisten – nie aus den Augen verloren, doch zur vollen Entfaltung gelangt sie entsprechend ihrem universalen Anspruch erst spät; in der Forschung wird sie, sieht man von einigen Vorläufern in den westlichen Ländern ab (Balet/Gerhard), seit Ende der 50er Jahre dominierend. Martin GREINER nennt im ›Reallexikon‹ (1958) zum Stichwort „Aufklärung" zunächst die bekannten Merkmale: Emanzipation von religiösen und theologischen Autoritäten, Autonomisierung der Vernunft, Steigerung des menschlichen Selbstbewußtseins, Vertrauen in die Verbesserungsfähigkeit usw., doch dann zitiert er das Bürgertum als soziales Substrat der Aufklärung: „Erst mit dieser Übertragung der Denksysteme des Rationalismus und Empirismus auf eine ganze Gesellschaftsschicht kann man im historischen Sinne von A. reden."[1] Die Dichtung, deren Aufgabe früher darin bestanden habe, Kirche und Hof durch ihren *ornatus* zu verschönern, sei nicht mehr nur schmückendes Beiwerk, sondern „geistige Voraussetzung des bürgerlichen Daseins"[2].

Die Annahme, daß Aufklärung durch ihre Verbindung mit den Idealen der Selbstbefreiung und des Fortschritts ihre endgültige Legitimation gewinnt, erweist sich als irrig. Die Gefahren ihrer Verfehlung und Verkehrung sind noch nicht dadurch gebannt, daß sie zur Signatur des bürgerlichen Emanzipationsprozesses im 18. Jahrhundert geworden ist. Ihre Fragwürdigkeit resultiert nicht allein aus ihrer Anfälligkeit für die Gegenkräfte der Reaktion, sondern mehr noch aus der ihr eigenen Widersprüchlichkeit. Spätestens seit dem 19. Jahrhundert, als Ergebnis der Analyse von MARX und ENGELS[3], bleibt ein fundamentaler sozialgeschichtlicher Vorbehalt gegen die Aufklärung bestehen: Das Bürgertum als Träger des Fortschritts sei von Anfang an mit dessen Gegensatz behaftet; selbst nach Befreiung von der Feudalaristokratie strebend, zementiere es zunehmend seine eigene Herrschaft über die von ihm abhängigen Schichten; Kapitalisten bedürften der Lohnarbeiter. Dieser Doppelcharakter im Aufstieg des Bürgertums überträgt sich auch auf die Beurteilung der Aufklärung. Was Iring FETSCHER

(1966) über die Bewertungskriterien der sowjetischen Historiographie sagt, gilt weitgehend für alle marxistischen Beiträge östlicher Provenienz: Einen zweifachen Maßstab anlegend, fragen sie nach der „*relativen* Fortschrittlichkeit", indem sie die Errungenschaften der Aufklärung an den ihr zugrundeliegenden Bedingungen messen, und nach der „*absoluten* Fortschrittlichkeit",[4] indem sie die Leistungen des 18. Jahrhunderts mit den Zielvorstellungen des dialektischen Materialismus vergleichen, den sie als legitimen Erben und Vollender der Aufklärung begreifen. Bei LUKÁCS (1950ff.), KRAUSS (1960ff.), WEIMANN (1970) und anderen gilt sie als Reaktion eines ökonomisch erstarkten Bürgertums auf die Krise des Feudalsystems, in Deutschland speziell des Duodezabsolutismus. Gemessen am Anspruch der „absoluten Fortschrittlichkeit" jedoch enthülle sich die der Aufklärung innewohnende, doch von ihr selbst nicht durchschaute Dialektik von progressiven (Befreiung des Bürgertums) und regressiven (Herrschaft des Kapitals) Momenten. Daraus resultierten, vor allem für die deutsche Aufklärung, die Entfernung von der sozialen Praxis, die weitgehende Konzentration auf rein literarische Fragen, das Fehlen einer explizit politisch-revolutionären Perspektive und die Monopolisierung der Aufklärung für die besitzende Klasse. So wie das Bürgertum nicht imstande sei, nur mit seinen Waffen der Aufklärung zum Siege zu verhelfen, so sei auch die bürgerliche Forschung ein ungeeignetes Instrument zur Erkenntnis der Aufklärung, da sie deren geistige Bewegung nicht als Ausdruck ökonomischer Triebkräfte und gesellschaftlicher Prozesse, d. h. nicht als Übergangsphase vom Feudalismus zum Kapitalismus, begreife. Da wir uns heute abermals in einem Übergangsstadium, in dem von Kapitalismus zum Sozialismus, befänden, verdiene die Aufklärungsepoche unsere gesteigerte Aufmerksamkeit, wobei sich allerdings immer deutlicher herausstelle, daß man zu ihrer Erforschung „der geschliffenen und schöpferischen Handhabe der marxistischen Geschichtstheorie bedarf"[5].

Ohne derart opulente Ausstattung versuchen auch sozialgeschichtliche Forschungen westlicher Provenienz, den Doppelcharakter der Aufklärung zu ergründen. Stellvertretend für viele konstatierte Willi OELMÜLLER (1973) im ›Handbuch philosophischer Grundbegriffe‹, daß man unter Aufklärung bislang die im Namen der Vernunft vollzogene Wandlung des Bewußtseins und der gesellschaftlichen Verhältnisse verstanden habe, und er fährt fort: Heute jedoch könne der Begriff „Aufklärung" von seinen Verteidigern, wenn überhaupt, nur noch „in kritischer Weise"[6] verwendet werden. Er bezeichne keinen einlinigen, sondern einen vielschichtigen Prozeß von Fortschritten und Rückschritten, in dem das Spätere nicht immer und mit Notwendigkeit das

Bessere sei. Hermann LÜBBE (1974) vertritt die Auffassung, daß die seit dem Ausgang des 18. Jahrhunderts als Produkt der Aufklärung fixierte Antithetik von Tradition und Fortschritt nicht mehr tauglich sei für die Bewältigung der Probleme moderner Wachstumsgesellschaften. Das Gebot der Gegenwart ziele nicht auf die Durchsetzung des Fortschritts um jeden Preis, sondern auf die Vermeidung zerstörerischer Fortschrittsfolgen. Die abstrakte Überwindung von Tradition sei noch kein Fortschritt, sondern dieser legitimiere sich erst gegen den grundsätzlich aufrechtzuerhaltenden Geltungsanspruch der Tradition, wenn nämlich deren „Innovationspotential"[7] endgültig erschöpft und keine noch so kunstvolle Hermeneutik mehr imstande sei, den Fortbestand eines erstarrten Orientierungssystems zu rechtfertigen. Niklas LUHMANN (1970) betont, daß die Soziologie des 19. und 20. Jahrhunderts sich nicht unbedingt als Fortsetzung der Aufklärung begreife, da sie den für unveränderlich gehaltenen Gesetzen einer allgemein-menschlichen Vernunft mißtraue und von sozial bedingten variablen Denkweisen und Weltbildern ausgehe.

Die genannten Beiträge haben mit denen aus dem Ostbereich des dialektischen Materialismus mehrere Merkmale gemeinsam: Sie kritisieren die Aufklärung, nicht um ihr entgegenzusteuern, sondern um sie aus ihren Fesseln zu befreien. Die Erkenntnis ihrer Verfehlung soll ihrer Verteidigung zugute kommen, denn sie gilt als ebenso unvollendet wie fortsetzenswert. Oelmüller nennt eine seiner Arbeiten ›Die unbefriedigte Aufklärung‹, und Luhmann sieht trotz aller Vorbehalte auch in der modernen Soziologie einen aufklärerischen Grundzug, nämlich die „Erweiterung des menschlichen Vermögens, die Komplexität der Welt zu erfassen und zu reduzieren"[8]. Bei aller Gemeinsamkeit sind jedoch beide Gruppen durch eine fundamentale Verschiedenheit getrennt, die auch auf vielen anderen Gebieten als Graben zwischen Ost und West verlief: Auf der einen Seite scheint der Weg zur Vollendung der Aufklärung vorgezeichnet; er führt über die Diktatur des Proletariats. Auf der anderen sind zwar die Irrwege kenntlich gemacht, doch der Ausweg bleibt fraglich, präsentiert sich als vielverzweigtes Netz divergenter Richtungsangaben oder als offenes Postulat, so, wenn OELMÜLLER (1972) fordert, die Aufklärung habe im Blick auf moderne soziale Tendenzen zur Unmenschlichkeit „bestimmte materiale und formale Prinzipien zu formulieren, nach denen die Entscheidungsträger [...] bei ihren Handlungen und Entscheidungen kritisierbar und überprüfbar sind"[9]. Selbst Karl R. POPPER (1945), der sich in seiner ›Offenen Gesellschaft‹ unter allen westlichen Denkern der Gegenwart noch am engsten an Aufklärungsprinzipien des 18. Jahrhunderts anschließt, kann deren erhoffte Verwirklichung nur formal bestimmen. Vom Standpunkt seines „kritischen Rationalismus" aus erkennt er zwar das irrationale Substrat des Rationalismus, dessen Verhältnis zur Welt zwar vernünftig, zur Vernunft aber gläubig sei; doch er verteidigt in seiner „Trial-and-error-Methode" die herkömmlichen rationalen Mittel der Kontrolle und Kritik: das auf deduktiver Logik basierende Verfahren der Ausscheidung; das Beseitigen von Widersprüchen; die Dominanz von Denken und Erfahrung über Gefühl und Leidenschaft; die Prüfung von Dogmen usw. Popper ist skeptisch, was die Leistungsfähigkeit der Vernunft betrifft, er ist ein Moralist der Rationalität, was den erkenntnisethischen Appell an jedes denkende Einzelsubjekt angeht. Wenn allerdings die Leistungsfähigkeit der Aufklärung für das mitmenschliche Zusammenleben zur Debatte steht, weist er der aufgeklärten Philosophie eine bescheidene und auf realistische Ziele beschränkte Funktion zu, denn er meint zu wissen, „daß der Kampf gegen vermeidbares Elend ein anerkanntes Ziel der staatlichen Politik sein sollte, während die Steigerung des Glückes in erster Linie der Privatinitiative überlassen sein sollte"[10].

Einer der wirkungsvollsten Impulse für die Auseinandersetzung mit der Aufklärung geht von HORKHEIMER / ADORNOS ›Dialektik der Aufklärung‹ (1947) aus. Das auf Ansätzen des Frankfurter Instituts für Sozialforschung basierende Buch knüpft vor allem an Horkheimers ›Kritik der instrumentellen Vernunft‹ an, die besagt, daß vom Standpunkt der Ratio und der Wissenschaften allein nicht auszumachen ist, warum Gerechtigkeit und Freiheit besser sind als Ungerechtigkeit und Unterdrückung. Die ›Dialektik der Aufklärung‹ markiert in zwei „Exkursen" Anfang (Antike) und Höhepunkt (18.–20. Jahrhundert) einer nach totaler Autonomie drängenden Vernunft. Odysseus, der listenreichste und vernünftigste aller Griechen, bezeuge den Ausgang des Menschen aus seiner mythosverhafteten Unmündigkeit, denn sein Sieg über Polyphem sei ein erster Schritt zur Emanzipation des nur vernünftigen Subjektes. Diesen Prozeß betreibe auch die Aufklärung, insbesondere Kant, indem er das Ideal vom Verstand ohne Leitung eines anderen fordere und damit alle Interessen wie Religion, Moral usw. leugne, in deren Dienst Erkenntnis früher einmal stand. An die Stelle der ehemaligen Bedingungen setze Kant das „von Bevormundung befreite bürgerliche Subjekt"[11]. Die derart losgelassene Wissenschaft reflektiere nicht mehr auf sich selbst, weder auf ihre Konsequenzen noch auf undurchschaute Interessen, denen sie in vernünftiger Unbewußtheit zuarbeite. Vernunft werde nur vom Zweck diktiert und lasse sich zu dessen Werkzeug machen. Die zunehmende Mathematisierung und Mechanisierung der

Wissenschaft führe zu fortschreitender Tatsachen- und Naturbeherrschung, zu immer raffinierter werdenden Praktiken der Selbsterhaltung und des Unternehmertums, doch sie verhindere, Wissenschaft erkenntnistheoretisch in Frage zu stellen. Das Warum werde vom Wie verdrängt, und der einzige Kanon sei die „eigene blutige Leistungsfähigkeit"[12], die buchstäblich über Leichen gehe. Horkheimer/Adorno ziehen somit eine direkte Linie von Kants Vernunftskritik über de Sade und Nietzsches ›Genealogie der Moral‹ bis zu den antisemitischen Exzessen des 20. Jahrhunderts. Der Verstand, der sich lediglich am Prinzip der Selbstbegründung und Selbsterhaltung orientiere, könne nur das Gesetz des Stärkeren gelten lassen. Aufklärung, einmal aufgebrochen mit dem Ziel gesamtmenschlicher Selbstbefreiung, sei damit zu einem Instrument von Herrschaft pervertiert. Sie sei nicht nur nicht imstande, aus der freigesetzten Vernunft ein Argument gegen den Mord abzuleiten, sondern sie begebe sich überdies in die Dienste derer, die den Mord am rationellsten auszuführen imstande seien. Horkheimer/Adorno ziehen nicht in Zweifel, daß die errungenen und zu erringenden Freiheiten in der Gesellschaft ohne Aufklärung nicht denkbar sind, doch sie vertreten ebenso entschieden die Ansicht, daß Aufklärung ihre eigene Rückläufigkeit bisher nicht in ihre nur prätendierte universale Reflexion aufgenommen hat.

In formaler Hinsicht ist die Argumentationsweise östlicher Marxisten derjenigen Poppers verwandter als der der Kritischen Theorie. Während Lukács und der kritische Rationalist den Doppelcharakter der Aufklärung dadurch bestimmen, daß sie deren Errungenschaften und Verfehlungen gegeneinander abwägen, halten Horkheimer/Adorno sie nicht für aufteilbar in Verdienste und Versäumnisse, sondern sehen ihre Dialektik gerade darin, daß sie in ihrem äußersten Fortschritt die tiefste Verfehlung erreicht. Auch Marx/Engels beobachten den Widerspruch, in den die bürgerliche Aufklärung von Anfang an verflochten sei, doch da sie ihn primär ökonomisch und die Ausbeutung als notwendiges Vehikel des Fortschritts interpretieren, gelangen sie insgesamt zu einer anderen Einschätzung als Horkheimer/Adorno, die demgegenüber die Dialektik der Aufklärung weniger aus ökonomischen Prozessen als aus erkenntnistheoretischer Selbstverfehlung herleiten. Marxisten orthodoxer Prägung betonen daher stärker die fortschrittlichen Tendenzen der Aufklärung; Horkheimer/Adorno dagegen verfolgen ideologiekritisch ihren Umschlag in ihr Gegenteil; für die einen ist Aufklärung Kampf gegen den Mythos, für die anderen ist sie selbst Rückfall in den Mythos. Die einen meinen Ursache und mögliche Überwindung der Dialektik der Aufklärung zu kennen, die anderen fordern allererst zur

Reflexion über die undurchschauten Widersprüche auf. Dabei betrachtet die Kritische Theorie die Selbstzerstörung der Aufklärung keinesfalls nur als geistes-, sondern auch als sozialgeschichtlichen Prozeß, der unabdingbar an bürgerliche Gesellschaftsform gebunden sei. Doch im Gegensatz zum dialektischen Materialismus des Ostbereichs verzichtet sie auf die geschichtstheoretische Prognose, daß die Dialektik der Aufklärung durch die Beseitigung des Kapitalismus zu beheben wäre.

Kritik aus den eigenen Reihen erfährt die ›Dialektik der Aufklärung‹ von Jürgen HABERMAS (1962 ff.). Er teilt mit ihr die fundamentale Einsicht, daß Aufklärung selbst der Aufklärung bedarf, doch er kritisiert das resignative Exerzitium losgelassener Selbstreflexion. Deren Notwendigkeit werde zwar vehement gefordert, doch ebenso hartnäckig werde jede Auskunft über ihre Erreichbarkeit verweigert. Damit verklinge ihr ohnmächtiger Protest gegen das System der Verdinglichung und ende in einem kulturkritischen Pessimismus: „An ihren schwärzesten Stellen verzweifelt die Dialektik der Aufklärung an ihrem letzten Umschwung; sie resigniert dann vor der These der Gegenaufklärung, daß sich nicht der Schrecken abschaffen und doch die Zivilisation übrig behalten lasse."[13] Um dem Bannkreis der ›Dialektik der Aufklärung‹ zu entrinnen, verfolgt Habermas in ›Erkenntnis und Interesse‹ den historisch-systematischen Prozeß von der Erkenntnistheorie zur bloßen Wissenschaftstheorie. Als solche richte sie ihr Augenmerk nur noch auf das Instrumentarium, nicht aber auf die Bedingungen der Möglichkeit ihres eigenen Verfahrens. Dieser Weg führe von Kant und Fichte über Hegel, bei dem die Wissenschaft in Philosophie aufgehe, über Marx, bei dem die Philosophie in Wissenschaft aufgehe, bis zum Positivismus, dessen Wissenschaftsverständnis einen Objektivismus intendiere, der die Anteiligkeit der Subjektivität an jeder Erkenntnis radikal verleugne, so daß ihm das erkenntnisleitende „Vernunftinteresse" (ein Begriff bei Kant und Fichte) unfaßbar bleibe. Nur erkenntnistheoretischem Denken sei es möglich, den fundamentalen Zusammenhang von Erkenntnis und Interesse zu durchschauen. „Vernunft erfaßt sich als interessierte im Vollzug der Selbstreflexion."[14] Dabei sei das Interesse nicht etwas Beiläufiges und von außen Kommendes, das der Erkenntnis etwa aufgezwungen werde, sondern in der erkenntnistheoretischen Reflexion selbst zeige sich ein Doppeltes: (1) Vernunft werde von Interesse geleitet; (2) das Interesse sei vernünftig. Habermas zeigt, wie bereits bei Kant, deutlicher noch bei Fichte, das Bedürfnis nach Emanzipation und ein „ursprünglich vollzogener Akt der Freiheit"[15] aller Logik vorausgesetzt sei, damit die Mündigkeit des Menschen überhaupt erstrebt werden könne. Damit wird praktische Vernunft zu einem Stimulans der reinen Vernunft. Aufklärung zielt daher für Habermas nicht nur auf Wissenschaft, sondern auch auf alle an ihr Partizipierenden; sie stützt sich nicht nur auf Reflexion, sondern auch auf den „Diskurs" als kooperative Wahrheitssuche, in dem allein der herrschaftsfreie Zwang des besseren Argumentes gelten soll, vor dem alles sich zu legitimieren hat, will es nicht dem Verdacht der Ideologie verfallen. Was Habermas von einer solchen idealen Kommunikation an konkreter Aufklärung erwartet, sei hier nur angedeutet: Entwicklung ideologiekritischer Theoreme, die wissenschaftlichen Diskursen standhalten; experimentelle Anwendung der Theoreme und ihre ständige Überprüfung; politischer Kampf für eine zunehmende Demokratisierung der Gesellschaft; Erprobung von Schulplänen usw.

Gemäß den Intentionen von Habermas ist der Diskurs über diese Fragen nicht abgeschlossen. Niklas LUHMANN (1976) erkennt trotz aller Unterschiede zwischen Aufklärung und Soziologie dieser dennoch einen aufklärerischen Grundzug zu (s. o.), gibt aber zu bedenken, daß man für die erforderliche Reduktion der Komplexität keine angeborene Fähigkeit zur Vernunft voraussetzen und schon gar nicht unterstellen könne, daß alle Menschen an diesem Vermögen gleichermaßen partizipierten. Es genüge also nicht, allein der öffentlichen Diskussion das Geschäft der Aufklärung zu überlassen. „Nicht schon die Befreiung der Vernunft zu zwangloser Kommunikation klärt auf, sondern nur eine effektive Steigerung des menschlichen Potentials zur Erfassung und Reduktion von Komplexität."[16] Was im einzelnen unter „Potential" und dessen „Steigerung" zu verstehen ist, kann wohl selbst erst durch Reduktion von Komplexität geklärt werden. Eines scheint sich indessen dabei abzuzeichnen: Luhmann will ähnlich wie Lübbe, H. Blumenberg u. a. „auf Sinnsedimente der Vergangenheit nicht verzichten"[17].

Die theoretischen Ansätze zur sozialgeschichtlichen Erforschung der Aufklärung werden vorbereitet, begleitet und ausgebaut durch zahlreiche empirische Untersuchungen über die ökonomischen und gesellschaftlichen Verhältnisse des 18. Jahrhunderts. Bei der Aufarbeitung des umfangreichen Materials liegt der Schwerpunkt auf den materiellen und politischen Fakten; geistig-literarische Produkte werden dabei vielfach als sekundäre Erscheinungen behandelt, ohne daß in jedem Falle, wie Walter H. BRUFORD (1935) betont, eine „materialistische ‚Erklärung' der Geistesgeschichte"[18] intendiert ist. Eine Hauptaufgabe neuerer sozialgeschichtlicher Arbeiten liegt in der Differenzierung eingefahrener und zum Teil verfestigter Kategorien. Daß es zwischen Bürgertum und Aristokratie nicht nur strikte Gegnerschaft, sondern auch gegenseitige Verflechtungen mannigfaltigster Art, daß es überhaupt nicht nur Bürger und Adlige, sondern zwischen und außer ihnen noch andere Schichten und Gruppierungen gibt, daß der Absolutismus in Deutschland keine zentralistisch regierende Größe ist, sondern in eine Vielzahl differenzierender und rivalisierender „Absolutismen" zerfällt – das alles gilt es anhand historischer Belege immer wieder ins Bewußtsein zu rufen, damit dem grassierenden Dilettantismus, der nur mit wenigen sozialgeschichtlichen Begriffen jongliert, nicht weiterhin Vorschub geleistet wird. Bruford, der neben den bekannten Quellen vor allem die Berichte englischer Reisender auswertet, hebt die Kleinstaaterei als Grundbedingung für die politisch-sozialen Verhältnisse in Deutschland hervor. Regierungsmethoden und die Stellung der Untertanen seien entsprechend der jeweiligen Herrscherpersönlichkeit von Staat zu Staat verschieden, doch insgesamt mindere die Entwicklung zu aufgeklärten Absolutismen die quälenden Auswirkungen fürstlicher Allmacht, und die geradezu kastenartige Trennung der überkommenen Stände werde gegen Ende des 18. Jahrhunderts verwischt, nicht zuletzt dadurch, daß ein Teil der zu Reichtum gekommenen und gebildeten Bürger die aristokratische Lebensform zu imitieren suche. Der Vielstaaterei schreibt Bruford auch die Unterentwicklung patriotischer Gesinnung in der deutschen Literatur zu, die sich statt dessen die Entwicklung und Kultivierung des Individuums zum Ziele setze. Demgegenüber erkennt Rudolf VIERHAUS (1968) im Laufe des 18. Jahrhunderts ein wachsendes nationales Bewußtsein in Zusammenhang mit zunehmender kultureller Selbstgewißheit und einem stärker werdenden Anspruch aller Gebildeten auf politische Mitsprache, so daß sich Patriotismus und Kosmopolitismus nicht ausschlössen.

Den sozialen Unter- und Mittelschichten widmen sich die Arbeiten von Helmut Moeller, Wilhelm Abel, Walter Hartinger und Rolf Engelsing. MOELLER (1969) vermittelt anhand seiner überaus reichen Quellenausbeute ein Bild von der geradezu unvorstellbaren Armut der kleinbürgerlichen Familien im 18. Jahrhundert. Die Zeugnisse über Sitten, Vorschriften, Verbote, Einkünfte, Ausgaben, Kleider, Essen und Trinken bekunden, daß Millionen von Menschen buchstäblich von der Hand in den Mund lebten, Menschen, von denen die schöne Literatur des Aufklärungszeitalters so gut wie nichts berichtet. ABEL (1972) tritt der weit verbreiteten Vorstellung entgegen, daß der Pauperismus im vorindustriellen Deutschland durch das aufkommende Maschinenwesen verursacht werde, und er zeigt an zeitgenössischen Quellen, daß die materielle Verelendung gerade dort am größten ist, wo nicht einmal Ansätze zur Industrie vorhanden sind. HARTINGER (1974) untersucht die

Korrelation zwischen Raubkriminalität und Berufsausübung. Unter ENGELSINGS Studien zur Sozialgeschichte deutscher Mittel- und Unterschichten (1973) ist der Beitrag über die Lebensweise im Deutschland des 18. und 19. Jahrhunderts von grundsätzlicher Bedeutung. Die „Lebenshaltung", verstanden als „Zusammenhang von Erscheinungen und Leitbildern [...], die der physischen Lebenserhaltung und der soziokulturellen Lebensgestaltung von Einzelnen und Familien in verschiedenen gesellschaftlichen Lagen dienen",[19] sei auch noch im 18. Jahrhundert über lange Zeit konstant. Die allgemein anerkannte gesellschaftliche Konzeption gehe davon aus, daß der Oberschicht eine herrschaftliche Lebenshaltung, dem Mittelstand eine Lebenshaltung mit herrschaftlichen Elementen und der Unterschicht eine Lebenshaltung ohne solche Elemente gebühre. Gegen Ende des Jahrhunderts überschreite das Bürgertum die Standesgesellschaft, ohne sie tatsächlich zu überwinden; denn es orientiere sich weitgehend an der feudalen Oberschicht und beanspruche ein standesgemäßes Auskommen sowie die Monopolisierung der Bürgerlichkeit für diejenigen, die eine bestimmte Lebenshaltung garantieren können.

Auf die speziellen Probleme des Bürgertums konzentrieren sich die Arbeiten von Hans Gerth, Leo Kofler, Reinhart Koselleck und Jürgen Habermas. GERTH (1935) untersucht soziale Gruppen der bürgerlichen Intelligenz und fragt nach den Wurzeln ihrer liberalen Tendenzen im Sinne von geistiger Aufgeschlossenheit und Toleranz: Im städtischen Bürgertum begünstige die Auseinandersetzung mit dem Zunftmonopol die Ansätze zu liberalem Denken. Durch Zusammenschlüsse von Krämergesellschaften, die eine Art frühkapitalistischer Unternehmerschicht bildeten, werde es möglich, soziales Prestige nicht allein von ständischen Instanzen, sondern vom Markterfolg abhängig zu machen. Im Bereich der Privaterziehung setzten besitzlose Intellektuelle als Hofmeister eine moderne Pädagogik durch, welche die autoritäre Stellung des Vaters in der Familie allmählich unterminiere. Das Ausgeschlossensein von Etikette und Konventionen führe zur Ausbildung eines auszeichnenden Einsamkeitserlebnisses und zur Steigerung des Selbstbewußtseins einzelner Gruppen (Studenten, Freundschaftskult usw.). Mit dem Sturm und Drang, dem Beginn des Frühliberalismus, würden gesellschaftlich extreme Figuren literaturfähig (Räuber als Märtyrer). Die Kommerzialisierung des Literaturwesens, die nicht mehr nur den vorliegenden Bedarf befriedige, sondern auch neuen Bedarf wecke, begünstige zusammen mit dem ökonomischen den kulturellen Liberalismus. Ausgehend von einer materialistischen Geschichtsauffassung, gibt KOFLER (1948) ein differenziertes Bild des Bürgertums vom Spätmittelalter bis zum 19. Jahrhundert. Aus der Sozial- und Geschichtsphilosophie des 17. und 18. Jahrhunderts leitet er folgende These ab: Mit der Ausbreitung des Warenmarktes und dem rationalen Bestreben, durch Kalkulation die Handelschancen stetig zu verbessern, entstehe im 18. Jahrhundert der Gegensatz zwischen der objektiv geordneten Gesamtheit der sozialen Prozesse und dem Individuum mit seiner zunehmend entwickelten Anlage zur Freiheit, zwischen Naturgesetzlichkeit und Moralität. Hierauf basierten die kapitalistischen, d. h. bürgerlichen Lebensformen, die Kofler für das 19. und 20. Jahrhundert vor allem am Beispiel Englands darstellt.

Geistesgeschichtliche mit soziologischen Analysen verbindend, erforscht KOSELLECK (1959) den durch Unterdrückung verbliebenen apolitischen Innenraum des Bürgertums, der zum Ausgangspunkt für Aufklärung werde, die ihrerseits die krisenhafte Situation nicht überwinde, sondern verdecke. Der Absolutismus, als Antwort auf die religiösen Bürgerkriege, ordne Gewissen und Moral der staatlichen Souveränität unter. Wie die Moral aus der zwischenstaatlichen Politik zugunsten der Staatsräson ausgeklammert werde, so müsse sich der Mensch in den „Menschen" und den „Untertan" aufspalten lassen (Hobbes). Locke konstatiere eine außerstaatliche moralische Gerichtsbarkeit, indem er ein philosophisches Gesetz neben das göttliche (Kirche) und das bürgerliche (Staat) stelle. Doch praktische moralische Jurisdiktionsinstanzen entstünden allenfalls in dem vom Absolutismus ausgesparten Privatraum der Bünde und Logen. Die alles vor das Tribunal der Moral ziehende Kritik der Gelehrten greife von der Bibelphilologie und Ästhetik allmählich auch auf den Staat über (Simon, Bayle, Voltaire, Diderot, Kant). Die lange vor 1789 einsetzende Revolutionsprognostik sehe sich legitimiert durch die Geschichtsphilosophie, die den göttlichen Heilsplan zur rationalen Geschichtsplanung säkularisiere. Doch auch die auf bloßes Räsonieren beschränkte Fortschrittsphilosophie verdecke die Krise, die sich gleichzeitig in den Angriffen der Moral gegen die Politik, der Gesellschaft gegen den Staat zuspitze. Durch utopische Geschichtsspekulation werde sie scheinbar bewältigt, in Wirklichkeit aber bis heute wirksam verharmlost und dadurch verschärft.

Auch HABERMAS geht in ›Strukturwandel der Öffentlichkeit‹ (1962) von der fundamentalen Trennung zwischen Politischem und Privatem aus, sieht sie auf mindestens zwei Ebenen vollzogen und sucht nach Vermittlungsinstanzen. Er unterscheidet zunächst zwischen dem Staat als Herrschaftsträger und der Gesellschaft als Versammlung von Privatleuten. Während der Staat sich als öffentliche Gewalt (Hof, Polizei) präsentiere, unterteile sich der Privatbereich der Gesellschaft wiederum in eine bürgerliche Gesellschaft (Warenverkehr, Binnenraum, Kleinfamilie) und eine politische Öffentlichkeit (Club, Presse, Kultur, Stadt), die aus der literarischen Öffentlichkeit des 18. Jahrhunderts hervorgehe. Die Genese der bürgerlichen Öffentlichkeit hat nach Habermas ihren Ausgangspunkt in der frühkapitalistischen Warenproduktion und deren Vertrieb. Im Zusammenhang mit entwickelten Formen der Kommunikation (Verkehr, Post, Nachrichtendienst) verstärke sich die öffentliche Gewalt. An die Stelle der Repräsentation trete der Staatsapparat, an die Stelle der Grundherrschaft die Polizei. Dieser durch den Merkantilismus mächtig geförderte Prozeß begünstige zugleich die Entfaltung der Presse. Bevor die Gesellschaft (Privatleute als Warenbesitzer und Familienväter) dem Staat (Hof, öffentliche Gewalt, Polizei) in Form von politischem Räsonnement die Herrschaft streitig mache, formiere sich im 18. Jahrhundert unter der Oberfläche eine Vorform der Öffentlichkeit: die literarische. Sie sei das „Übungsfeld eines öffentlichen Räsonnements, das noch in sich selber kreist – ein Prozeß der Selbstaufklärung der Privatleute"[20]. Die literarische Öffentlichkeit sei keine autochthon bürgerliche, halte anfangs stetige Verbindung mit der repräsentativen Sphäre des Hofes, löse sich dann aber immer mehr von ihm. Die Stadt werde nicht nur ökonomisch zum Lebenszentrum der bürgerlichen Gesellschaft. Mit fortschreitender Zeit gehe dann die literarische in die politische Öffentlichkeit über, die ihrerseits beginne, den Staat mit den Bedürfnissen der Gesellschaft zu vermitteln. Als institutionelle Vorformen dieser Öffentlichkeit findet Habermas im Zeitalter der Aufklärung: Kaffeehäuser, Salons, Tischgesellschaften, Clubs und Orden mit Arkancharakter, in denen „Öffentlichkeit noch weitgehend unter Ausschluß der Öffentlichkeit antizipiert"[21] werde. Im kulturellen Bereich begünstigten die Überführung der Kunst in Warenform, die Befreiung von Autoritäten (Kirche, Philosophie) und allgemeine Diskussionen die Unabgeschlossenheit des Publikums, zu dem potentiell jeder gehöre, der lese, ein Buch oder eine Theaterkarte kaufe usw. Eine Flut kritischer Journale und die Entstehung von Buchclubs, Lesezirkeln und Subskriptionsbüchereien bezeugten das Anwachsen einer literarischen Öffentlichkeit, die in diesem Vorfeld des Politischen weiterhin den Stempel der Subjektivität und Privatheit der patriarchalischen Kleinfamilie trage. Die Privatisierung des Lebens finde ihren Ausdruck in den Hausbauten (intime Zimmer statt Saal) sowie in neu belebten oder entstehenden literarischen Formen: Brief, Tagebuch, Autobiographie und bürgerlicher Roman mit psychologischem Interesse.

Über die Verbindung von Sozialgeschichte und literarischem Leben im 18. Jahrhundert liegen vor allem jüngere Forschungsbeiträge vor.

Herbert SCHÖFFLER hat seine aufschlußreichen Untersuchungen noch auf religionssoziologische Erscheinungen konzentriert und in erster Linie für England (1922) und die Schweiz (1925) einen Zusammenhang zwischen Literatur und calvinistischer Geistlichkeit nachgewiesen. Die asketische Haltung gegenüber weltlichem Schrifttum und die Beschränkung auf Bibel und Erbauungsliteratur würden erst im 18. Jahrhundert allmählich abgelöst durch eine größere Freizügigkeit für Geistliche, die auch Profan-Schöngeistiges zu lesen oder gar zu verfassen nicht mehr verschmähten. Somit gelangten neue Formen und Motive aus dem Lebensbereich des niederen Klerus in die Literatur: Natur, Einsamkeit, Friedhof, Tod und Nacht, Volkstümliches, Dialekt und Aberglaube – lauter Themen vorromantischen Charakters. Albrecht SCHÖNE (1958) hat diese Einsicht für die deutschen Verhältnisse korrigiert, da das nichtpuritanische lutherische Pfarrhaus weltliche Literatur schon weitaus früher dulde und oftmals (durch Pfarrersöhne) selbst hervorbringe. In Auseinandersetzung mit dem Öffentlichkeitsbegriff von Habermas fragt Gerhart von GRAEVENITZ (1975) anhand pietistischer Quellen nach dem Zusammenhang von Innerlichkeit und bürgerlicher Öffentlichkeit und kommt zu dem Ergebnis, daß entgegen Habermas, der sich überwiegend an englischen Verhältnissen orientiere, in Deutschland das Private kein der repräsentativen Öffentlichkeit entgegengesetzter Freiraum, sondern deren Fortsetzung sei. Bürgerliche Literatur entwickle sich unabhängig vom tatsächlichen Status des Bürgertums, insofern sie im Kostüm der fiktiven Gelehrtenrepublik eine quasi einheitliche Bürgerrepräsentation entwerfe, in der sich die Literatur die Möglichkeit schaffe, einen nicht vorhandenen Zustand allererst zu erzeugen: „Bürgerliche Literatur war dann konsequenterweise zur Lage des deutschen Bürgertums umgekehrt proportional."[22] Demgegenüber betont Werner RIECK (1971) bereits am Beispiel der deutschen Frühaufklärung die enge Bezogenheit der Literatur auf bürgerliche Belange, während bäuerliche ignoriert würden. Der selbstbewußte bürgerliche Anspruch auf eine eigene Standeskultur profitiere insbesondere von den in England und den Niederlanden entwickelten Modellkonzeptionen, mit denen man die rechtliche Position der bürgerlichen Stände im absolutistischen Staat zu sichern suche. In diesem Sinne herrschten in der Literatur Kritik und ethische Postulate, Satire und abstrakte Gedankenlyrik, die sich noch der formalen Mittel der höfischen Lyrik bediene. Für das literarische Leben der zweiten Hälfte des 18. Jahrhunderts nennt Karl S. GUTHKE (1975) folgende konstitutive Faktoren: die relative geistige Selbständigkeit des berufsmäßigen Schriftstellers, der dazu beitrage, daß Literatur ihre Dignität nicht mehr von einer religiösen oder staatspolitischen Erbauungsfunktion herleite, sondern den Anspruch geistiger Autonomie vertrete; Ablösung des Mäzens durch ein kommerzielles Unternehmertum; die Literaturkritik als Vermittlungsinstanz zwischen Literaturproduzenten und -konsumenten; Ausweitung und Stimulierung des Publikums mit einer derartigen Lesewut, daß bereits die Verführung durch Literatur selbst wieder zu einem bevorzugten literarischen Thema werden könne.

Produktion, Distribution und Konsumtion der Literatur des 18. Jahrhunderts sind Forschungsschwerpunkte für eine Reihe neuerer Arbeiten. Die Pressefreiheit als rechtliches Fundament öffentlicher Diskussion untersucht Franz SCHNEIDER (1966). Neue Tendenzen in der Buchgeschichte (Publikumsbezogenheit, Aktualität, Kurzstil in Almanachen, Sachwörterbüchern und Essays, Anonymität der Verfasser, Drucklegung im Ausland zwecks Umgehung der Zensur) behandelt Werner KRAUSS (1960) vor allem an französischen Beispielen. Über Probleme der Buchhändler und des Buchhandels (Rechtsunsicherheit über Originaldrucke, Nachdrucke usw.) informiert Herbert G. GÖPFERT (1974). Zuständig für das zumindest bis 1760 überaus wirksame Zeitschriftenwesen des 18. Jahrhunderts zeigt sich Wolfgang MARTENS (1968). In seiner ›Botschaft der Tugend‹ gibt er einen detaillierten Überblick über Produktion und Verbreitung der Moralischen Wochenschriften, und er analysiert auf dem Hintergrund der literatur-, geistes- und sozialgeschichtlichen Verhältnisse ihre Ansichten zur zeitgenössischen Literatur, zur christlichen Überlieferung und zum gesellschaftlichen Leben. Das Gesamtbild sei geprägt vom Postulat eines bürgerlichen Daseins, gestützt auf Wohlstand und überhöht durch Tugend. An die Stelle der verworfenen Weltflucht des Barock träten als neue Regulative die kaufmännischen Prinzipien der Nüchternheit, Genauigkeit, Sparsamkeit und Ehrlichkeit. Politik bedeute Sorge für das Gemeinwohl, nicht jedoch konkrete verfassungsrechtlich prätendierte Mitbestimmung. Trotz grundsätzlicher Bejahung der herrschenden Sozialordnung kritisierten die Zeitschriften offen bestimmte höfische Verhaltensweisen. Ihr Ziel sei es, den bürgerlichen Moralvorstellungen auch in aristokratischen Kreisen Eingang zu verschaffen. Sie hielten jeden Menschen für potentiell tugendhaft, vermißten jedoch bei den unteren Ständen die geistig-philosophischen Voraussetzungen dazu; insofern sei ihr bürgerlicher Tugendbegriff klassengebunden. Die Literatur akzeptierten die Moralischen Wochenschriften als Lehrerin von Wahrheit und Moral. Während sie Romane von Richardson und Gellert zu verführerischen Liebesbüchern für galante Müßiggänger deklarierten, empfählen sie – vor allem den Frauen aus gehobenem Bürgertum und ländlichem Adel – die Lektüre historischer Bücher sowie der Moralischen Wochenschriften. Deren eigentliche historische Leistung sieht Martens in der gewaltigen Extensivierung des Lesebedürfnisses.

Die Existenz des Schriftstellers in der zweiten Hälfte des 18. Jahrhunderts untersucht Hans Jürgen HAFERKORN (1964). Er beschreibt die Loslösung des Literaten aus überkommenen sozialen und metaphysischen Bindungen und die damit errungene Möglichkeit eines freien Schriftstellerlebens. Die Gründe für diese Entwicklung sieht er im Aufkommen verbesserter Verkehrsformen des Buchhandels sowie in einer neuen Auffassung des poetischen Schaffens, die im Dichtwerk weniger das Regelhafte und Erlernbare als die Artikulation des Einmalig-Individuellen erblicke. Den Wandel zur Subjektivität bringt Haferkorn in unmittelbaren Zusammenhang mit der im 18. Jahrhundert zunehmenden Zersetzung der alten Ständeordnung und der Herausbildung der bürgerlichen Gesellschaft. Doch auch ihr habe der freie Schriftsteller seinen Tribut zu zahlen. Kaum erst seiner alten Fesseln ledig, begebe er sich in Abhängigkeit von den neu aufkommenden wirtschaftlichen Verhältnissen. Da sie den Dichtern meist nur unzureichende Einkünfte gestatteten, seien diese gezwungen, sich den Bedingungen des anonymen Warenverkehrs zu unterwerfen, und gerieten bei zunehmender Kommerzialisierung des literarischen Lebens in heftigste Konkurrenz miteinander. Während der Poet alten Schlages entweder die Gönner höherer Stände zu delektieren oder Leser der mittleren zu belehren und zu bessern gehabt habe, schreibe der freie Schriftsteller seine Werke für Unbekannte, für den „Leser als Idee"[23], der ihm keine kontinuierliche Abnahme seiner Werke garantiere. Auch das im Jahre 1794 rechtlich verankerte ausschließliche Verfügungsrecht des Verfassers über seine Produkte habe den Widerspruch von poetischem Ingenium und bürgerlicher Erwerbsgesinnung nicht beseitigt, so daß die vermeintliche Befreiungsgeschichte des Schriftstellers in Wahrheit eine „Leidensgeschichte"[24] sei. Daß andererseits seine Position in der Öffentlichkeit immer stärker wird, zeigt MARTENS in seinem Aufsatz (1972) über die Journalisten der Aufklärung, die meist mit den Dichtern identisch seien (Gottsched, Lessing, Weiße, v. Moser, Wieland, Nicolai, Claudius, Moritz u.a.). Bevor im letzten Drittel des 18. Jahrhunderts politisches Räsonnement Eingang in die Zeitungen finde, behandelten sie keine Tagesaktualitäten oder spektakulären Ereignisse, sondern allgemein-menschliche Probleme, schrieben über Gott und die Welt, über die Pflichten in Familie und Gesellschaft. Zeitungen seien weltliche Kanzeln; ihre Redner seien weniger Berichterstatter als philosophisch-moralische Räsoneure. Hier komme der Journalist zu Wort, der zugleich Literat sei.

Mit Blick auf das literarische Publikum untersucht Walter RUMPF (1924) den Geschmackswandel in den Jahren zwischen 1760 und 1770. Aus dem Zusammentreffen der bisher getrennten höfischen und bürgerlichen Kreise resultiere eine Verschiebung des Bildungsideals vom rein Verstandesmäßigen zum Ethischen und Ästhetischen. Die zunehmende Orientierung an gehobenen bürgerlichen Schichten dokumentiere sich am Mäzenatentum reicher Bürger statt Adliger, an den städtischen Bühnenneugründungen, an der wachsenden Popularität des deutschsprachigen Theaters (der Adel bevorzuge französisches Theater), an der wachsenden Fülle von Publikumsorganen, an der Propagierung von Nüchternheit, Schlichtheit, Nützlichkeit und Individualität usw. Weniger auf die Trennung von adligem und bürgerlichem Publikum als auf die Differenzierung des letzteren zielt die Arbeit von Rolf ENGELSING (1961 ff.). Zum Stand der Bürger im 18. Jahrhundert rechnet er Akademiker und Kaufleute, Handwerksmeister und Krämer; neben der Schicht des gebildeten und besitzenden Großbürgertums bilde sich die Schicht des Kleinbürgertums. Engelsing demonstriert am Beispiel der Bremer Bevölkerung, wie sich im Zeitalter der Aufkärung ein Wandel des Lesestils von der „kirchentreuen Hausbibliothek und der patriarchalisch-genossenschaftlichen Familienbildung zu öffentlichen Formen privater Individualbildung"[25] vollzieht. Bis zum 18. Jahrhundert diene Lektüre dazu, befestigte Wahrheiten zu memorieren, Verhaltensregeln zu bekräftigen. Seit der Aufklärungsliteratur dagegen fänden die Leser in den ästhetisch-philosophischen Fiktionen Modelle, mit denen sie ihr Leben und die Umwelt zumindest in der literarischen Illusion um- und neugestalten könnten. Ende des 18. Jahrhunderts werde dann das Bemühen wirksam, die Trennung zwischen Beruf und bürgerlichem Leben auf der einen und Partizipation an den schönen Künsten auf der anderen Seite aufzuheben: „Überall, wo es darum ging, neue Lebensformen zu gestalten, griff der Bürger zuerst auf das Buch zurück."[26]

Im Vergleich zu den geistesgeschichtlichen Gesamtdarstellungen (Hazard, Hettner, Köster, Martini, Schneider u.a.) gibt es aus sozialgeschichtlicher Sicht weitaus weniger umfassende Abhandlungen über das Zeitalter der Aufklärung. Franco VENTURI (1970) bemängelt an den deutschen Beiträgen von Kant bis Cassirer, daß sie so vieles über Religion und Philosophie und so gut wie nichts über gesellschaftliche Probleme enthalten. Er selbst dagegen verfolgt die politischen und sozialen Bewegungen im europäischen 18. Jahrhundert anhand von Schriften mit republikanischen (utopischen oder reformerischen) Tendenzen. Wenn auch deutsche Forscher früherer Jahrzehnte die politischen und materiellen Faktoren in den seltensten Fällen gebührend in Rechnung stellen, so fehlt es doch nicht ganz an sozialgeschichtlichen Untersuchungen in einem weiteren Sinne. Das gilt vor allem für die Arbeiten von Fritz BRÜGGEMANN, dem Herausgeber und Kommentator der Kindermannschen ›Reihe Aufklärung‹. In seinem richtungweisenden Aufsatz über den Kampf um die bürgerliche Welt- und Lebensanschauung (1925) erkennt er das zentrale kulturgeschichtliche Ereignis des 18. Jahrhunderts in der Wandlung von der höfischen Standeskultur zur bürgerlich geprägten Lebensweise. Der Publikumserfolg von Defoes ›Robinson‹ signalisiere die Veränderung in Richtung auf eine neue Gefühlskultur, die das Religiöse und Innerweltliche gleichermaßen umfasse. Die Tugenden der Aufrichtigkeit, Redlichkeit und Treue träten in den Vordergrund, und in der ›Emilia Galotti‹ werde die bürgerliche Kultur sich erstmals ihrer selbst voll bewußt, so daß die ethischen Gegensätze auf die gegensätzlichen Stände verteilt werden können. Brüggemann verfolgt die Entwicklung der bürgerlichen Gefühlskultur, die sich zunehmend verselbständige und in der Romantik schließlich (Kleists ›Hermannsschlacht‹) auch von den mäßigenden Tugendvorstellungen löse. Herbert SCHÖFFLER (1940) z. B., der das deutsche Geistesleben zwischen Reformation und Aufklärung (von Opitz zu Wolff) behandelt und sich dabei auf das in dieser Zeit dominierende Schlesien konzentriert, lehnt zwar eine materialistische Literaturerklärung mit dem Hinweis ab, daß sich der geistige Aufschwung Schlesiens gerade unter ungünstigsten wirtschaftlichen Bedingungen vollziehe – was übrigens für Materialisten kein stichhaltiges Argument ist –, erkennt jedoch im Gegensatz zu Nadler die Gründe für die Blüte nicht in der Entfaltung eines konstanten Stammescharakters, sondern in dem Zusammenspiel geistiger, religiöser und sozialer Umweltfaktoren: Übergang von Religion in Poesie, Bedeutung der Universitäten, Herkunft der Studenten, Philosophen und Dichter; besondere Beachtung schenkt er dem Nebeneinander verschiedener Einflußmöglichkeiten. Fast alle schlesischen Dichter und Philosophen seien protestantischer Herkunft und kämen in ihrem Heimatland infolge der Gegenreformation mit Katholiken in Berührung. Die Theologen studierten in Wittenberg (Lutheraner), die Studenten der weltlich-schöngeistigen Fächer in Leyden (Calvinisten), wo sie mit westlichen Cartesianern Kontakt aufnähmen. Schöffler zeichnet somit die Kraftlinien nach, die sich zu einer bestimmten Zeit in einem bestimmten Raum berühren, abstoßen oder vereinen, in jedem Falle aber geistig-soziale Veränderungen bewirken.

Im Unterschied zu Schöffler sieht Arnold HAUSER (1953) die Kunst eingebettet in die geistigen und materiellen Lebens- und Produktionsweisen bestimmter historischer Phasen. Im 18. Jahrhundert konstatiert er den durch Verstärkung von Handel und Industrie bedingten Aufstieg des Bürgertums und eine vom Mittelstand sich abhebende Bourgeoisie als neue Trägerschicht für Kultur, die jedoch noch lange der höfisch-klassizistischen Welt verhaftet bleibe. Die Aufklärung behandelt er in dem übergreifenden Kapitel „Rokoko, Klassizismus und Romantik", wobei er hervorhebt, daß die Ablösung der höfischen Kunst durch bürgerlichen Subjektivismus bereits im Rokoko vorbereitet werde, das keine „Königskunst"[27] wie die des Barock, sondern eine Kunst der Aristokratie und des Großbürgertums sei. Während die Aufklärung in Westeuropa für allmähliche Verbürgerlichung der Kultur stehe, spiele sie in Deutschland eine untergeordnete Rolle, da sich hier bereits romantisch-irrationale Kräfte durchgesetzt hätten, bevor der Rationalismus überhaupt zum Zuge gekommen sei. Er bleibe bis auf ganz wenige Vertreter (Lessing) Schuldoktrin, da er die Hypothek der spezifischen deutschen Verhältnisse übernehmen müsse: Rückgang des Handels und Verfall der städtisch-bürgerlichen Kultur im 17. Jahrhundert; mangelndes Interesse der Territorialherren an den Städten; Partikularismus; Imitation des französischen Stils und „Untertanenmoral"[28]. Erst mit dem Sturm und Drang setzten auch in Deutschland entschieden bürgerliche Tendenzen ein, doch diese hätten der Aufklärung und damit dem Bürgertum letztlich einen schlechten Dienst erwiesen.

Der Band ›Aufklärung‹ aus den ›Erläuterungen zur deutschen Literatur‹ (1958), hrsg. vom [DDR-]KOLLEKTIV FÜR LITERATURGESCHICHTE, betrachtet das 18. Jahrhundert als Ausgang und Grundlage für die Ökonomie, Philosophie und Literatur unserer Gegenwart und mißt ihm daher erhöhte Bedeutung zu. Das Buch beginnt mit einer Zusammenfassung wirtschaftlicher, sozialer und geistiger Faktoren des Aufklärungszeitalters: Blüte der kapitalistischen Manufaktur; Übergang zur maschinellen Produktion; empirische und materialistische Wissenschaften; Kritik an Religion und Atheismus; bürgerlich-ideologische Auseinandersetzung mit dem Feudalabsolutismus, mündend in die allmähliche Vorbereitung der Französischen Revolution. In den nachfolgenden literarhistorischen Abschnitten bleibt der Band über weite Strecken der Darstellung von Hermann Hettner verpflichtet.

Im Einleitungsteil wird Aufklärung begriffen als „Ideologie der Vorbereitung der bürgerlichen Revolution. Ihre Grundlage ist der Emanzipationskampf, den das Bürgertum gegen den niedergehenden Feudalismus führte und der nach der bürgerlichen Machtergreifung die ungehemmte Entwicklung des Kapitalismus zum Resultat hatte."[29] Damit soll bereits der Doppelcharakter der Aufklärung gekennzeichnet sein: Das Bürgertum wirke zwar stellvertretend für alle unterdrückten Schichten und vertrete in seinem antifeudalistischen Kampf auch die werktätige Bevölkerung; gleichzeitig jedoch verstärke sich mit dem Kapitalismus der Gegensatz zu den Massen der Plebejer, Handwerker und Manufakturarbeiter, denen die Bourgeoisie mehr und mehr als Ausbeuterklasse gegenübertrete. Diese dem Bürgertum anhaftende Widersprüchlichkeit zeige sich besonders deutlich an einer Figur wie Voltaire mit seinen antifeudalen und atheistischen Tendenzen auf der einen und seinen großbürgerlichen Auffassungen von der ordnungssichernden Macht der Religion und der notwendigen Verteilung des Kapitals auf der anderen Seite. Auch die Physiokraten sähen im Privateigentum und in der Vermögensungleichheit die natürlichen Gesetze der Gesellschaft. Die sich dagegen richtende demokratisch-plebejische Bewegung (Rousseau, Mably, Morelly) avisiere zwar in ihren utopisch-kommunistischen Konzeptionen die Widersprüche der Ausbeutergesellschaft, doch habe sie unterliegen müssen, da nicht die Herrschaft des Volkes, sondern die der Bourgeoisie „an der Zeit"[30] gewesen sei.

Für die Aufklärung in Deutschland verweist das Kollektiv auf die erschwerenden Umstände, die in diesem Zusammenhang üblicherweise genannt werden: die durch den 30jährigen Krieg verursachte materielle und kulturelle Verelendung; die Kleinstaaterei; die handgreiflichere Abhängigkeit von den Duodezfürsten; das Fehlen einer reichen Bourgeoisie, einer revolutionären Intelligenz und breiter plebejischer Schichten als treibende Kraft für den erstarkenden Kapitalismus; der durch das Luthertum verstärkte Untertanengeist. So sei zu erklären, daß viele westliche Importe der Aufklärung in Deutschland ins Kleinliche und Philiströse abgebogen und mit reaktionären Elementen (Ideen von Svarez bei Wolff) vermischt würden. Bei so vielen Hindernissen, die die deutsche Misere der Aufklärung entgegensetze, könne eine revolutionäre Tendenz sich noch nicht auf gesellschaftspolitischem oder auch nur religiösem Gebiet (allenfalls Pantheismus statt Atheismus), wohl aber in der Erkenntnistheorie, Ästhetik und Bibelkritik auswirken. Andererseits jedoch könne die deutsche Aufklärung über die westeuropäische hinausgehen, da sie wegen der Verspätung eine Höhe der Philosophie vorfinde, die bereits dialektisches Denken vorbereite und grundsätzliche Probleme, die in der englischen und französischen Philosophie nicht zu Ende gedacht würden (empiristische Erkenntnistheorie, Widersprüche bürgerlicher Revolution usw.), weiterverfolge (Hegel, Marx). Als Errungenschaften der Literatur der deutschen Aufklärung nennt das Kollektiv: (1) Fundamentierung einer deutschen Nationalliteratur. (2) Bildung einer deutschen Literatursprache. (3) Kampf gegen den Feudalabsolutismus. (4) Eintreten für historischen Fortschritt. (5) Bemühen um wirklichkeitsgetreue Darstellung, um Realismus. (6) Volksgebundenheit: Stilideal der Klarheit, einfache Formen wie Fabel, Kalendergeschichten usw.

Fritz VALJAVEC (1961), der die Wurzeln und Ausprägungen der abendländischen Aufklärung auf wirtschaftlichem und wissenschaftlich-kulturellem Gebiet untersucht, verweist ebenso auf die Welt des Bürgertums und die Entwicklung des Kapitalismus als gesellschaftliche Grundlagen, betont aber entgegen dem DDR-Kollektiv auch die vorbürgerliche Herkunft der Aufklärung. Hervorgegangen aus dem absolutistischen Staat, verlagere sich die „Herrenhochkultur" seit dem Ende des 17. Jahrhunderts allmählich auf eine neue Trägerschicht (Bürgertum) und lasse bald schon Ansätze erkennen, auch die Grenzen in Richtung auf den vierten Stand zu überschreiten. Als weitere Triebkräfte der Aufklärung analysiert Valjavec generelle soziale Entwicklungen wie die Zunahme der Bevölkerung, das Anwachsen und den Reichtum der Städte, die zunehmende Bedeutung der Universitäten und die steigende Zahl gebildeter Laien; sodann die Einflüsse und Einbrüche fremder Elemente in die bisher relativ abgeschlossene abendländische Welt: arabisch-jüdische Züge (besonders betont), die altpersische Religion, China als Vorbild eines aufgeklärten Staates. Die Erschließung neuer Erdteile mit fremden Sitten und Religionen führe zum Bewußtsein möglicher und wertvoller Andersartigkeit gegenüber dem Eigenen. In ähnlicher Weise wirkten auch die Sekten und Splittergruppen mit individuellen und Toleranz erfordernden Ausprägungen. Vorläufer würden wiederentdeckt, ihre Anregungen wiederaufgenommen: die alten Hochkulturen des Morgenlandes, die Spätantike, der Islam des 9. Jahrhunderts, das konfuzianische China mit seiner weitgehenden Ausschaltung des Jenseitigen und seinem Nützlichkeitsstreben, der Averroismus des Mittelalters als „Voraufklärung" und der Humanismus als „Frühaufklärung". Charakteristisch für die Darstellung von Valjavec sind unter anderem die umfassende Aufarbeitung internationaler Verflechtungen und die Hervorhebung individueller, heterodoxer Ansätze (Häresien, Sekten, revoltierendes Denken). Hieraus erklärt sich auch die berechtigte Berücksichtigung wenig glanzvoller, doch für die Entwicklung der Aufklärung sehr wirkungsträchtiger Namen.

Am Ende dieses Kapitels kommt ein Buch zur Sprache, das weder sehr neu ist noch sehr viel Neues mitzuteilen weiß und trotzdem diese Placierung rechtfertigt. Obwohl bereits 1936 erschienen, ist seine Wirkung noch jung (erst seit den 70er Jahren). Es bringt zwar nach eigenem Eingeständnis kein bislang unbekanntes Material, doch seine für deutsche Verhältnisse ungewöhnliche Synopse bildet einen vorläufigen Abschluß und gibt zugleich Anregungen für weitere Forschungen über die Zusammenhänge von Kultur- und Sozialgeschichte. Leo BALET/ E. GERHARD untersuchen den sich um die Mitte des 18. Jahrhunderts vollziehenden Stilwandel in der deutschen Kunst, Literatur und Musik. Da sie darin keinen selbständigen Vorgang, sondern einen „Teil des großen, einheitlichen, das ganze Leben umfassenden Geschehens"[31] erblicken, ordnen sie die Kunstentwicklung in den historischen Gesamtzusammenhang des 18. Jahrhunderts ein, den sie als Prozeß der Verbürgerlichung begreifen. Ihre dialektische Methode, Wechselbeziehungen zwischen den materiellen und geistigen Erscheinungen bewußtzumachen, fällt keine Vorentscheidung über die Art dieser Beziehung (Analogie oder Kausalität), was Kritiker wie Bruford, Mattenklott u.a. von verschiedenen Positionen aus bemängeln.[32]

Balet/Gerhard konstatieren für die Zeit um 1750 eine gewaltige Steigerung der Produktionsmittel und Produktivkräfte, während die Produktionsverhältnisse seit dem Ende des 30jährigen Krieges dieselben geblieben seien. Dieser Widerspruch sei nur durch eine Veränderung der Produktionsverhältnisse zu beseitigen gewesen, und somit komme es zur grundsätzlichen Auseinandersetzung zwischen der mittelalterlichen Feudalität und dem neuzeitlichen Bürgertum, die sich vorab in der Verbürgerlichung der Künste abzeichne: Die höfische Architektur und Malerei z.B. verfolge analog zum unbegrenzten Machtanspruch des Absolutismus die Tendenz zur Grenzen aufhebenden Ausdehnung: Deckenerweiterung und -öffnung in Palästen und Kirchen, Übergang in Wolken, gemalter Himmel usw. Die Kunst des Malerischen, der offenen Form und Bewegung (Wölfflin), die Antithesen, Spannungen und kontrastierenden Klanggruppen der barocken Musik und Literatur, die architektonische Dynamisierung geometrischer Formen durch Kurven, Knickungen, Vor- und Rücksprünge, die Entdeckungen der Infinitesimalrechnung, des Teleskops und Mikroskops, die die Grenzen des Sichtbaren ins Unendliche verlegten – das alles diene nicht der Darstellung des Seienden, sondern des Werdenden. In strikte Opposition zu diesem ewig ruhelosen, durch nichts zu begrenzenden Geist des Höfischen trete das bürgerliche Prinzip des selbstgenügsamen Sich-Abgrenzens. An die Stelle des sich dauernd fortsetzenden musikalischen Themenkomplexes trete das abgerundete Thema (Miniaturlied). Die bürgerliche Freude am Begrenzten führe zur Vorliebe für Abgeschlossenheit in Literatur und Gartenkunst: Abschlüsse statt endloser Alleen; Gleichmaß, Klarheit, Sachlichkeit und Ruhe. Die bürgerliche Architektur und Malerei strecke und begradige die Linien, gliedere und umgrenze den Raum, ersetze das grenzenaufhebende mythologische Deckengemälde durch das Historienbild. Alles diene der Darstellung des Seins, nicht des Werdens.

Im Dienste des antiabsolutistischen Kampfes stünden auch die ideologischen Prinzipien der Humanität (alle Klassenunterschiede sollen übersprungen werden), der Natürlichkeit (gegen höfische Affektation) und der bürgerlichen Subjektivität (Eigenwert statt Standeswert). Literarischer Ausdruck der Valenz des Individuums und der Beschäftigung mit ihm sei die neue Briefkultur (im ›Werther‹ erhalte das Ich eine so überhöhte Stellung, daß es selbst wieder in Absolutismus umschlage), die Autobiographie, die mehr und mehr egozentrierte Lyrik usw. Diese Beispiele bezeugen, daß Balet/Gerhard die gesamte zweite Hälfte des 18. Jahrhunderts im Auge haben und somit unter dem Gesichtspunkt fortschreitender Verbürgerlichung kaum Unterschiede zwischen Aufklärung, Empfindsamkeit, Geniezeit und Klassik wahrnehmen. Ist von der Aufklärung im engeren Sinne die Rede (etwa von 1750–1800), so wird auch sie als bürgerliches Kampfmittel, speziell gegen die Religion verstanden: Lächerlichmachung der Pfaffen in den Dramen (›Nathan‹, ›Götz‹, ›Faust‹, ›Räuber‹, ›Don Carlos‹); Verweltlichung der Musik, bürgerliche Tugend gegen adlige Herrschaft; moralisierend-didaktische Dichtung: Fabel, Lehrgedicht usw.

Es ist aussichtslos, die Fülle der Beobachtungen und Zusammenhänge bei Balet/Gerhard referieren zu wollen. Hervorgehoben zu werden verdient jedoch ein methodischer Grundzug, der dieses Buch vor vielen anderen auszeichnet und – trotz der nicht immer vermiedenen Gefahr analogistischer Konstruktionen – zu einem Neuansatz und Wegweiser für kommende Forschung machen kann: Gegenstand der sozialgeschichtlichen Analyse von Literatur sind nicht nur deren gesellschaftsbezogene Inhalte, sondern auch und in erster Linie ihr Wandel der Formen, in denen sich gesellschaftliche Prozesse und Antagonismen zwar nicht unmittelbar mitteilen, wohl aber verraten.

Anmerkungen

[1] Martin Greiner: „Aufklärung". In: RL Bd. 1. 2. Aufl., S. 119. Vgl. dazu den Artikel aus geistesgeschichtl. Sicht von Martin Sommerfeld in der Erstaufl. 1925/26. 1. Bd., S. 90–97.
[2] Ebd. S. 124.
[3] Vgl. Marx/Engels Bd. 1. Berlin 1957, S. 550 u. ö.
[4] Iring Fetscher: Aufklärung. In: Sowjetsystem u. demokrat. Gesellsch. 1 (1966), S. 453.

[5] E. Donnert: Zur Methodologie d. Aufklärung. In: Ost u. West in der Geschichte d. Denkens ... Berlin 1966, S. 242.
[6] Willi Oelmüller: Aufklärung. In: Handbuch philosophischer Grundbegriffe. München 1973, S. 142.
[7] Hermann Lübbe: Traditionsverlust u. Fortschrittskrise. In: Wolfenbütteler Studien z. Aufklärung 1 (1974), S. 20.
[8] Niklas Luhmann: Soziolog. Aufklärung. Bd. 1, S. 67.
[9] Willi Oelmüller: Was ist heute Aufklärung? Düsseldorf 1972, S. 142.
[10] Ernst Topitsch (Hrsg.): Logik der Sozialwissenschaften. Köln, Berlin [7]1971, S. 124.
[11] Horkheimer/Adorno: Dialektik d. Aufklärung. Neudr. Frankfurt a. M. 1969, S. 93.
[12] Ebd.
[13] Jürgen Habermas: Philosophisch-politische Profile. Frankfurt a. M. [2]1973, S. 182.
[14] Ders.: Erkenntnis und Interesse. Frankfurt a. M. [3]1975, S. 261.
[15] Ebd. S. 253.
[16] Niklas Luhmann, a. a. O., S. 77.
[17] Ebd. S. 84.
[18] Walter H. Bruford: Die gesellschaftlichen Grundlagen der Goethezeit. Frankfurt a. M., Berlin, Wien 1975, S. 9.
[19] Rolf Engelsing: Zur Sozialgeschichte deutscher Mittel- und Unterschichten. Göttingen 1973, S. 11.
[20] Jürgen Habermas: Strukturwandel der Öffentlichkeit. Neuwied, Berlin [5]1971, S. 44.
[21] Ebd. S. 51.
[22] Gerhart von Graevenitz: Innerlichkeit u. Öffentlichkeit. In: DVjs Sonderh. 1975 („18. Jh."), S. 81.
[23] Hans Jürgen Haferkorn: Der freie Schriftsteller. In: Archiv f. Gesch. d. Buchwesens 5 (1964), S. 688.
[24] Ebd. S. 684.
[25] Rolf Engelsing: Der Bürger als Leser. Stuttgart 1974, S. 182.
[26] Ebd. S. 257.
[27] Arnold Hauser: Sozialgeschichte d. Kunst u. Literatur. Neudr. München 1972, S. 543.
[28] Ebd. S. 619.
[29] [DDR-]Kollektiv f. Literaturgeschichte (Hrsg.): Aufklärung. Berlin 1958, S. 15.
[30] Ebd. S. 25.
[31] Leo Balet/E. Gerhard: Die Verbürgerlichung d. dt. Kunst ... Neudr. Frankfurt a. M., Berlin, Wien 1973, S. 3.
[32] Vgl. Gert Mattenklott: Widerspiegelung im Stilwandel. In: Ebd. S. V ff.

Sozialgeschichtlich

Literatur

Abel, Wilhelm: Massenarmut und Hungerkrisen im vorindustriellen Deutschland. Göttingen 1972.

Albert, Hans: Der kritische Rationalismus Karl Raimund Poppers. In: Archiv f. Rechts- und Sozialphilosophie 46 (1960), S. 391–415.

Balet, Leo, Eberhard Gerhard: Die Verbürgerlichung der deutschen Kunst, Literatur und Musik im 18. Jh. (Straßburg, Leipzig, Zürich, Leiden 1936) Neudr. Frankfurt a. M., Berlin, Wien 1973.

Beck, Angelika: „Der Bund ist ewig". Zur Physiognomie einer Lebensform im 18. Jh. Erlangen 1982.

Becker, Jörg: Bibliotheksreisen in Deutschland im 18. Jh. In: Archiv f. Gesch. d. Buchwesens 21 (1980), Sp. 1361–1534.

Bloch, Ernst: Christian Thomasius. Ein deutscher Gelehrter ohne Misere. Berlin 1953.

Bödeker, Hans Erich, U. Hermann: Über den Prozeß der Aufklärung in Deutschland: Personen, Institutionen, Medien. Göttingen 1987.

Bönig, Holger: Der 'gemeine Mann' als Adressat aufklärerischen Gedankengutes. Ein Forschungsbericht zur Volksaufklärung. In: Das achtzehnte Jahrhundert. Mitteilungen der Deutschen Gesellschaft für die Erforschung des 18. Jahrhunderts 12 (1988), S. 52–80.

Brüggemann, Fritz: Der Kampf um die bürgerliche Welt- und Lebensanschauung in der deutschen Literatur des 18. Jh. In: DVjs 3 (1925), S. 94–127.

Bruford, Walter Horace: Germany in the 18th Century. The Social Background of the Literary Revival (Cambridge 1935). Dt. Ausg.: Die gesellschaftlichen Grundlagen der Goethezeit. Frankfurt a. M., Berlin, Wien 1975.

Bürger, Christa, Peter Bürger, Jochen Schulte-Sasse (Hrsg.): Aufklärung und literarische Öffentlichkeit. Frankfurt a. M. 1980.

Cleve, John W. van: The Merchant in German Literature of the Enlightenment. Chapel Hill, London 1986.

Cocalis, Susan L.: Der Vormund will Vormund sein: Zur Problematik der weiblichen Unmündigkeit im 18. Jh. In: Amsterdamer Beiträge zur neueren Germanistik 10 (1980), S. 33–55.

Dahrendorf, Ralf: Die angewandte Aufklärung. München 1963.

Dann, Otto (Hrsg.): Lesegesellschaften und bürgerliche Emanzipation. Ein europäischer Vergleich. München 1981.

Dann, Otto: Lesegesellschaften im 18. Jh. Ein Forschungsbericht. In: Internationales Archiv f. Sozialgeschichte d. deutschen Literatur 14 (1989), S. 45–53.

[DDR]-Kollektiv f. Literaturgeschichte (Hrsg.): Aufklärung. In: Erläuterungen zur deutschen Literatur. (1958) 3. Aufl. Berlin 1971.

Donnert, Erich: Zur Methodologie der Aufklärung. In: Ost und West in der Geschichte des Denkens und der kulturellen Beziehungen. Festschr. f. Eduard Winter. Berlin 1966, S. 238–242.

Dülmen, Richard van: Die Gesellschaft der Aufklärer: Zur bürgerlichen Emanzipation und aufklärerischen Kultur in Deutschland. Frankfurt a. M. 1986.

Effenberger, Hubert: Studien zum Einfluß von Gesellschaft und Wirtschaft auf das literarische Leben des 18. Jh. Diss. Wien 1949 [Masch].

Engelsing, Rolf: Der Bürger als Leser. Die Bildung der protestantischen Bevölkerung Deutschlands im 17. und 18. Jh. am Beispiel Bremens. In: Archiv f. Gesch. d. Buchwesens 3 (1961), S. 205–368.

–: Zur Sozialgeschichte deutscher Mittel- und Unterschichten. Göttingen 1973.

–: Der Bürger als Leser. Lesergeschichte in Deutschland 1500–1800. Stuttgart 1974.

Erning, Günter: Das Lesen und die Lesewut. Beiträge zu Fragen der Lesergeschichte. Dargestellt am Beispiel der schwäbischen Provinz. Bad Heilbrunn 1974.

Fertig, Ludwig: Der Adel im deutschen Roman des 18. und 19. Jh. Diss. Heidelberg 1965.

Fetscher, Iring: Aufklärung. In: Sowjetsystem und demokratische Gesellschaft 1 (1966), S. 437–460.

Frühwald, Wolfgang, Alberto Martino u. a. (Hrsg.): Zwischen Aufklärung und Restauration. Sozialer Wandel in der deutschen Literatur (1700–1848). Festschr. f. Wolfgang Martens zum 65. Geburtstag. Tübingen 1989.

Gabler, Hans-Jürgen: Geschmack und Gesellschaft. Rhetorische und sozialgeschichtliche Aspekte der frühaufklärerischen Geschmackskategorie. Frankfurt a. M., Bern 1982.

Gerth, Hans: Die sozialgeschichtliche Lage der bürgerlichen Intelligenz um die Wende des 18. Jh. Ein Beitrag zur Soziologie des deutschen Frühliberalismus. Diss. Frankfurt a. M. 1935. Neuausg. u. d. T.: Bürgerliche Intelligenz um 1800. Göttingen 1976.

Gessinger, Joachim: Sprache und Bürgertum. Zur Sozialgeschichte sprachlicher Verkehrsformen im Deutschland des 18. Jh. Stuttgart 1980.

Glarner, Elsbeth: Wandlungen im Geiste des Bürgertums um die Wende des 18. Jh. im Spiegel der deutschen Dichtung der Zeit. Diss. Bonn 1927.

Göpfert, Herbert G.: Bemerkungen über Buchhändler und Buchhandel zur Zeit der Aufklärung in Deutschland. In: Wolfenbütteler Studien zur Aufklärung 1 (1974), S. 69–83.

Graevenitz, Gerhard v.: Innerlichkeit und Öffentlichkeit. Aspekte deutscher „bürgerlicher" Literatur im frühen 18. Jh. In: DVjs Sonderheft 1975 („18. Jh."), S. 1–82.

Greiner, Martin: Aufklärung. In: Reallexikon der deutschen Literaturgeschichte. Bd. 1. 2. Aufl. Berlin 1958, S. 117–125.

Grenz, Dagmar: Von der Nützlichkeit und der Schädlichkeit des Lesens. Lektüreempfehlungen in der Mädchenliteratur des 18. Jh. In: Die Schiefertafel. Zeitschrift f. historische Kinderbuchforschung 4 (1981), S. 74–92.

Grimminger, Rolf (Hrsg.): Deutsche Aufklärung bis zur Französischen Revolution 1680–1789. In: Rolf Grimminger (Hrsg.): Hansers Sozialgeschichte der deutschen Literatur vom 16. Jh. bis zur Gegenwart. Bd. 3. München 1980.

Guthke, Karl S.: Literarisches Leben im 18. Jh. in Deutschland und in der Schweiz. Bern, München 1975.

Habermas, Jürgen: Strukturwandel der Öffentlichkeit. Untersuchung zu einer Kategorie der bürgerlichen Gesellschaft. (1962) 5. Aufl. Neuwied, Berlin 1971.
–: Erkenntnis und Interesse. (1968) 3. Aufl. Frankfurt a. M. 1975.
–: Theorie und Praxis. Sozialphilosophische Studien. (1963) 4. Aufl. Neuwied, Berlin 1971.
–: Philosophisch-politische Profile. (1971) 2. Aufl. Frankfurt a. M. 1973.
Häufl, Heinrich: Aufklärung und Ökonomie. Zur Position der Physiokraten im siècle des lumières. München 1977.
Haferkorn, Hans Jürgen: Der freie Schriftsteller: Eine literatursoziologische Studie über seine Entstehung und Lage in Deutschland zwischen 1750 und 1800. In: Archiv f. Gesch. d. Buchwesens 5 (1964), S. 523–712.
Haider-Pregler, Hilde: Des sittlichen Bürgers Abendschule. Bildungsanspruch und Bildungsauftrag des Berufstheaters im 18. Jh. Wien, München 1980.
Hartinger, Walter: Raubkriminalität und soziale Schichtung. Zur Wirkung bürgerlicher Lebensnormen im 18. Jh. In: Zeitschr. f. Volksk. 70 (1974), S. 1–19.
Hartmann, Klaus L., Friedhelm Nyssen, Hans Waldeyer (Hrsg.): Schule und Staat im 18. und 19. Jh. Zur Sozialgeschichte der Schule in Deutschland. Frankfurt a. M. 1974.
Hauser, Arnold: Sozialgeschichte der Kunst und Literatur. (1953) Neudr. München 1972.
Hermand, Jost: In Tyrannos. Über den politischen Radikalismus der sogenannten „Spätaufklärer". In: Von Mainz nach Weimar. Stuttgart 1969, S. 9–52.
Hermann, U. (Hrsg.): Die Bildung des Bürgers. Die Formierung der bürgerlichen Gesellschaft und die Gebildeten im 18. Jh. Weinheim, Basel 1982.
Hinck, Walter: Soziale Grundlagen des Denkens. Eine Skizze. [Einleitung in:] Europäische Aufklärung. 1. Teil. In: Neues Handbuch der Literaturwissenschaft. Bd. 11. Frankfurt a. M. 1974, S. 1–14.
Horkheimer, Max: The Eclipse of Reason. (New York 1947) Dt. Ausg.: Zur Kritik der instrumentellen Vernunft. Frankfurt a. M. 1967.
Horkheimer, Max, Theodor W. Adorno: Dialektik der Aufklärung. Philosophische Fragmente. (Amsterdam 1947) Neudr. Frankfurt a. M. 1969.
Ide, Heinz, Bodo Lecke (Hrsg.): Ökonomie und Literatur. Lesebuch zur Sozialgeschichte und Literatursoziologie der Aufklärung und Klassik. Frankfurt a. M., Berlin, München 1973.
Im Hof, Ulrich: Das gesellige Jahrhundert. Gesellschaft und Gesellschaften im Zeitalter der Aufklärung. München 1982.
Jaumann, Herbert: Emanzipation als Positionsverlust. Ein sozialgeschichtlicher Versuch über die Situation des Autors im 18. Jh. In: Zeitschrift f. Literaturwissenschaft und Linguistik 11 (1981), S. 46–72.
Kaiser, Achim: Gesellige Bildung. Studien und Dokumente zur Bildung Erwachsener im 18. Jh. Heilbronn 1989.
Kapitza, Peter K.: Ein bürgerlicher Krieg in der gelehrten Welt. Zur Geschichte der Querelle des Anciens et des Modernes in Deutschland. München 1981.
Kiesel, Helmuth, Paul Münch: Gesellschaft und Literatur im 18. Jh. Vorausset-

zung und Entstehung des literarischen Markts in Deutschland. München 1977.

Kofler, Leo: Zur Geschichte der bürgerlichen Gesellschaft. Versuch einer verstehenden Deutung der Neuzeit. (Halle 1948) 4. Aufl. Neuwied, Berlin 1971.

Koselleck, Reinhart: Kritik und Krise. Ein Beitrag zur Pathogenese der bürgerlichen Welt. (Freiburg, München 1959) Neudr. Frankfurt a. M. 1973.

Krauss, Werner: Über den Anteil der Buchgeschichte an der literarischen Entfaltung der Aufklärung. In: Sinn und Form 12 (1960), S. 32–88.

–: Über die Konstellation der Aufklärung in Deutschland. In: Sinn und Form 13 (1961), S. 65–100.

–: Die französische Aufklärung im Spiegel der deutschen Literatur des 18. Jh. Berlin 1963.

–: Die französische Aufklärung und die deutsche Geisteswelt. In: Archiv f. d. Studium d. Neueren Sprachen u. Literaturen 200 (1964), S. 264–283.

–: Zur Bezeichnung einiger philosophischer Grundbegriffe der deutschen und französischen Aufklärung. In: Neue Beiträge zur Literatur der Aufklärung. Berlin 1964, S. 7–11.

–: Perspektiven und Probleme. Zur französischen und deutschen Aufklärung. Neuwied, Berlin 1965.

–: Der komparatistische Aspekt der Aufklärungsliteratur. In: Werk und Wort. Aufsätze zur Literaturwissenschaft und Wortgeschichte. Berlin, Weimar 1972, S. 61–72.

Kügel, Werner: Besitzdenken in der Frühzeit der deutschen Aufklärung. Eine Untersuchung an belehrenden Texten und Komödien. Nürnberg 1980.

Lübbe, Hermann: Traditionsverlust und Fortschrittskrise. Sozialer Wandel als Orientierungsproblem. In: Wolfenbütteler Studien zur Aufklärung 1 (1974), S. 12–33.

Luhmann, Niklas: Soziologische Aufklärung. Bd. 1–2. Opladen 1970/1975.

Lukács, Georg: Größe und Grenzen der deutschen Aufklärung. In: Fortschritt und Reaktion in der deutschen Literatur. Berlin 1950, S. 11–29.

–: Das ästhetische Problem des Besonderen in der deutschen Aufklärung und bei Goethe. In: Festschr. f. Ernst Bloch. Berlin 1955, S. 201–227.

Lutz, Bernd (Hrsg.): Deutsches Bürgertum und literarische Intelligenz 1750–1800. Stuttgart 1974.

Mälzer, Gottfried: Bücherzensur und Verlagswesen im 18. Jh. In: Archiv f. Gesch. d. Buchwesens 13 (1973), S. 289–316.

Manheim, Ernst: Aufklärung und öffentliche Meinung. In: Norbert Schindler (Hrsg.): Studien zur Soziologie der Öffentlichkeit im 18. Jh. Kultur und Gesellschaft Bd. 4. Stuttgart 1979.

Martens, Wolfgang: Die Botschaft der Tugend. Die Aufklärung im Spiegel der deutschen Moralischen Wochenschriften. (1968) 2. Aufl. Stuttgart 1971.

–: Die Flugschriften gegen den Patrioten (1724). Zur Reaktion auf die Publizistik der frühen Aufklärung. In: Rezeption und Produktion zwischen 1570 und 1730. Festschr. f. Günther Weydt. Bern, München 1972, S. 515–536.

–: Die Geburt des Journalisten in der Aufklärung. In: Wolfenbütteler Studien zur Aufklärung 1 (1974), S. 84–98.

–: Leserezepte fürs Frauenzimmer. Die Frauenzimmerbibliotheken der deutschen Moralischen Wochenschriften. In: Archiv f. Gesch. d. Buchwesens 15 (1975), Sp. 1143–1200.

Mattenklott, Gert, Klaus Scherpe (Hrsg.): Literatur der bürgerlichen Emanzipation im 18. Jh. Literatur im historischen Prozeß. Ansätze materialistischer Literaturwissenschaft. Analysen, Materialien, Studienmodelle. Kronberg 1973.

–: Grundkurs 18. Jh. Die Funktion der Literatur bei der Formierung der bürgerlichen Klasse Deutschlands im 18. Jh. 2 Bde. Kronberg 1974.

Mayer, Hans: Faust, Aufklärung, Sturm und Drang. In: Ders.: Zur deutschen Klassik und Romantik. Pfullingen 1963, S. 7–29.

Menhennet, A.: Order and Freedom. Literature and Society in Germany from 1720 to 1805. London 1973.

Moeller, Helmut: Die kleinbürgerliche Familie im 18. Jh. Verhalten und Gruppenkultur. Berlin 1969.

Mühlpfordt, Günter: Die deutsche Aufklärung und ihr Zentrum Halle–Leipzig. Zur gesamtgeschichtlichen Betrachtung geistiger Bewegungen. In: Wissenschaftl. Annalen 2 (1953), S. 370–385.

Muse, Helga: Frauen in der Literatur des 18. Jh. Sammelbesprechung einiger Neuerscheinungen nebst Auswahlbibliographie 1982–88. In: Das achtzehnte Jahrhundert. Mitteilungen der Deutschen Gesellschaft für die Erforschung des 18. Jh. 13 (1989), S. 19–39.

Nasse, Peter: Die Frauenzimmer-Bibliothek des Hamburger 'Patrioten' von 1724. Zur weiblichen Bildung in der Frühaufklärung. Teilbd. 1.2. Stuttgart 1976.

Nickisch, Reinhard M. G.: Die Frau als Briefschreiberin im Zeitalter der deutschen Aufklärung. In: Günter Schulz (Hrsg.): Wolfenbütteler Studien zur Aufklärung 3 (1976), S. 29–65.

Oelmüller, Willi: Was ist heute Aufklärung? Düsseldorf 1972.

–: Aufklärung. In: Handbuch philosophischer Grundbegriffe. München 1973, S. 141–154.

–: Die unbefriedigte Aufklärung. Beiträge zu einer These der Moderne von Lessing, Kant und Hegel. Frankfurt a. M. 1979.

Pikulik, Lothar: Leistungsethik contra Gefühlskult. Über das Verhältnis von Bürgerlichkeit und Empfindsamkeit in Deutschland. Göttingen 1984.

Ploss, Wolfgang: „Natur", Naturrecht und Geschichte. Zur Entwicklung der Naturwissenschaften und der sozialen Selbstinterpretation im Zeitalter des Naturrechts '1600–1800'. In: IASL 3 (1978), S. 38–67.

Popper, Karl R.: The Open Society and its Enemies. (London 1945) Dt. Ausg.: Die offene Gesellschaft und ihre Feinde. (Bern 1957/1958) 4. Aufl. München 1975.

Prüsener, Marlies: Lesegesellschaften im 18. Jh. Ein Beitrag zur Lesergeschichte. In: Archiv f. Gesch. d. Buchwesens 13 (1973), S. 369–594.

Raabe, Paul, Wilhelm Schmidt-Biggemann (Hrsg.): Aufklärung in Deutschland. Bonn 1979.
Reh, Albert M.: Wunschbild und Wirklichkeit. Die Frau als Leserin und als Heldin des Romans und des Dramas der Aufklärung. Ein Beitrag zur Literaturpsychologie der Aufklärung. In: Wolfgang Paulsen (Hrsg.): Die Frau als Heldin und Autorin. Neue kritische Ansätze zur deutschen Literatur. Bern, München 1979, S. 82–95.
Reijen, Willem van, Gunzelin Schmid-Noerr (Hrsg.): Vierzig Jahre Flaschenpost: „Dialektik der Aufklärung" 1947 bis 1987. Frankfurt a. M. 1987.
Reinalter, Helmut (Hrsg.): Aufklärung und Geheimgesellschaften. Zur politischen Funktion und Sozialstruktur der Freimaurerlogen im 18. Jh. München 1989.
Rieck, Werner: Literarische Prozesse in der ersten Phase der deutschen Frühaufklärung. In: Weimarer Beiträge 17 (1971), S. 115–138.
Riedel, Manfred: Bürgerlichkeit und Humanität. In: Rudolf Vierhaus (Hrsg.): Bürger und Bürgerlichkeit im Zeitalter der Aufklärung. Heidelberg 1981, S. 13–34.
Rietzschel, Evi, Thomas Rietzschel: Schriftsteller und Verleger in der zweiten Hälfte des 18. Jh. in Deutschland. In: Weimarer Beiträge 22 (1976), S. 122–147.
Rüsen, Jörg, Eberhard Lämmert, Peter Glotz (Hrsg.): Die Zukunft der Aufklärung. Frankfurt a. M. 1988.
Rumpf, Walter: Das literarische Publikum und sein Geschmack in den Jahren 1760 bis 1770. Diss. Frankfurt a. M. 1924 [Masch.].
–: Das literarische Publikum der 60er Jahre des 18. Jh. in Deutschland. In: Euphorion 28 (1927), S. 540–564.
Sauder, Gerhard: Sozialgeschichtliche Aspekte der Literatur im 18. Jh. In: IASL 4 (1979), S. 197–241.
Scheffers, Henning: Höfische Konvention und die Aufklärung. Wandlungen des honnête-homme-Ideals im 17. und 18. Jh. Bonn 1980.
Schenda, Rudolf: Volk ohne Buch. Studien zur Sozialgeschichte der populären Lesestoffe 1770–1919. Frankfurt a. M. 1970.
Schlaffer, Heinz: Der Bürger als Held. Sozialgeschichtl. Auflösungen literarischer Widersprüche. Frankfurt a. M. 1973.
Schlumbohm, Jürgen: Freiheit. Die Anfänge der bürgerlichen Emanzipationsbewegung in Deutschland im Spiegel ihres Leitwortes. Düsseldorf 1975.
Schneider, Franz: Pressefreiheit und politische Öffentlichkeit. Neuwied 1966.
Schöffler, Herbert: Protestantismus und Literatur. Neue Wege zur englischen Literatur des 18. Jh. (Leipzig 1922) Neudr. Göttingen 1958.
–: Das literarische Zürich 1700–1750. Frauenfeld, Leipzig 1925.
–: Deutsches Geistesleben zwischen Reformation und Aufklärung. Von Martin Opitz zu Christian Wolff. 2. Aufl. Frankfurt a. M. 1956. [Erstausg. u. d. T. ›Deutscher Osten im deutschen Geist‹. Frankfurt a. M. 1940.]
Schöne, Albrecht: Säkularisation als sprachbildende Kraft. Studien zur Dichtung deutscher Pfarrersöhne. (1958) 2. Aufl. Göttingen 1967.

Schrader, Hans Jürgen: Literaturproduktion und Büchermarkt des radikalen Pietismus. Johann Hinrich Reitz' 'Historia Der Wiedergebohrnen' und ihr geschichtlicher Kontrast. Göttingen 1989.

Schuhmann, Sabine: Das 'lesende Frauenzimmer': Frauenzeitschriften im 18. Jh. In: Barbara Becker-Cantarino (Hrsg.): Die Frau von der Reformation zur Romantik. Die Situation der Frau vor dem Hintergrund der Literatur- und Sozialgeschichte. Bonn 1980, S. 138–169.

Stackelberg, Jürgen von (Hrsg.): Europäische Aufklärung. In: Klaus von See (Hrsg.): Neues Handbuch der Literaturwissenschaft. Bd. 13. Wiesbaden 1980.

Stenzel, Jürgen: Idealisierung und Vorurteil. Zur Figur des „edlen Juden" in der deutschen Literatur des 18. Jh. In: Stéphane Moses, Albrecht Schöne (Hrsg.): Juden in der deutschen Literatur. Ein deutsch-israelisches Symposion. Frankfurt a. M. 1986, S. 114–126.

Toellner, Richard von (Hrsg.): Aufklärung und Humanismus. Heidelberg 1980.

Topitsch, Ernst (Hrsg.): Logik der Sozialwissenschaften. (1965) 9. Aufl. Köln, Berlin 1976.

Valjavec, Fritz: Geschichte der abendländischen Aufklärung. Wien, München 1961.

Venturi, Franco: Utopia e riforma nell'illuminismo. Torino 1970.

Vierhaus, Rudolf: Deutschland im 18. Jh.: Soziales Gefüge, politische Verfassung, geistige Bewegung. In: Lessing und die Zeit der Aufklärung. Göttingen 1968, S. 12–29.

Vierhaus, Rudolf (Hrsg.): Bürger und Bürgerlichkeit im Zeitalter der Aufklärung. Heidelberg 1981.

Voss, Jürgen: Zur deutschen Aufklärungsdiskussion im späten 18. Jh. In: Innsbrucker historische Studien 7/8 (1985), S. 263–283.

Voßkamp, Wilhelm: Probleme und Aufgaben einer sozialgeschichtlich orientierten Literaturgeschichte des achtzehnten Jahrhunderts. In: Bernhard Fabian, Wilhelm Schmidt-Brüggemann (Hrsg.): Das achtzehnte Jahrhundert als Epoche. Nendeln 1978, S. 53–69.

Ward, Albert: Book Production, Fiction and the German Reading Public. 1740–1800. Oxford 1974.

Wehler, Hans-Ulrich: Deutsche Gesellschaftsgeschichte. Bd.: 1700–1815. Vom Feudalismus des alten Reiches bis zur defensiven Modernisierung der Reformära. München 1987 ff.

Weimann, Robert (u. a.): Zur Tradition des Realismus und Humanismus. In: Weimarer Beiträge 16 (1970), S. 31–119.

Wild, Reiner: Die Vernunft der Väter. Zur Psychographie von Bürgerlichkeit und Aufklärung in Deutschland am Beispiel ihrer Literatur für Kinder. Stuttgart 1987.

Wittmann, Reinhard: Buchmarkt und Lektüre im 18. und 19. Jh. Beiträge zum literarischen Leben 1750–1880. Tübingen 1982.

Wittmann, Walter: Beruf und Buch im 18. Jh. Diss. Frankfurt a. M. 1934.

Wuthenow, Ralph-Rainer (Hrsg.): Zwischen Absolutismus und Aufklärung:

Rationalismus, Empfindsamkeit, Sturm und Drang. In: Horst Albert Glaser (Hrsg.): Deutsche Literatur. Eine Sozialgeschichte Bd. 4. Reinbek 1980.

Zorn, Wolfgang: Deutsche Führungsschichten des 17. und 18. Jh. Forschungsergebnisse seit 1945. In: Internationales Archiv f. Sozialgeschichte d. deutschen Literatur 6 (1981), S. 176–197.

IV. DEKONSTRUKTION ALS RADIKALISIERTE AUFKLÄRUNG

Die beiden zuletzt behandelten Entfaltungen der Aufklärungskonzeption übten aus verschiedenen Gründen und mit unterschiedlichen Intentionen Kritik an ihr: Aufklärung galt unter nationalgeschichtlichen Gesichtspunkten als eine dem 'deutschen Wesen' unangemessene, ja feindliche Macht, vor der die volkhafte Seelengemeinschaft zu bewahren sei. Die sozialgeschichtliche Betrachtungsweise, vor allem in der Zuspitzung durch die Kritische Theorie, zielte bei aller grundsätzlichen Anerkennung des aufklärerischen Impetus auf dessen innere Widersprüchlichkeit, da sich der entschiedene Wille zur Reflexion zu einer reflexionslosen Instrumentalisierung der Vernunft pervertiert habe, wodurch die Massenmorde des 20. Jahrhunderts nicht nur nicht verhindert, sondern in ihrer Effizienz noch gefördert worden seien. Seit der zweiten Hälfte der 60er Jahre, zeitlich parallel zu den damals aufflakkernden, am wirkungsvollsten von den Studenten betriebenen Emanzipationsbewegungen artikuliert sich, zunächst im Umkreis französischer Denker und Wissenschaftler sowie ihrer akademischen Institutionen, eine dritte Form von Aufklärungskritik, die aufgrund ihrer Radikalität und ihres intellektuellen Potentials als bisher größte und irritierendste Herausforderung an aufklärerische Prinzipien gelten kann. Sie hat begonnen, auch das bisherige Verständnis von Texten und damit das Selbstverständnis der Literaturwissenschaft in Frage zu stellen und ihm zugleich neue Impulse zu geben, deren Auswirkungen allerdings noch in den Anfängen stecken, so daß in diesem Kapitel überwiegend von den theoretischen Ansätzen der französischen Autoren die Rede sein wird.

Einer der ersten führenden Vertreter dieser Richtung war der am Collège de France in Paris lehrende Theoretiker und Historiker der Geschichte der Denksysteme: Michel Foucault. Sein Name steht wie der von Jacques Lacan, Jacques Derrida, Jean-François Lyotard und einiger anderer für Denkansätze und Betrachtungsweisen, denen unter den Bezeichnungen „Neostrukturalismus", „Dekonstruktivismus" und „Postmoderne" eine verschwommene Affinität zuwuchs, die trotz oder gerade wegen mangelnder Übereinstimmung und diffuser Profilierungen ein gereiztes Interesse erweckte. Dieses überschlug sich sowohl bei manchen Verfechtern und Adepten derartiger Richtungen als auch bei deren Widersachern nicht selten in aufgeregtes Eiferertum. Was die ebenso differierenden wie kommensurablen Denkanstöße der genannten Franzosen verbindet, ist die mehr oder weniger gemeinsame Zurückweisung eines geschlossenen Systems und dessen Kontrollierbarkeit. Sie sehen darin den unhaltbaren Anspruch auf allgemeingültige Prinzipien eines umfassenden Sinnzusammenhangs, der unweigerlich in den Verruf längst überholter Metaphysik gerät. In der prätendierten Beherrschbarkeit eines Sinngefüges schließlich entdecken sie ein hypostasiertes Subjekt, das sich zwar als autonome Instanz gegenüber einem vernunftorientierten Ordnungssystem wähne, in Wirklichkeit aber nur das Relikt eines nicht mehr vertretbaren Idealismus sei.

Was für die zentralen Inhalte des aufklärerischen Denkens (System des Wissens, Rationalität, Subjektivität) gilt, betrifft ebenso eine der fundamentalen Formen seiner Denkbewegung: die Dialektik. Auch sie zielt bei aller Verstricktheit in Antinomien und Antagonismen letztlich auf Prozessualität und damit auf eine wie auch immer zu verstehende Kontinuität. Demgegenüber versuchen Verfechter des Neostrukturalismus, der diffusen Vielfalt des Unzusammenhängenden standzuhalten, ohne sie einem Ordnungssystem zu unterwerfen. Sie lassen allenfalls zu, Bestimmungen nach dem Prinzip binärer Oppositionen zu differenzieren, ohne sie auf ein Umspannendes zu beziehen oder gar in einem höheren Dritten aufzuheben. Statt Über- und Unterordnung herrscht Vernetzung, statt der Gradation die reine Relation. Da der erkenntnisethische Ansatz der Aufklärung, auch der 'Dialektik der Aufklärung', seinen Anspruch auf umfassende Gültigkeit verloren haben soll und als eine nur spezifisch logo- und eurozentristische, das heißt historisch-perspektivisch bedingte Wissensform (Episteme) durch andere Weisen des Erkennens abgelöst wird, scheint sich das Interesse an Aufklärung von ihrem epochenübergreifenden Auftrag zur gesamtmenschlichen Selbstbefreiung ab- und nur noch dem begrenzten historischen Phasenphänomen zuzuwenden. Dennoch bleiben beide Blickrichtungen miteinander verbunden; denn was immer die Vertreter der neuen Strömungen über Ziele und Grenzen der Aufklärungsepoche zu Tage fördern, wird auch zu einer Herausforderung an den Universalitätsanspruch aufklärerischer Erkenntnis grundsätzlicher Art.

Diese zweite Blickrichtung ist sogar die bemerkenswertere, weil weiterreichende. Wie erhellend die Einsichten der Strukturalisten in spezielle ideengeschichtliche oder allgemein kultur- und mentalitätshistorische Befunde des 18. Jahrhunderts auch sein mögen (z. B. über neue oder gewandelte Beziehungen zu Krankheiten und gesellschaftlichen Institutionen, zur Psychiatrie und zum Strafvollzug), so liegt die buchstäblich einschneidende Bedeutung eher in der fundamentalen Kritik an Aufklärung als epochenübergreifendem Phänomen. Das betrifft deren Selbstverständnis als ebenso verfehlte wie irreversible Entfaltung (Horkheimer, Adorno) oder als nicht eingelöstes Versprechen, das angesichts unbefriedigter Bedürfnisse weiterhin der Erfüllung bedarf (Oelmüller), oder als entschiedener Wille zur Reflexion auf die Bedingungen des Scheiterns, das nicht als unabwendbares Verhängnis hinzunehmen ist, sondern durch bestimmte Denk- und Diskursstrategien den Nimbus zwanghafter Unvermeidbarkeit verlieren sollte (Habermas).

Was die neostrukturalistischen Kritiker der Aufklärung bei allen unterschiedlichen Impulsen und Intentionen verbindet, ist das vielen von ihnen gemeinsame Verfahrensmodell einer ausgrabenden Entdeckungsarbeit, die Schicht für Schicht der Vergangenheit abträgt, um zu einem Ursprung des nunmehr Getrennten vorzudringen, an dem es einmal ungetrennt war. So verfährt FOUCAULT in ›Wahnsinn und Gesellschaft. Eine Geschichte des Wahns im Zeitalter der Vernunft‹ (im französischen Original bereits 1961), indem er die Denunziation des Wahnsinns und der Asylierung der Wahnsinnigen von der Zeit des späten Mittelalters über die Renaissance, das Zeitalter der Klassik, für das er sich auch in seinen anderen Schriften durchgängig auf Descartes bezieht, sowie über das 18. Jahrhundert bis zur Moderne verfolgt. Sein Buch ›Die Ordnung der Dinge‹ (französisch 1966) mit dem bezeichnenden Untertitel ›Eine Archäologie der Humanwissenschaften‹ gräbt nach der Schwelle, an der die zur Herrschaft gelangende Vernunft anfängt, das ihr andere als das schlechthin Negative zu desavouieren sowie aus ihrem Herrschaftsbereich rationaler Sinngebung und rationeller Handhabung zu verbannen. Nach einem analogen Modell verfährt übrigens Manfred FRANK, wenn er bei seinem fast verzweifelnden Versuch, die sich immer rapider voneinander entfernenden Vertreter der Hermeneutik und des Neostrukturalismus miteinander ins Gespräch zu bringen, eine Gelenkstelle in der Geschichte der neueren europäischen Philosophie rekonstruieren möchte, an der das heute Entzweite noch als dialektisch bzw. als komplementär zusammengehörig gedacht wurde.[1] Eine derartige Betrachtungsweise basiert auf Ansätzen der deutschen Frühromantik und vor allem Nietzsches, der von seiner ›Geburt der Tragödie‹ bis zur ›Genealogie der Moral‹ nichts anderes betrieb als eine Archäologie des Wissens, Glaubens und Wertens, deren Prinzipien im Mythos archaischer Antike noch vereint waren, durch Sokrates aber, den ersten „theoretischen Menschen", getrennt wurden. Demgemäß heißt es in der ›Geburt der Tragödie‹ mit bewußtem Bezug auf Anaxagoras: „im Anfang war alles beisammen; da kam der Verstand und schuf Ordnung."² Dieser sarkastische Rückgriff faßt nicht in erster Linie das ins Auge, *was* der Verstand bei seinen Bemühungen im einzelnen zustande brachte, sondern die Tatsache, *daß* und *wie* er zu Wege ging: als Kraft der trennenden Analyse und der darauf aufbauenden Systematisierung. In der Erkundung von Quellen, bei denen noch „alles beisammen" war, sowie im Verfolgen der dann divergierenden Verläufe liegen einige der Gründe für die tiefreichenden Affinitäten zwischen Nietzsche und den Neostrukturalisten, die ihn gerne als Kronzeugen in eigener Sache zitieren und eine neue Welle seiner Rezeption in Gang setzten.

Foucaults Kritik an einer aufklärerischen Konzeption des Wissens, die überzeitliche Gültigkeit beansprucht, geht in ›Die Ordnung der Dinge‹ vom Begriff der Episteme aus und wendet sich als ›Archäologie der Humanwissenschaften‹ sowohl gegen die Allgemeinverbindlichkeit des Gewußten, also gegen eine geschichtsenthobene Ordnung der Dinge, als auch gegen die sich frei wähnende Selbstbestimmung des Wissenden, gegen die aufklärerisch-idealistische Vorstellung von Subjektivität. Die Argumentation gründet auf der Prämisse: „In einer Kultur, und in einem bestimmten Augenblick, gibt es immer nur eine *episteme*, die die Bedingungen definiert, unter denen jegliches Wissen möglich ist."³ In einem fixierbaren raumzeitlichen Koordinatensystem ist das Wissen jeweils in einem unaufbrechbaren System (Stichwort: Gefängnis) verfügbarer, aber auch immer schon verfügter Zeichen eingeschlossen. Die vermeintlich sinnsetzende Instanz des Subjekts kann dem Banne bereits vergebener Namen nicht entkommen, so daß ihre Sinngebung immer nur ein Derivat von Determination ist.

Foucault läßt die Vorgeschichte der Moderne in der Renaissance und dem dort herrschenden Gewißheitsprinzip der Ähnlichkeit zwischen Zeichen und Dingen beginnen. Beispiel: Der Fingerhut konnte als Heilmittel gegen Augenkrankheiten gelten, weil Teile dieser Pflanze dem menschlichen Auge gleichen. Die Genealogie der Moderne setzt sich fort im 17. Jahrhundert (Descartes), in dem an die Stelle der inzwischen äußerlich und abstrus erscheinenden Ähnlichkeitsrelationen ontologisch verbürgte und vernunftgemäße Bezüge zwischen Zeichen und Bezeichnetem traten; der Grundsatz der Analogie wich dem der Repräsentation. Diese rationalistische Auffassung von Episteme sei dann gegen Ende des 18. Jahrhunderts, an der Schwelle zur Moderne, mit der Bewußtwerdung der Endlichkeit an ihre Grenzen gestoßen. Kants Entdeckung der transzendentalen Bedingtheit des Wissens und Wissenden widersetze sich dem Anspruch des Repräsentationsmodells, den Sinn aller Dinge durch ein umfassendes System von Zeichen der Einsichtswilligkeit der Vernünftigen zu offenbaren.

Kants Kritik ermögliche auch keineswegs die Selbstkonstituierung des menschlichen Subjekts, das sich in der Beherrschung der Objektsphäre seiner Autonomie versichere, sondern die nun zur Herrschaft gelangende Episteme der Moderne sei dadurch gekennzeichnet, daß der Mensch Subjekt und Objekt der Erkenntnis zugleich sei, eine „empirisch-transzendentale Dublette"[4], ein erkennendes Wesen, das den Bedingungen seines Erkennens unterworfen sei. Foucaults zentrale These besagt, daß der Mensch als eigenständiges Objekt des Wissens vor dem 18. Jahrhundert nicht existiert habe. Der Humanismus der Renaissance und der Rationalismus des 17. Jahrhunderts hätten zwar dem Menschen unter allen Erscheinungen einen privilegierten Platz eingeräumt, hätten ihn aber nicht denken können. Nun aber rücke er als endliches Wesen ins Zentrum empirischer Wissenschaften, so der Ökonomie, die ihn als bedürftiges, der Biologie, die ihn als todbedrohtes Wesen sieht, sowie der diachronen Sprachwissenschaften, welche die jeweils historische Bedingtheit des menschlichen Ausdrucksvermögens untersuchen. Über diesen empirischen Disziplinen erhöben sich Humanwissenschaften wie Soziologie, Psychologie sowie die Deutungen von Mythen und Literaturen, die sich einerseits der Reflexionsphilosophie verdankten, andererseits aber stets an die traditionellen empirischen Wissenschaften gebunden blieben. Dabei gäben sie vor, ihre Ergebnisse nach dem Repräsentationsmodell transparent machen zu können, obwohl der Mensch als Reflektierender, der sich selbst zum Subjekt und Objekt von Wissenschaft konstituieren wolle (Stichwort: Hermeneutik), in Wirklichkeit als Objekt positiven Wissens determiniert sei.

Foucaults Archäologie der Humanwissenschaften ist von seinen Adepten wie Kritikern vielfach als unerbittliche Destruktion von Aufklärung emphatisch begrüßt oder vehement bekämpft worden. Sowohl die Abfolge der verschiedenen Modelle von Episteme als auch die jeweils daran gebundenen Systeme von Zeichen, die keine überzeitlichgültigen Bedeutungsinhalte repräsentieren, führten aufgrund der vermeintlichen Beliebigkeit zu dem schlagwortartigen Vorwurf des "anything goes", des freien und lustvollen Spiels mit Textelementen, mit Signifikanten, die in ihren internen Relationen zwar festgefügt, in ihren externen Bezügen aber in eine totale Turbulenz möglicher Sinngebungen hineingerissen würden – und das alles jenseits einer vernünftig strukturierten Instanz. Derart nivellierende Auffassungen verkennen zweierlei: erstens Foucaults eigene Verflochtenheit in aufklärerisches Denken, so daß von einem Jenseits der Vernunft als einem wiederum festen Standort schlechterdings nicht die Rede sein kann; zweitens das kritische und vor allem selbstkritische Potential, das der Aufklärung von ihrem Anbeginn an inhärent ist und es zuläßt, sogar aus ihrer radikalsten Infragestellung die Kraft zu noch vertiefterer, reinigender Selbstreflexion und zur progredierenden Universalisierung zu gewinnen.

Foucaults Verhältnis zur Vernunft und entsprechend zur historischen Aufklärungsbewegung ist nicht geprägt durch ein „Darüber" oder „Danach", sondern durch ein komplexes, in sich widerspruchsvolles, in jedem Falle aber zutiefst reflektiertes Verstricktsein in die vernunftorientierten Verfahrensweisen der Analyse und ihrer argumentativen Entfaltung, allerdings getragen von der fundamentalen Voraussetzung einer grundsätzlichen Historisierung von Aufklärung. Er hypostasiert nicht mehr eine einzigartige Vernunft als Subjekt ihrer Geschichte, sondern geht aus von einer Pluralität sehr unterschiedlicher, historisch spezifizierter Rationalitäten, die in jeder ihrer Ausprägungen von einem bestimmten Antrieb und Kalkül der Macht beherrscht und gelenkt wird. Nietzsche steht bei diesen Ansätzen (Historizität und ›Wille zur Macht‹) ebenso Pate wie bei dem Versuch, der rationalistischen Konzeption von Wahrheit eine andere Form von aufklärerischem Denken, nämlich die sensualistische Analyse, entgegenzusetzen, was sich bereits in ›Die Ordnung der Dinge‹ an der herausragenden Bedeutung Condillacs zeigt.

Was Nietzsche in seiner ›Genealogie der Moral‹ diagnostiziert, nämlich die fortschreitende Degenereszenz des starken Lebens und die damit zusammenhängende Erstarkung der *décadents* von der jüdischchristlichen bis zur modernen Ausprägung, das leistet in einem formal vergleichbaren Sinne Foucaults ›Überwachen und Strafen. Die Geburt des Gefängnisses‹ (französisch 1975), ein Buch, das aufgrund seiner Analyse der im Titel genannten Erscheinungen auch eine „Genealogie der modernen 'Seele'"[5] genannt werden kann. Die Geburt moderner Kontroll-, Internierungs und Strafpraktiken wird aus dem Geiste der Aufklärung abgeleitet, die den Mitteln des Despotismus, seinen Martern und Hinrichtungsspektakeln eine auf Integration, Belehrung und Prävention zielende Reform der Strafjustiz entgegensetze, die nicht mehr selbstherrlich Majestätsverbrechen räche, sondern Verstöße gegen den Gesellschaftsvertrag ahnde. Die zunehmende Individualisierung und prätendierte Humanisierung gingen allerdings Hand in Hand mit einer gewaltigen Potenzierung der Kontrollverfahren. Indem die Strafrechtsreform des 18. Jahrhunderts der politischen Willkür einerseits ein Ende setze, zugleich aber eine lückenlose Überwachung in Gang bringe, bereite sie – so Foucaults zentrale These – der modernen Disziplinargesellschaft den Weg. Die Affinität zur ›Dialektik der Aufklärung‹ wird offenkundig bei Sätzen wie: „Die 'Aufklärung', welche die Freiheiten entdeckt hat, hat auch die Disziplinen erfunden."[6] Das Wort 'Disziplinen' will in seinen umfassenden Bedeutungen verstanden werden: von der Neuorientierung der akademischen Fächer, der wachsenden Systematisierung der Wissenschaften und Verhaltensweisen bis hin zu einer universalen Verordnung aller Dinge, nicht zuletzt aber auch als Disziplinierung jedes Menschen durch eine anonyme Technologie der Macht. Das Gefängnis erweist sich als Bild der Grundstruktur für Schule, Universität, Militär, bürgerliche Gesellschaft schlechthin sowie für die disziplinierenden Machtmechanismen ihres Diskurses, in dem das Subjekt nur noch als Bündel unbegrenzter Konditionierungen einen Platz hat. Die Entdeckung der Seele im 18. Jahrhundert wird von Foucault demzufolge als Machtstrategie der Moral (Stichwort: Tugendbegriff der Aufklärung) zur völligen Unterdrückung des Körpers mit seinen noch nicht kasernierten Bedürfnissen interpretiert. Ob das auch Lichtenberg im Sinne hatte, als er den Kern der Aufklärung in den „richtigen Begriffen von unsern wesentlichen Bedürfnissen"[7] sah?

Foucaults Erkenntnisinteresse hat sich in seinen späteren Schriften verschoben. Es zielt nicht mehr wie in ›Die Ordnung der Dinge‹ in erster Linie auf theoretische Wissensformen vor oder nach der Entstehung des modernen Menschen, sondern weit mehr auf die Frage nach der Begründbarkeit von Handeln, nachdem ebendieser Mensch als empirisch-transzendentales Wissenssubjekt abgelöst wurde durch eine historisch einmalige und damit endliche Subjektivität, die sich in der Suche nach der Wahrheit ihrer selbst allererst zu konstituieren hat. Foucault knüpft einerseits erneut an Nietzsche an, wenn er eine „Genealogie der Ethik"[8] postuliert, und er beruft sich andererseits zum Erstaunen seiner Kritiker auf Kant, wobei er weniger die ›Kritik der praktischen Vernunft‹ als den Aufsatz ›Beantwortung der Frage: Was ist Aufklärung?‹ im Auge hat. Während die Cartesianische Frage nach dem Ego auf ein überhistorisches, allgemein gültiges Subjekt ziele, frage Kant – und fragt mit ihm auch Foucault – nach dem geschichtlichen Ort, an dem die bedingenden Faktoren für ein noch zu suchendes Ich zusammenschießen: „Wir müssen uns das, was wir sein könnten, ausdenken und aufbauen [...]. Wir müssen neue Formen der Subjektivität zustandebringen, indem wir die Art von Individualität, die man uns jahrhundertelang auferlegt hat, zurückweisen."[9] Wie bei Nietzsche hat das Verneinen den Primat vor dem Bejahen, wenn die Expedition nach dem neuen Menschen nur über die unablässige Überwindung des alten führt; auch Heidegger geht es im Vollzug seines Denkens vorrangig nicht um Positionsbestimmung, sondern um die ständige Negation von Verstellungen.

Wenn nicht mehr nach einem überzeitlich autonomen Subjekt, sondern nach dem Standort seiner Bedingtheit (für Kant die Aufklärung, für Foucault die Gegenwart) gefragt wird, so stehen abermals die Verstrickungen von Wissen und Macht zur Debatte. Damit konkretisiert sich die Archäologie, welche die einer bestimmten Wissensordnung zugrunde liegende Struktur von Regeln für alle Sprechakte, Diskurse, Wissenschaften und Institutionen ergründet, zu einer Genealogie der Praktiken, in denen sich Wissen und Macht zu Herrschaftsstrategien formieren, so daß jede Episteme eine historisch-spezifische Machtpolitik der Wahrheit betreibt bzw. dazu getrieben wird. Als Paradigma des Machtverhältnisses gilt nicht mehr ein abstraktes Gesetz determinierender Signifikanten, sondern das zu analysierende Gegen-, In- und Miteinander heterogener Kräfte, die sich unablässig bekämpfen. Die Erfahrungen der gescheiterten 68er Bewegungen bestärken Foucault in seiner Annahme, daß sich die Machtstrategien in den gegenwärtigen Gesellschaften nicht primär in den Formen offenkundiger Repression verraten, sondern sich in sehr viel subtileren Mechanismen der Normalisierung und Disziplinierung verbergen: „Der Grund dafür, daß die Macht herrscht, daß man sie akzeptiert, liegt ganz einfach darin, daß sie nicht nur als neinsagende Gewalt auf uns lastet, sondern in Wirklichkeit die Körper durchdringt, Dinge produziert, Lust verursacht, Wissen hervorbringt, Diskurse produziert; man muß sie als ein produktives Netz auffassen [...], nicht so sehr als negative Instanz, deren Funktion in der Unterdrückung besteht."[10]

Die Sprache, die uns heute für die Beschreibung von Machtphänomenen zur Verfügung stehe, operiere mit Kategorien des juridischen Diskurses: Gesetz, Recht, Verbot, Souveränität usw. Foucault verfolgt sie genealogisch bis auf die bürgerlich-liberalen Machttheorien des 18. Jahrhunderts zurück, die der alten Feudalherrschaft, ihren Zeremonien und Ritualen der Treuebekundung, ihren Forderungen in Form von Steuern und anderen Lehnsverpflichtungen eine neue Gewalt entgegengesetzt hätten, die über vertraglich geregelte Dienstleistungen funktioniere. Um die Produktivität der Individuen zu steigern, bedürfte es statt der Souveräne als Inkorporation des Absoluten einer veränderten Verkörperung der Macht, die sich bis auf den Körper des Einzelmenschen, seine Gesten und Verhaltensweisen erstreckte: gezielte Vermehrung des Menschenpotentials analog zur Akkumulation des Kapitals, Regulierung der öffentlichen Hygiene, schulische Disziplinie-

Dekonstruktion als radikalisierte Aufklärung   173

rung der Kinder bis in die feinsten Nuancen ihrer Körpersprache usw. War der Mensch aus Foucaults archäologischer Sicht der ›Ordnung der Dinge‹ noch Subjekt und Objekt des Wissens, so gilt er nun aus genealogischer Perspektive als Produkt einer bestimmten Machtordnung, die nicht nur in abstrakten Regeln von Zeichen, sondern in konkreten gesellschaftlichen Praktiken, nicht zuletzt in „Überwachen und Strafen" wirksam wird.

Eine weiterführende und vertiefende Analyse der Machtstrukturen unternimmt Foucault im ersten, mit ›Der Wille zum Wissen‹ betitelten Teil einer auf sechs Bände angelegten, doch unvollendet gebliebenen Untersuchung über ›Sexualität und Wahrheit‹ (1977 ff.). Indem der Körper in den Mittelpunkt menschlichen Interesses trete, würden er und seine Begierden zum Kampfplatz rivalisierender Machtbestrebungen. In einem über Jahrhunderte dauernden Prozeß verschiebe sich der Ort der Wahrheit im Subjekt aus der Helle des Bewußtseins in die dunklen Regionen des Fleisches und seiner geheimen Lüste. Auf dem Höhepunkt dieser Entwicklung betrete die Psychoanalyse den Plan, die dem Individuum bei der Entzifferung der in seinem Unbewußten verborgenen Wahrheit zur Seite stehen solle und es gerade dadurch kraft besserer Observierung zum Objekt der Beherrschung mache. Das Subjekt sehe sich herausgefordert, dort seine individuelle Wahrheit zu suchen, wo die raffiniertesten gesellschaftlichen Strategien der Macht disziplinierend eingriffen, sei es im Kreuzzug des Philanthropinismus gegen die Onanie oder im Kampf gegen 'anormale' Sexualität oder in deren völliger Tabuisierung und Verdrängung im Dienste der Steigerung individueller und kollektiver Produktivkräfte. Somit ergebe sich Anlaß zur mikroskopischen Überwachung, zur Kontrolle selbst der kürzesten Augenblicke, zu endlosen medizinischen und psychologischen Tests: zu einer totalitären Beherrschung des Körpers. Foucaults Analyse der Macht scheint den aufklärerischen Gedanken der Freiheit preiszugeben, doch gerade die unabweisbare Fesselung des Subjekts an historische Ordnungen der Macht ermöglicht eine neue Reflexion des Autonomieproblems. Was wie unwiderrufliche Dekonstruktion des Selbst mit den Mitteln der radikalen Historisierung erscheint, ist ähnlich wie in Nietzsches fortschreitender Annihilation nur der Weg; das Ziel liegt darin, andere als die herrschenden Formen der Selbstkonstituierung denkbar werden zu lassen. Darin liegt die ethische Herausforderung, deren Annahme nicht unterdrückt, sondern freigesetzt werden soll: „was ist die Philosophie", so fragt Foucault „[…] wenn nicht die kritische Arbeit des Denkens an sich selber? Und wenn sie nicht, statt zu rechtfertigen, was man schon weiß, in der Anstrengung liegt, zu wissen, wie und wie weit es möglich wäre, anders zu denken?"[11] Foucault zerstört und betreibt zugleich den Prozeß gesamtmenschlicher Selbstbefreiung durch Negation dessen, was der Fall ist, durch radikale Abkehr vom Gewesenen zwecks einer Kehrtwendung ins Zukünftige. Daß dann der Vorgriff in Form eines Rückgriffs erscheint, um mit Hilfe des Gewesenen das schlechte Seiende zugunsten einer besseren Zukunft zu überwinden, hat ebenfalls Tradition: Rousseau, Frühromantik und Nietzsche. Wie dieser glaubt auch Foucault, in der vorchristlichen Kultur des Griechentums eine Praxis der Selbstkonstituierung beobachten zu können, die sich nicht einer 'reinen' Wahrheit verpflichtet sieht und insofern weniger von heteronomen Mächten abhängig ist. Er bezeichnet diese Form des Daseins als „Ästhetik der Existenz"[12], die zwar keinen machtfreien Raum garantiere (nur Angehörige der männlichen Oberschicht dürfen daran partizipieren), die aber eine Lebensstärke gewinnen könne, ohne auf Rechtswesen und Disziplinarstrukturen angewiesen zu sein. Die antike Form der Legitimation von Wahrheit gründe auf besonderen Lebensformen der Askese, so daß die ethisch-ästhetische Integrität des Wissenden noch nicht – wie in der Moderne – durch die Evidenz des Gewußten verdrängt sei: „Vor Descartes konnte man nicht unrein, unmoralisch sein und doch die Wahrheit wissen."[13] Die Cartesianische Geburt der modernen Wissenschaften dagegen befreie die Wahrheit zu unumschränkter Herrschaft.

Hieraus erklärt sich auch Foucaults Rekurs auf Kant: Indem dieser die Beziehung zwischen dem Subjekt des Wissens und dem des Handelns neu bestimme, greife er eine Vorstellung von Subjektivität auf, die das Verhältnis des Selbst zu sich als eine Aufgabe, als ein allererst zu Konstituierendes begreife. Foucault lehnt zwar die Kantische Lösung dieses Problems ab, da auch sie letztlich dem Willen zur Wahrheit verhaftet bleibe, doch was er aufgreift, ist die Intention, die Erkenntnis an die Ethik zu binden (vgl. Kant, Nathans Ringparabel usw.). Der erkenntnisethische Auftrag zur kritischen Arbeit des Denkens an sich selber soll nicht auf eine theoretische Wahrheit zielen. Foucaults Imperativ ist vielmehr ein ethisch-ästhetischer: „wir sollten nicht jemandes schöpferische Tätigkeit auf die Art seines Selbstverhältnisses zurückführen, sondern die Art seines Selbstverhältnisses als eine schöpferische Tätigkeit ansehen."[14]

Die Schriften Foucaults kommen in dem Kapitel über die archäologische Betrachtungsweise deshalb relativ ausführlich zur Sprache, da er im Unterschied zu Lacan, Derrida und anderen Autoren erstens das Problem der Aufklärung in historischer wie in systematischer Hinsicht, d. h. als Epoche (z. B. Macht- und Disziplinierungsstrukturen des

18. Jahrhunderts) und als epochenübergreifende Konzeption des Wissens am eindringlichsten reflektiert und weil er zweitens die Methode der archäologischen Ergründung humangeschichtlicher Befunde am elaboriertesten verwendet. Im Falle von Jacques LACAN ist zwar beides weniger offenkundig, doch nichtsdestoweniger gräbt auch er in die Tiefen und mehr noch in die Untiefen der menschlichen Subjektivität. Stellt bereits die Psychoanalyse das aufklärerische Prinzip der Selbstkonstitution des Ich vor eine schwere Belastungsprobe, so droht Aufklärung endgültig vom Dunkel ihrer eigenen Geschichte überschattet zu werden, wenn Lacan die Lehren Freuds radikalisiert, indem er die Einheit des Selbstbewußtseins verneint und damit der Möglichkeit aufklärerischen Denkens die Grundlage entzieht. Selbst das Unbewußte ist für ihn keine elementare und originäre Instanz, sondern wird als sprachlich strukturierte symbolische Ordnung gesehen: „Ist die Struktur der Sprache im Unbewußten erkannt, stellt sich die Frage nach ihrem Subjekt."[15] Die Antwort zielt auf dessen Dekonstruktion. In seinem Text ›Das Spiegelstadium als Bildner der Ichfunktion‹ erforscht er die Ursachen für die Gespaltenheit und Dezentrierung des Subjektes: Der auf die Hilfe der Mutter angewiesene Säugling imaginiere vom 6. bis zum 18. Monat das Bild eines „*Ideal-Ich*"[16], um die ihm unerträgliche Zerstückelung zu überformen. In gewissem Sinne also betreibt der Mensch bereits in seiner Vor- und Frühgeschichte eine idealisierende Aufklärung, zwar nur als Einbildung, doch zur Bildung eines begehrten Ego. Dieses konstituiert sich durch die Phantasmagorien von Ganzheit und Einheitlichkeit, so daß die Bilder dem Subjekt gegenüber das Primäre sind. Die Dissoziation erzeugt das Begehren nach dem anderen und ist somit der Grund *(arché)* für die Subjektwerdung: „Ich ist ein Anderer."[17] Die Spaltung des Subjekts dividiert es über ein Dividuum hinaus zu einem Trividuum, und zwar durch die Symbolordnung, die seinen eigenen Organisationsversuchen vorgängig ist. In dieses System ist das Subjekt immer schon hineingestellt und dazu prädestiniert, Geschichte und Struktur dieses Systems zum Sprechen zu bringen: Im Ich spricht das Es, dessen präfigurierte Symbolordnung die vermeintlich authentische Rede des Ich verstellt und jedes Erkennen-Wollen zu einem Verkennen-Müssen abbiegt. Die Geschichte des Subjekts und seiner Organe hat keinen ontologisch verbürgten Status, sondern wird als Geschichte der symbolischen Ordnung, als Signifikantenkette gedacht. Diese wird nach der Theorie de Saussures als System verstanden, in dem sich die Zeichen durch ihre spezifische Differenz nach dem Schema binärer Oppositionen sowohl voneinander abgrenzen als auch zu umfassenderen Konstellationen zusammenfügen. Wenn demnach

von Phallus die Rede ist, so meint das nichts Organisches, sondern zielt auf ihn als Signifikanten des Begehrens nach dem Begehren.

Lacans Theorie einer Dissoziation des Subjekts, dessen Geschichte (Ätiologie) als Prozeß der Einfügung in die Signifikantenkette und nachfolgender Zerstückelung beschrieben werden kann (Peter Handkes ›Kaspar‹ wäre ein zutreffendes Paradigma), votiert nicht für ein völlig willkürliches Spiel von Signifikanten, endet nicht in wahlloser Willkür, sondern plädiert für das feine, kleine Ohr, das neben oder gar vor der Rede im Begehren nach dem anderen das Schweigen vernehmen kann. Stille und Schweigen, Substrate der Rede als lautliche Physiognomie des Todes, waren Bestandteile der Lacanschen Kur. Das in ihr erstrebte Wissen will sich nicht erschöpfend selber aus-kennen, sondern pflegt die Fähigkeit, das Ausgeschlossene und Verdrängte auszuhalten. „Die Spitze an Sinn, man spürt es, ist das Rätsel. [...] Eine entzifferte Mitteilung kann ihr Rätsel bewahren."[18] Auch wenn der Archäologe auf dem Grunde der Aufklärung die Finsternis findet, ist sein grabendes Ergründen keine Widerrufung des aufklärerischen Denkens, das seinerseits nichts, aber auch gar nichts dem Tribunal des Satzes vom Grunde vorzuenthalten gewillt ist.

Bei allen Unterschieden zu Foucault und Lacan zielt auch Jacques DERRIDA bereits in seiner 1967 erschienenen ›Grammatologie‹ auf eine Dekonstruktion der abendländischen Metaphysik. Diese ist für ihn nicht an einen einzelnen historischen Abschnitt gebunden, sondern sie bestimmt die Bewegung des europäischen Denkens von Platon bis zu Nietzsche und Heidegger, die begannen, ein solches Denken als ein historisches und damit als eine unter vielen Möglichkeiten zu analysieren. Nach Derrida ist sie durchgängig durch die Sinnbestimmung des Seins als Präsenz gekennzeichnet, ob diese nun in der Gestalt der Idee, der Essenz (Ousia), als Selbstpräsenz des Cogito, des Bewußtseins, der Subjektivität oder Intersubjektivität gewährleistet schien. Damit orientiere sich die Philosophie stets an dem Ideal einer wahren und letzten Bestimmung, die sie als ihr Telos nicht mehr überschreite. Die sich so verstehende Metaphysik betrachte als Theorie der definitiven, präsenten Wahrheit die Zeichen und Sprachsequenzen, in denen sie gesprochen oder geschrieben werden, als etwas Sekundäres. Angesichts des in ihrem Vorverständnis sinnerfüllten Wortes sei die Schrift vernachlässigt oder gar erniedrigt worden. In der Depravierung des sprachlichen Zeichens liegt für Derrida der Sündenfall der europäischen Denkgeschichte, deren Ursprungsort er auf seine Weise archäologisch zu ergründen sucht. Er findet ihn in dem, was er „Logozentrismus"[19] nennt, der bei seiner Unterscheidung zwischen dem referentiellen Signifikanten und dem Signifikat (etwas steht für ein anderes: ein materialer Zeichenkörper für den ideellen Sinngehalt, der den unbedingten Vorrang hat) dasjenige Zeichen für das ideale hält, das dem Bezeichneten am nächsten kommt, das sich in diesem buchstäblich erschöpft, was letztlich zu einer Auslöschung des Signifikanten führt. Dem wird am ehesten das lautliche Zeichen, die Phone, wie Derrida sagt, gerecht, da das gesprochene Wort als Laut in seiner sinnlichen Präsenz im Gemeinten verschwindet. Insofern ist die gesamte Philosophiegeschichte nicht nur durch Logozentrismus, sondern auch durch Phonozentrismus geprägt. Das schriftliche Zeichen stellt als Gramma oder Graphem eine prinzipielle Gefährdung dar, da man auf es zurückkommen, immer wieder nur interpretieren kann, so daß kein vermeintlich eindeutiges Signifikat dem Möglichkeitsraum aufeinander verweisender und sich widersprechender Signifikanten entrinnen kann: „Die Heraufkunft der Schrift ist die Heraufkunft des Spiels",[20] welches das Signifikat zur Abwesenheit verdammt und die gesamte Metaphysik der Präsenz als Onto-Theologie erschüttert.[21]

Derrida kommt es nun darauf an, daß jedes vermeintliche Signifikat selbst immer schon als Signifikant fungiert, so daß jedes Zeichen seinen Sinn nicht durch Bezug auf ein externes Bezeichnetes, sondern nur im Kontext von Differenzen zu anderen Zeichen erhält. Die ›Grammatologie‹ will an der Schrift verdeutlichen, daß sie aus einer Vernetzung von Zeichen ohne Ausrichtung auf jenseitige Sinngehalte besteht. Die Bedingung der Möglichkeit all dieser Oppositionen und Verweisungszusammenhänge (Differenzen) nennt Derrida die mit „a" geschriebene *différance*, die in ihrer Unentschiedenheit zwischen Aktivität und Passivität zwar nicht den Status eines Grundes oder Ursprungs hat, wohl aber als reine Bewegung der Differenzen, „als die Formation der Form"[22] zu begreifen ist. Innerhalb des sich durch jede Zeichenverwendung verändernden Systems von Differenzen gilt jeder Signifikant als eine „Spur", Derridas Begriffsmetapher für das nicht mehr von einer angeblich festen Bedeutung, sondern von der Relation zu anderen Zeichen bestimmten Zeichen.

Die Epoche der Aufklärung, deren Aporie ihrerseits nur eine zugespitzte Erscheinungsform der gesamten Denkgeschichte ist, kann im Werk Rousseaus erstmals eine Thematisierung und Problematisierung der Depravation der Schrift vorweisen, mit der sich weder Descartes noch Hegel in vergleichbarer Weise beschäftigt hätten. Daß ausgerechnet das 18. Jahrhundert zum Schauplatz dieser Auseinandersetzung werden konnte, liegt für Derrida in Rousseaus Rangierung des Gefühls vor dem Verstand, wodurch er einerseits dem Logozentrismus widersprochen, andererseits aber nicht die kritisierte Tradition überwunden habe; denn er ersetze die Präsenz bisheriger Gewißheit durch eine andere, durch die Selbstpräsenz des Subjekts im Gefühl, weshalb bei Rousseau der Phonozentrismus ausgeprägter sei als bei irgendeinem anderen Denker. Derrida verfolgt in seiner Rousseau-Interpretation, wie die Schrift einerseits verdammt, andererseits wegen ihres Supplementcharakters rehabilitiert wird, da sie gerade das zu erhalten verspreche, was in der Rede sich verflüchtige, und wie die Gefährlichkeit der Schrift sich dann doch wieder entlarve, indem sie das Stattdessen des Supplementcharakters vergessen machen wolle. Auch im vorliegenden Falle führt also der Prozeß archäologischer Ergründung ins Zeitalter der Aufklärung, wobei mindestens zwei Fragen offenbleiben: ob eine archäologische Suche nach dem Ursprung eines Sinnes überhaupt den Intentionen Derridas entsprechen kann und ob dieser nicht trotz aller Dekonstruktionsbeteuerungen in die Begriffsmetaphern der Metaphysik verstrickt bleibt; seine Beschreibungen des Unterschieds von *différence* und *différance* können die Erinnerungen an Heideggers ontologische Differenz zwischen Sein und Seiendem nicht löschen. Derrida selbst ist sich der eigenen Aporie bewußt, daß er zwar einerseits im Kategoriensystem der Tradition befangen bleibt, daß er es aber andererseits durchzustreichen hat. Daher kreist sein bildhaftes Denken ständig um Begriffe, die herkömmlicherweise defiziente Modi bezeichnen, die aber nach seiner Absicht noch unbesetzte Räume und unbefristete Zeiten freihalten könnten für bisher Ungesagtes, vielleicht Unsagbares: Leere, Lücke, Schweigen, Abwesenheit und Tod.

Auch wo er sich nicht explizit auf den Begriff der Aufklärung bezieht, zielt seine Archäologie auf die Totalitätsvorstellung, die in einer mißglückten, weil die Genealogie ihres Glaubens verkennenden säkularen Hermeneutik weiterlebt und sich dabei ihrerseits auf aufklärerisches Denken beruft. Derrida vertritt die Ansicht – so auch in direkter Konfrontation mit Gadamer[23] –, daß jedes hermeneutische Streben nach einem letzten aussagbaren, allgemeinen und notwendigen Verständigungsgrund ihre religiöse Herkunft aus der Glaubensgemeinschaft der Bibelexegeten verleugnet. Seine Dekonstruktion gilt nicht der prinzipiellen Anstrengung aufklärerischen Denkens, sondern dessen Leugnung, daß die sich als kritisch begreifende transzendentale Vernunft den alten Gott weiterhin substituiert und auf der Basis verdrängter Sakralität ein säkularisiertes Tugendsystem errichtet. Dabei etabliert sich statt einer scholastischen Rangordnung und zugleich wie diese eine logozentrisch-moralische Hierarchie.

Auch Jean-François LYOTARD betreibt eine archäologische Erkundung der „achtenswerten Postmoderne", deren Prologe vor allem Kant mit seiner ›Kritik der Urteilskraft‹ und seinen historisch-politischen Schriften sowie der späte Wittgenstein geschrieben hätten, wobei sie allerdings noch von den Schlacken des „Anthropomorphismus befreit werden"[24] müßten. Als weitere Vorläufer gelten Heidegger und insbesondere Adorno mit seiner Vorladung der aufklärerischen Vernunft vor das Tribunal, das über Auschwitz zu befinden hätte. Dieser Komplex bildet das Grundmodell des Widerstreits, bei dem im Unterschied zum Rechtsstreit jegliche Basis einer verbindlichen Urteilsregelung fehlt, so daß die Juden und die SS keine gemeinsame Sprache hätten und die Normen der Befehlshaber nur für die Henker in den eigenen Reihen gelten konnten, während auf der anderen Seite die Opfer nicht Empfänger, sondern immer nur Gegenstand des Mordbefehls bleiben. Die Sprache der Ihren blieb ebenso selbstbezüglich, so daß sie schwiegen (das Schweigen wird zu einer zentralen Kategorie des „Widerstreits"), und zwar sowohl die Opfer des Holocaust als auch diejenigen, die ihn überlebten. Auschwitz wird zum Modell des Widerstreits, da beide verbieten, von einer einheitlichen, allgemeinen Sprache zu reden.

Da für Lyotard die verschiedenen Diskursarten des Wissens, Lehrens, Bewertens etc. ihre je eigenen Regeln der Verkettung ungleichartiger Sätze zur Erreichung eines bestimmten Zieles liefern, sind sie völlig heterogen. Es kann keinen ersten und keinen letzten Satz, damit auch keinen Grundsatz geben, weil jeder von ihnen eine Vielzahl von divergierenden Regeln einerseits voraussetzt und andererseits nach sich zieht. An die Stelle eines sich selbst genügenden Satzes tritt die Verkettung, in der ein Satz „geschieht", so daß jede Verkettung den Charakter eines Vorkommnisses oder Ereignisses[25] erhält, das nicht in einem einzigen, sondern immer nur in einem Folgesatz zur Darstellung gelangt. Aus derartigen Überlegungen resultiert Lyotards Kritik an einer Metaphysik der Subjektivität. Wenn Descartes in einem einzigen Satz die Begründung des Ego intendiert, so könne diese Aussage nicht als erste und einzig fundierende gedacht werden. Am Cartesianischen Grundsatz dekonstruiert Lyotard den traditionellen Humanismus mit dessen Inthronisierung des Menschen als Alleinherrscher über die Sprache.

Wenn jeder Satz notwendigerweise nur eine der Verknüpfungsmöglichkeiten unter Ausschluß aller anderen ist, dann werden der Widerstreit und damit das Unrecht unvermeidbar. Es gibt kein intersubjektiv funktionierendes Idiom der Mitteilung, keine vermittelnde Instanz einer gemeinsamen Regel wie beim Rechtsstreit. Fern jedoch von absoluter Aufklärungsfeindlichkeit sucht Lyotard gerade „die Integrität des Denkens zu retten"[26]. Allerdings geht es ihm darum, daß das Erkennen, daß die

Ethik, die Geschichte und das Sein schlechthin nicht auf der Grundlage divergierender Diskursarten, sondern nur im Medium der Übergänge möglich werden. Dabei distanziert er sich gelegentlich von Derridas Thesen der universellen Abwesenheit des Signifikats, und er rekurriert, wenn auch mit kritischen Vorbehalten, auf Kants Urteilskraft als zentralem Vermögen der Übergänge.

Auch in Lyotards späteren Schriften handelt es sich immer wieder um Rekonstruktion und Dekonstruktion aufklärerischer Positionen. Die Frage „Ob man ohne Körper denken kann"[27], geht von der Cartesianischen Differenz von res cogitans und res extensa aus; in ›Materie und Zeit‹[28] setzt er beim Materialismus Diderots an und begreift den menschlichen Geist als Transformation von Energieströmen; dann wieder wird Kant zum Vorläufer aufgrund seiner Konzeptionen von Einbildungs- und Urteilskraft sowie seiner Theorie des Erhabenen (›Das Erhabene und die Avantgarde‹[29]). In seiner Abhandlung ›Zeit heute‹[30] knüpft Lyotard an Leibnizens Monadenlehre an und konterkariert dessen metaphysische Vorstellung einer Zentralmonade mit seiner eigenen Lieblingsidee, daß der Mensch und speziell sein Logos das raumzeitlich bedingte Produkt eines Komplexierungsprozesses seien. Hierin folgt er Überlegungen der neueren Physik, auch die Zeit aus der Materie hervorgehen zu lassen. Vor diesem Hintergrund polemisiert er gegen zeitgenössische Theoreme zum kommunikativen Handeln, zur Pragmatik und Transparenz, die sich seiner Ansicht nach völlig zu Unrecht auf die aufklärerischen Ideen von Öffentlichkeit, Gemeinschaft und Mitmenschlichkeit beriefen. In diesem Kontext führt er die namentlich genannten Benjamin und Adorno ins Feld gegen die nicht benannten, aber gemeinten Habermas, Apel u. a. Nur die ersteren seien taugliche Anwälte gegen Barbarei und Verarmung, gegen die Verelendung des Geistes und der Sprache infolge des Eindringens des „technowissenschaftlichen Apparats in den kulturellen Bereich"[31].

Man könne der Technik nur Widerstand leisten (der Bezug zu Heideggers „Gestell" ist offenkundig), wenn man auf die angebliche Philosophie der Emanzipation verzichte; denn auch in dieser, so läßt sich das Verdikt begründen, sei ebenso wie in der Technik – wenn auch subtiler und weniger effizient – der Wille zur Kontrolle am Werk. Wenn die Emanzipation ihre Legitimität im erklärten Gegensatz zum Mythos aus der Zukunft herleite, dann zeige sich das ganze Ausmaß ihrer Fragwürdigkeit in einem totalisierenden Programm, das die unversöhnlichen Antagonismen zwischen den nicht vorhersehbaren Auswirkungen der Kontingenz und der prätendierten Freiheit des Menschen neutralisiere. Die Differenz zwischen seiner Position und der programmierenden

Moderne sieht er so: „Was einige 'Postmoderne' genannt haben, bezeichnet vielleicht nur einen Bruch oder zumindest einen Riß zwischen [...] dem Projekt und dem Programm."[32] Das Projekt des radikalen Widerstandes gegen die Herrschaft der Technik traut er nur dem Denken des Judentums zu, beispielsweise der Derridaschen Problematik von Dekonstruktion und *différance*. Hier artikuliere sich ein hörendes Denken, getragen von dem Bewußtsein, daß jede versuchte Entzifferung dunkler Botschaften selbst auch nur wieder im Banne der Rätselhaftigkeit verharren könne. Heidegger bleibe mit seinem hermeneutischen Ansatz trotz aller Invektiven gegen Technik dem griechischen Modell der Techne verhaftet. Hier entzündet sich der zum Topos gewordene uralte Widerstreit des Denkens oder mehr noch des Glaubens: Athen versus Jerusalem.

Die Polemik Derridas gegen Gadamer und diejenige Lyotards gegen Habermas und Apel haben bereits erkennen lassen, daß hier eine Diskussion zwischen Vertretern der Hermeneutik und denen des Neostrukturalismus in Gang gekommen ist (oder war), bei der Manfred Frank noch anfangs der 80er Jahre vermitteln zu können glaubte (s. o. S. 167), bevor sich die Fronten derart versteiften, daß zum gegenwärtigen Zeitpunkt von einer Diskussion, mit ihrem Vertrauen auf eine den französischen Denkern ohnehin suspekte Verständigung, kaum noch die Rede sein kann. In seiner Aufsatzsammlung ›Nachmetaphysisches Denken‹ sucht HABERMAS im Sinne seiner Konzeption einer kommunikativen Vernunft einen dritten Weg, der sich sowohl von einem metaphysischen, aber anachronistischen, als auch von einem nachmetaphysischen, aber „defaitistischen"[33] Vernunftbegriff entfernt. Den Hauptgrund für die zugespitzte Aporie gegenwärtigen Philosophierens sieht er im Zerbrechen des Konsenses über den seit Hegel unbestrittenen Stellenwert von Metaphysik. Entgegen jüngsten Versuchen ihrer Erneuerung, so bei D. Henrich u. a., erblickte Habermas keine Möglichkeit eines Rekurses auf ihre zentralen Prinzipien: Primat der Einheit vor dem Vielen und Besonderen, Identität von Denken und Sein, Vorrang der Theorie vor der Praxis – eine Gradation zwecks idealistischer Bewahrung jeglicher Wahrheit vor der Verunreinigung durch empirisch-pragmatische Entstehungs- und Interessenzusammenhänge.

Als Gründe für die zunehmende Erschütterung dieser metaphysischen Grundlagen analysiert Habermas vier verschiedene, doch in gleicher Richtung sich auswirkende Entwicklungen. Erstens: Das Einheits- und Totalitätsdenken werde durch die seit dem 17. Jahrhundert aufkommenden empirischen Methoden der Naturwissenschaften in Frage gestellt, so daß der metaphysische Anspruch, die Gesamtheit von

Natur und Geschichte in einem letzthin gültigen System zu begreifen, angesichts der wachsenden Autorität der Erfahrungswissenschaften habe verstummen müssen. Ausdruck dieser Verlegenheit sei entweder die Angleichung der Philosophie an Natur- und Geisteswissenschaften oder ihr Entschwinden in die Irrationalität; als Beispiele hierfür werden unter anderem Heidegger, Adorno und Derrida genannt. Habermas selbst dagegen sieht weder in der Auslieferung der Wahrheitssuche an einzelne Wissenschaften noch in deren Ausschließung, noch in der völligen Preisgabe des Bezugs zum Ganzen eine zwingende Antwort auf die Fragwürdigkeit der Metaphysik, wie sich in seinem Entwurf der kommunikativen Vernunft zeigen wird. Zweitens: Im Aufkommen und Erstarken der historisch-hermeneutischen Wissenschaften im 19. Jahrhundert erkennt Habermas eine neue Entwicklung, die dem metaphysischen Denken einen weiteren Stoß versetzte, indem das wachsende Geschichtsbewußtsein die Vorstellung von einer überzeitlichen Gültigkeit hergebrachter Grundbegriffe durch den Gedanken der Endlichkeit ins Wanken brachte, was im Falle Nietzsches und Heideggers zu einer radikalen Vernunftkritik geführt habe. Aber auch diese Positionen seien den herübergeretteten Prinzipien der Transzendentalphilosophie verhaftet geblieben, die nur mit einer völlig neuen Konzeption von Verständigung zu überwinden seien. Drittens: Dieser „*Paradigmawechsel von der Bewußtseins- zur Sprachphilosophie*"[34] wird von Habermas zunächst als linguistische Wende begrüßt, die sich dann aber in semantizistischen Abstraktionen verloren habe. Viertens: Statt der linguistischen bringe erst die pragmatische Wende (gemeint ist Habermasens eigene Konzeption der kommunikativen Vernunft) eine Lösungsmöglichkeit in Sicht, da durch die Freilegung der „Sinnesfundamente [...] wissenschaftliche[r] Theoriebildung in der vorwissenschaftlichen Praxis"[35] der Primat der ersteren über die zweite widerlegt werde – auch hier also wird ein Archäologe tätig, der sich der Werkzeuge des Pragmatismus (Peirce) und der Lebensweltanalyse (Husserl) bedient. Nicht die unterschiedlichen Abschattungen eines textinternen Strukturalismus, sondern allein die Theorie des kommunikativen Handelns könne einen Ausweg aus der Aporie des metaphysisch bedingten Logozentrismus weisen.

In der Auseinandersetzung mit verschiedenen Semantiktheorien, die entweder auf der Intention des Sprechenden basieren und damit ein souveränes, nicht in ein überpersönliches Zeichensystem eingebundenes Subjekt voraussetzen oder die das richtige Verständnis eines Ausdrucks allein aus einem vorgegebenen Regelsystem herleiten oder die dem Sprachgebrauch im Kontext einer jeweiligen Lebensform lediglich den

Status eines Bedeutungsspiels, nicht aber eines weitergehenden Geltungsanspruchs zubilligen, entwickelt Habermas im Anschluß an Austin und Searle eine Theorie der Sprechhandlung mit dem Ziel, die Defizite der einzelnen Ansätze auszugleichen, indem er deren Leistungsmöglichkeiten bündelt. Er berücksichtigt sowohl die Sprecherintention des einzelnen Subjekts als auch den intersubjektiven Bezug als auch den Geltungscharakter, der über den singulären Sprechakt hinausreicht. Alle diese Faktoren, die nicht als bloß theoretische Wahrheitskriterien, sondern durch eine pragmatisch gesteuerte Geltungstheorie zusammenwirken, dienen einem Verständigungsprozeß, der von der Kenntnis der Gründe abhängt, die ein Sprecher ins Feld führt, um den Hörer von der Akzeptanz des Gehörten zu überzeugen. Kommunikatives Handeln, eingebettet in eine Lebenswelt, bleibe aufgrund gemeinsamer Erfahrungen und Überzeugungen selbst in zugespitztesten Konflikten die Möglichkeit einer Konsensbildung grundsätzlich nicht versagt.

In seinem Buch ›Der philosophische Diskurs der Moderne‹ (1989) will Habermas die „Herausforderung durch die neostrukturalistische Vernunftkritik"[36] annehmen, indem er die philosophische Bewegung der Moderne rekonstruiert, um die Theorieansätze der Franzosen zusammenfassend darzustellen und einer kritischen Revision zu unterziehen, wobei er sich durchgängig auf die Argumentationsbasis seines Konzepts der kommunikativen Kompetenz bezieht. Er setzt sich vor allem mit Horkheimer/Adorno, Derrida und Foucault auseinander, um deren radikalen Zweifel an der Idee der Aufklärung zu entschärfen. Seinem Prinzip des kommunikativen Handelns folgend, begreift er Aufklärung als Postulat: Die Mitglieder einer Sprachgemeinschaft sollen ihre sozialen Beziehungen gemäß dem „zwanglose[n] Zwang des besseren Arguments"[37] selbst bestimmen. Hiermit stellt er sich bewußt in die aufklärerische Tradition des erkenntnisethischen Auftrags zur gesamtmenschlichen Selbstbefreiung. Mit teilweise überspitzter Polemik und den begründeten Einwänden der Dekonstruktivisten nicht immer standhaltenden Argumenten versucht er, vor allem im Falle Derridas, ihre Denkansätze nicht als etwas beunruhigend Neues, sondern in ihrem Rückfall hinter Heidegger als Regression in eine altbekannte „Ursprungsphilosophie"[38] zu verwerfen.

Als Alternative zu ihr deutet er Foucaults genealogische Archäologie. Deren Intention ziele auf Rekonstruktion von Diskursen und Praktiken, deren Genese er im engsten Zusammenhang mit der Herausbildung von Herrschaftsstrukturen und -strategien analysiert. Doch hieran kritisiert Habermas den Verzicht auf hermeneutische Suche nach einer Sinnfindung, da Foucault die Abfolge der Diskurs- und Herrschaftspraktiken nur als „Hasardspiel der Überwältigungen"[39] begreifen könne. Der drohenden Auslöschung des Subjekts begegnet Habermas abermals mit seiner Theorie der sozialintegrativen Kraft der kommunikativen Vernunft, d. h. einer sprachlichen Interaktion zwischen Sprechern und Hörern, die sowohl Sozialisierung als auch Individualisierung ermögliche.

Den Einwänden gegen den Tod des Subjekts, die neben Habermas auch Manfred Frank erhebt (vgl. Literaturverzeichnis), begegnet DERRIDA in seiner Abhandlung: ›Von einem neuerdings erhobenen apokalyptischen Ton in der Philosophie‹ (1985) mit einem emphatischen Bekenntnis: „Wir heute können uns dem Erbe dieser Aufklärung nicht entziehen, wir können und dürfen nicht – so lautet unser Gesetz und unser Geschick – auf die *Aufklärung* verzichten, d. h. anders gesprochen auf das, was sich als das rätselhafte Verlangen nach Wachsamkeit, nach hellsichtiger Aufmerksamkeit, nach Erhellung, nach Kritik und Wahrheit stellt [...]"[40] – doch er fügt hinzu, daß es sich dabei um eine unablässig fortzusetzende Wahrheitssuche handeln müsse, deren kritische und dekonstruktive Arbeit sich bei keinem letzten Argument und Grundsatz beruhigen dürfe. Gerinne Aufklärung zur Setzung allezeit und allerorts gültiger Prinzipien, dann werde mit einer solchen Wahrheit deren eigene Apokalypse beschworen. Diese sei die notwendige Folge des geschlossenen Systems, das sich durch Ausschluß des ihm Fremden absolut setze und damit ein Ende mit sich mache. Wolle Aufklärung ihr kritisches und vor allem ihr selbstreflexives Potential nicht verlieren, dürfe sie nicht zur Feier der eigenen Wahrheit verkommen, sonst stünde sie vor dem jüngsten Gericht. Wenn Derrida hierin an Lessing erinnert, braucht er sich den Vorwurf der Regression nicht gefallen zu lassen; er radikalisiert vielmehr den Auftrag des Aufklärers zur universalen Progression. Die Affinität der Dekonstruktion zur Aufklärung liegt dabei weniger in Denkinhalten (Subjektivität, Vernunftbegriff etc.) als vielmehr in gemeinsamen Denkformen und -impulsen, im Ethos der intellektuellen Energie, die der unablässigen Anstrengung archäologischen Ergründens keine Grenzen setzen läßt.

Anmerkungen

[1] Vgl. Manfred Frank: Was ist Neostrukturalismus? Frankfurt a. M. 1983, S. 13.

[2] Friedrich Nietzsche: Die Geburt der Tragödie. In: Ders.: Sämtliche Werke.

Kritische Studienausgabe in 15 Bänden. Hrsg. von Giorgio Colli und Mazzino Montinari. München, Berlin, New York 1980. Band 1, S. 87.
[3] Michel Foucault: Die Ordnung der Dinge. Eine Archäologie der Humanwissenschaften. Frankfurt a. M. 1971, S. 213.
[4] Ebd. S. 384.
[5] Michel Foucault: Überwachen und Strafen. Die Geburt des Gefängnisses. Frankfurt a. M. 1977, S. 41.
[6] Ebd. S. 285.
[7] Vgl. das Motto am Beginn des Buches, S. V.
[8] Interview mit Michel Foucault. In: Dreyfus, L. Hubert, Paul Rabinow: Michel Foucault. Jenseits von Strukturalismus und Hermeneutik. Frankfurt a. M. 1987, S. 278.
[9] Nachwort von Michel Foucault. In: Ebd. S. 250.
[10] Michel Foucault: Dispositive der Macht. Über Sexualität, Wissen und Wahrheit. Berlin 1978, S. 35.
[11] Ders.: Der Gebrauch der Lüste. Sexualität und Wahrheit. 2. Bd., Frankfurt a. M. 1989, S. 15f.
[12] Interview mit Michel Foucault. In: Dreyfus/Rabinow. A. a. O. S. 272.
[13] Ebd. S. 291.
[14] Ebd. S. 274.
[15] Jacques Lacan: Schriften. Hrsg. von Norbert Haas. Olten 1973/75. Bd. II, S. 173.
[16] Ebd. Bd. I, S. 64.
[17] Ebd. S. 67.
[18] Ebd. Bd. II, S. 7.
[19] Jacques Derrida: Grammatologie. Frankfurt a. M. 1983, S. 11, 25 u. ö.
[20] Ebd. S. 17.
[21] Vgl. ebd. S. 87.
[22] Ebd. S. 110.
[23] Vgl. Philippe Forget (Hrsg.): Text und Interpretation. München 1984, S. 24–77.
[24] Jean-François Lyotard: Der Widerstreit. München 1987, S. 13.
[25] Vgl. ebd. S. 132.
[26] Ebd. S. 11.
[27] Jean-François Lyotard: Ob man ohne Körper denken kann. In: Ders.: Das Inhumane. Plaudereien über die Zeit. Wien 1989, S. 23–49.
[28] Vgl. ebd. S. 71–87.
[29] Vgl. ebd. S. 159–187.
[30] Vgl. ebd. S. 107–139.
[31] Ebd. S. 116.
[32] Ebd. S. 124f.
[33] Jürgen Habermas: Nachmetaphysisches Denken. Philosophische Aufsätze. Frankfurt a. M. ²1988, S. 154.
[34] Ebd. S. 41.
[35] Ebd. S. 57.

³⁶ Jürgen Habermas: Der philosophische Diskurs der Moderne. Frankfurt a. M. 1989, S. 7.
³⁷ Ebd. S. 157.
³⁸ Ebd. S. 211.
³⁹ Ebd. S. 300.
⁴⁰ Jacques Derrida: Von einem neuerdings erhobenen apokalyptischen Ton in der Philosophie. Wien 1985, S. 59 f.

Literatur

Baudrillard, Jean: Oublier Foucault. München 1983. (Franz. Ausg.: Oublier Foucault. Paris 1977.)
Bergfleth, Gerd: Zur Kritik der palavernden Aufklärung. München 1984.
Bohrer, Karl Heinz (Hrsg.): Mythos und Moderne. Frankfurt a. M. 1983.
Bürger, Christa, Peter Bürger (Hrsg.): Postmoderne. Alltag, Allegorie und Avantgarde. Frankfurt a. M. 1987.
Deleuze, Gilles: Foucault. Frankfurt a. M. 1987. (Franz. Ausg.: Foucault. Paris 1986.
Derrida, Jacques: Die Schrift und die Differenz. Frankfurt a. M. 1972. (Franz. Ausg.: L'écriture et la différence. Paris 1967.)
–: Von einem neuerdings erhobenen apokalyptischen Ton in der Philosophie. In: Peter Engelmann (Hrsg.): Apocalypse. Graz, Wien 1985. (Franz. Ausg.: D'un ton apocalyptique adopté naguère en philosophie. In: Les fins de l'homme. A partir du travail de Jacques Derrida. Paris 1983, S. 445-479.)
–: Randgänge der Philosophie. (Frankfurt a. M. 1976) Neuaufl. Wien 1988. (Franz. Ausg.: Marges de la philosophie. Paris 1972.)
–: Grammatologie. (1974) 3. Aufl. Frankfurt a. M. 1990. (Franz. Ausg.: De la grammatologie. Paris 1967.)
Donner, Willi (Hrsg.): Postmoderne – Philosophem und Arabeske. Eine Begriffsreise durch Sozialphilosophie und Ästhetik. Frankfurt a. M., Bern 1988.
Dreyfuss, Hubert, Paul Rabinow (Hrsg.): Michel Foucault: Jenseits von Strukturalismus und Hermeneutik. Frankfurt a. M. 1987.
Erdmann, Eva, Rainer Forst, Axel Honneth (Hrsg.): Ethos der Moderne. Foucaults Kritik der Aufklärung. Frankfurt a. M., New York 1990.
Fink-Eitel, Heinrich: Foucault zur Einführung. Hannover 1989.
Fokkema, Douwe, Hans Bertens (Hrsg.): Approaching Postmodernism. Amsterdam, Philadelphia 1986.
Forget, Philippe (Hrsg.): Text und Interpretation. München 1984.
Foucault, Michel: Wahnsinn und Gesellschaft. Eine Geschichte des Wahns im Zeitalter der Vernunft. Frankfurt a. M. 1969.
–: Die Ordnung der Dinge. Eine Archäologie der Humanwissenschaften. Frankfurt a. M. 1971. (Franz. Ausg.: Les mots et les choses. Paris 1966.)
–: Überwachen und Strafen. Die Geburt des Gefängnisses. Frankfurt a. M. 1977. (Franz. Ausg.: Surveiller et punir: Naissance de la prison. Paris 1975.)

–: Dispositive der Macht. Über Sexualität, Wissen und Wahrheit. Berlin 1978.
–: Der Wille zum Wissen. In: Sexualität und Wahrheit. Bd. 1. Frankfurt a. M. 1983. (Franz. Ausg.: La volonté de savoir. In: Histoire de la sexualité. Bd. 1. Paris 1976.)
–: Der Gebrauch der Lüste. In: Sexualität und Wahrheit. Bd. 2. Frankfurt a. M. 1989. (Franz. Ausg.: L'usage des plaisirs. In: Histoire de la sexualité. Bd. 2. Paris 1984.)
Frank, Manfred: Was ist Neostrukturalismus? Frankfurt a. M. 1983.
–: Die Unhintergehbarkeit von Individualität. Reflexion über Subjekt, Person und Individuum aus Anlaß ihrer 'postmodernen' Toterklärung. Frankfurt a. M. 1986.
–: Die Grenzen der Verständigung. Ein Geistergespräch zwischen Lyotard und Habermas. Frankfurt a. M. 1988.
Frank, Manfred, Gérard Raulet, Willem van Reijen (Hrsg.): Die Frage nach dem Subjekt. Frankfurt a. M. 1987.
Friedeburg, Ludwig von, Jürgen Habermas (Hrsg.): Adorno-Konferenz. Frankfurt a. M. 1983.
Garvin, Harry R. (Hrsg.): Romanticism, Modernism, Postmodernism. Lewisburg 1980.
Habermas, Jürgen: Der philosophische Diskurs der Moderne. 2. Aufl. Frankfurt a. M. 1985.
–: Nachmetaphysisches Denken. Philosophische Aufsätze. 2. Aufl. Frankfurt a. M. 1988.
Honneth, Axel, Thomas McCarthy, Claus Offe, Albrecht Wellmer (Hrsg.): Zwischenbetrachtungen. Im Prozeß der Aufklärung. Frankfurt a. M. 1989.
Huyssen, Andreas, Klaus Scherpe (Hrsg.): Postmoderne. Zeichen eines kulturellen Wandels. Reinbek 1986.
Kamper, Dietmar: Aufklärung – was sonst? In: Merkur 436 (1985), S. 535–540.
Kamper, Dieter, Willem van Reijen (Hrsg.): Die unvollendete Vernunft: Moderne versus Postmoderne. Frankfurt a. M. 1987.
Kemper, Peter (Hrsg.): 'Postmoderne' oder Der Kampf um die Zukunft. Die Kontroverse in Wissenschaft, Kunst und Gesellschaft, Frankfurt a. M. 1988.
Kittler, Friedrich A., Horst Turk (Hrsg.): Urszenen. Literaturwissenschaft als Diskursanalyse und Diskursethik. Frankfurt a. M. 1977.
Koslowski, Peter, Robert Spaemann, Reinhard Löw (Hrsg.): Moderne oder Postmoderne? Weinheim 1986.
Lacan, Jacques: Schriften I–III. Olten 1973/75.
Lodge, David: Modernism, Antimodernism and Postmodernism. Birmingham 1977.
Lyotard, Jean-François: Der Widerstreit. München 1987. (Franz. Ausg.: Le Différend. Paris 1983.)
–: Das Inhumane. Plaudereien über die Zeit. Wien 1989. (Franz. Ausg.: L'inhumain. Causeries sur le temps. Paris 1988.)
Marquard, Odo: Abschied vom Prinzipiellen. Stuttgart 1981.
–: Apologie des Zufälligen. Stuttgart 1987.

Osinski, Jutta: Über Vernunft und Wahnsinn. Studien zur literarischen Aufklärung in der Gegenwart und im 18. Jh. Bonn 1983.
Rajchman, John: Michel Foucault. The Freedom of Philosophy. New York 1985.
Raulet, Gérard: From Modernity as One-Way Street to Postmodernity as Dead End. In: New German Critique 33 (1984), S. 155–177.
Raulet, Gérard, Jacques Le Rider (Hrsg.): Verabschiedung der (Post-)Moderne? Tübingen 1987.
Rötzer, Florian (Hrsg.): Französische Philosophen im Gespräch. (Interviews mit Jean Baudrillard, Cornelius Castoriadis, Jacques Derrida, Emmanuel Levinas, Jean-François Lyotard, Gérard Raulet, Michel Serres und Paul Virilio) München 1986.
Rorty, Richard: Habermas and Lyotard on Postmodernity. In: Praxis International 4/1 (1984), S. 32–44.
Sallis, John (Hrsg.): Deconstruction and Philosophy. Chicago 1987.
Schiwy, Günther: Neue Aspekte des Strukturalismus. München 1971.
–: Poststrukturalismus und 'Neue Philosophen'. Reinbek 1985.
Sens, Eberhard: Aufklärung im zynischen Zwielicht. In: Ästhetik und Kommunikation 14 (1983), S. 131–146.
Simon, Josef: Vornehme und apokalyptische Töne in der Philosophie. In: Zeitschrift für philosophische Forschung 40 (1986), S. 489–519.
–: Philosophie des Zeichens. Berlin, New York 1989.
Sloterdijk, Peter: Kritik der zynischen Vernunft. Frankfurt a. M. 1983.
Der Tod der Moderne. Eine Diskussion. (Geführt von Jean Baudrillard, Gerd Bergfleth u. a.) Tübingen 1983.
Der Traum der Vernunft. Vom Elend der Aufklärung. (Vortragsreihe der Akademie der Künste, Berlin) 2 Bde. Darmstadt, Neuwied 1985 u. 1986.
Varga, A. Kibédi (Hrsg.): Littérature et postmodernité. Groningen 1986.
Vormweg, Heinrich (Hrsg.): Das Elend der Aufklärung. Darmstadt, Neuwied 1985.
Watson, Stephen: Jürgen Habermas and Jean-François Lyotard: Postmodernism and the Crisis of Rationality. In: Philosophy and Social Criticism 10 (1984), S. 1–24.
Wellmer, Albrecht: Zur Dialektik von Moderne und Postmoderne. Vernunftkritik nach Adorno. Frankfurt a. M. 1985.
Welsch, Wolfgang: Unsere postmoderne Moderne. Weinheim 1987.
–: Heterogenität, Widerstreit und Vernunft. Zu Jean-François Lyotards philosophischer Konzeption von Postmoderne. In: Philosophische Rundschau 34 (1987), S. 161–186.
– (Hrsg): Wege aus der Moderne. Schlüsseltexte der Postmoderne-Diskussion. Weinheim 1988.
Zimmerli, Walther Ch. (Hrsg.): Technologisches Zeitalter oder Postmoderne? Paderborn 1988.

AUSBLICK

Die Tendenz zur progressiven Universalisierung des Aufklärungsbegriffs hat in der sozialgeschichtlichen Betrachtungsweise ihren bisherigen Höhepunkt erreicht. Diese überblickt sowohl ideelle als auch materielle Erscheinungen und bringt sie in einen durch Analogie oder Kausalität bestimmten Zusammenhang. Abgesehen von vereinzelten Vorläufern kommt sie vor allem nach dem Zweiten Weltkrieg zur Geltung, in der DDR früher und konform mit der herrschenden Doktrin, in der Bundesrepublik und im Westen später und in Opposition zur dominierenden Ideologie. Theoretisch begründet durch Arbeiten der Kritischen Theorie, mächtig gefördert durch die Bewegungen der 60er Jahre, artikuliert die sozialgeschichtliche Analyse von Aufklärung zugleich auch immer Gegenwartskritik an bürgerlichen Gesellschaftsformen, vor allem an der Herrschaft der Zahl in Leistung und Konsum. Nicht von ungefähr schrieben Horkheimer / Adorno die ›Dialektik der Aufklärung‹ während ihres Exils unter dem Eindruck des Antisemitismus in Deutschland, aber auch der „Kulturindustrie" in Nordamerika.

Der intendierte Universalismus des sozialgeschichtlichen Aufklärungsbegriffs verbindet Ansätze, die zwar in der Aufklärung des 18. Jahrhunderts allesamt entwickelt worden sind, die aber in diesem umfassenden Zusammenhang das Selbstverständnis der einstigen Epoche erheblich übersteigen. Progressive Universalisierung ist nicht das Ziel der Aufklärung, sondern das der Romantik, genauer gesagt: der Frühromantik. Die Väter der sozialgeschichtlichen Betrachtungsweise – auch der Kritischen Theorie – sind nicht Newton, Thomasius, Wolff und Mendelssohn, sondern Kant, Fichte, Hegel und Marx. Die Schaltstelle als Dreh- und Angelpunkt zwischen Aufklärung und Frühromantik ist die Transzendentalphilosophie. Indem sie Kritik an der aufklärerischen Vernunft betreibt (Kant), schafft sie die Grundlage für die idealistische Philosophie (Fichte) als Fundament der Frühromantik. So wie diese sich als Kritik und Fortsetzung der Aufklärung versteht, so führt auch der sozialgeschichtliche Begriff von Aufklärung diese über sich hinaus und steuert sie in Richtung des frühromantischen Prinzips der Universalität. Frühromantisches (Fr. Schlegel, Novalis) und sozialgeschichtliches Denken verbindet die Tendenz zur Grenzen aufhebenden

Ausweitung des Blickfeldes und der Blickweise. So wie Schlegel in der „progressiven Universalpoesie" die Trennung beseitigt sehen möchte zwischen den einzelnen Gattungen, zwischen Kunst und Theorie, Artistik und Gottesdienst, Himmel und Erde, so will sich auch die sozialgeschichtliche Sicht nicht eingrenzen lassen auf Teilbereiche wie Religion, Einzelwissenschaften, Ideelles usw., sondern strebt nach umfassender Totalität der Erscheinungen. Die Gemeinsamkeit ist allerdings in erster Linie eine formale und betrifft weniger die Inhalte, die im Prozeß der Ausweitung eingeholt werden sollen: Für die Frühromantiker sind es gegenüber der Aufklärung des 18. Jahrhunderts vor allem die bisher vernachlässigten Phänomene des Unerklärten und Unerklärbaren, des Wunderbaren und Jenseitigen; für die Sozialgeschichte ist es der Bereich aller auf den Menschen bezogenen überprüfbaren Erscheinungen, der gesamtgesellschaftliche Zusammenhang.

Wenn Aufklärung im Sinn der Sozialgeschichte sich in der Frühromantik fortsetzt und erweitert, dann wird diese nicht mehr als Reaktion gegen Aufklärung, sondern als deren intendierte Perfektion begriffen. Die Auffassung von Kontinuität und Steigerung statt Kontrastierung gewinnt in den letzten Jahren immer mehr an Boden. Sie stützt sich auf unübersehbare Affinitäten zwischen Schlegel und Novalis auf der einen und dem Zeitalter Lessings auf der anderen Seite. Hierzu gehören zum Beispiel das Prinzip der historischen Progression; das enzyklopädische Interesse; die Idee der Perfektibilität; der Primat der Theorie und Kritik vor der poetischen Produktion; die Neigung zum Fragmentarischen, die Fr. Schlegel auch bei dem hochgeschätzten Lessing findet und bewundert; die Verbindung von Poesie und Wissenschaften (die Philologien bei den Schlegels, die Montanistik im ›Ofterdingen‹); die Tendenz zur Mathematisierung, sogar in den utopischen Entwürfen; die Verwandtschaft von „Perfektibilität" und „Progressivität" mit Begriffen der Infinitesimalrechnung. Mythos und Mathematik sollen keine Feinde mehr sein, damit Mathematik nicht in Mythos zurückschlägt. Der Übergang von der Aufklärung zur Frühromantik ist der erste bedeutsame Schritt auf dem Wege zur progressiven Universalisierung.

Das Verhältnis von Aufklärung und Frühromantik findet seine Analogie in der Konfrontation, aber auch in der Kontinuität von Hermeneutik und Dekonstruktivismus, wobei Horkheimer/Adornos ›Dialektik der Aufklärung‹ als Drehscheibe zwischen den scheinbar unversöhnlichen Seiten fungiert. Ohne die tiefreichenden Brüche und Risse verharmlosen zu wollen, läßt sich sagen, daß die archäologische Rekonstruktion zwar einerseits zu einer Dekonstruktion rationalistischer Positionen führt, daß sie aber andererseits zu einer Radikalisierung der aufklärerischen Bewegung als eines unabschließbaren Prozesses (Stichwort: Frühromantik) führen kann, wie vor allem Derridas Eingeständnis (vgl. Ende des vorigen Kapitels) mit aller Deutlichkeit zeigt. Mag die Entmachtung der Signifikate den Vorwurf der Beliebigkeit und der Preisgabe des hergebrachten Subjektbegriffs provozieren, so kann sie dennoch dazu dienen, die menschlichen Bedürfnisse, nicht zuletzt die des Leibes, von der Präformation fester Bedeutungen, vorgeblich gültiger Werte und Wahrheiten zu befreien. An die Stelle des Systems tritt das Spiel.

Literatur

Barnard, Fredrick M.: Zwischen Aufklärung und politischer Romantik. Eine Studie über Herders soziologisch-politisches Denken. Berlin 1964.
Behler, Ernst: Kritische Gedanken zum Begriff der europäischen Romantik. In: Die europäische Romantik. Frankfurt a. M. 1972, S. 7–43.
Brunschwig, Henri: Gesellschaft und Romantik in Preußen im 18. Jh. Die Krise des preußischen Staates am Ende des 18. Jh. und die Entstehung der romantischen Mentalität. Berlin 1975.
Engell, James: The Creative Imagination. Enlightenment to Romanticism. Cambridge/Mass., London 1981.
Funk, Philipp: Von der Aufklärung zur Romantik. Studien zur Vorgeschichte der Münchener Romantik, München 1925.
Görte, Erna: Der junge Tieck und die Aufklärung. (Berlin 1926) Neudr. Nendeln/Lichtenstein 1967.
Jenisch, Erich: Die Entfaltung des Subjektivismus. Von der Aufklärung zur Romantik. Königsberg 1929.
Krauss, Werner: Französische Aufklärung und deutsche Romantik. In: Perspektiven und Probleme. Zur französischen und deutschen Aufklärung und andere Aufsätze. Neuwied 1965, S. 266–284.
Peter, Klaus: Stadien der Aufklärung. Moral und Politik bei Lessing, Novalis und Friedrich Schlegel. Wiesbaden 1980.
Schanze, Helmut: Romantik und Aufklärung. Untersuchungen zu Friedrich Schlegel und Novalis. (1966) 2. Aufl. Nürnberg 1976.
Schröder, Winfried: Die Präromantiktheorie. Eine Etappe in der Geschichte der Literaturwissenschaft. In: Weimarer Beiträge 12 (1966), S. 723–764.
Söter, István: Lumières et Romantisme. In: Acta litt. Acad. Scient. Hungar. 12 (1970), F. 1/2, S. 3–36.
Sudhof, Siegfried: Von der Aufklärung zur Romantik. Die Geschichte des „Kreises von Münster". Berlin 1973.
Träger, Claus: Ideen der französischen Aufklärung in der deutschen Romantik. In: Weimarer Beiträge 14 (1968), S. 175–186.
Vajda, György M.: Le tournant du siècle de lumières. 1760–1820. Les genres en vers des lumières au romantisme. Budapest 1982.

ALLGEMEINE LITERATUR ZUR AUFKLÄRUNG

Bibliographie

Allen, Robert R., u. a.: The Eighteenth Century. A Current Bibliography. Philadelphia 1978.
Aufklärung: Interdisziplinäre Halbjahreszeitschrift zur Erforschung des 18. Jh. und seiner Wirkungsgeschichte. Hrsg. in Verbindung mit der Deutschen Gesellschaft für die Erforschung des 18. Jh. Hamburg 1986.
Grotegut, E. K., G. F. Lenaux: Das Zeitalter der Aufklärung. In: P. Stapf: Handbuch der deutschen Literaturgeschichte. 2. Abt.: Bibliographien. Bd. 6. Bern, München 1974.
Hadley, M.: Romanverzeichnis: Bibliographie der zwischen 1750 und 1800 erschienenen Erstausgaben. Bern, Frankfurt a. M. 1977.
Internationale Bibliographie zur deutschen Klassik. 1750–1850. F. 27/28, Bd. 1.2 F. 29/30, Bd. 1.2 (Weimar). Nationale Forschungs- und Gedenkstätten der klassischen deutschen Literatur in Weimar.
Lorenz, Stefan: Bibliographie deutschsprachiger Arbeiten zur Philosophie im 18. Jh. 1982–1985. In: Das achtzehnte Jahrhundert 10 (1986), S. 64–80.
Raabe, Paul: Einführung in die Bücherkunde zur deutschen Literaturwissenschaft. 10., durchges. Aufl. Stuttgart 1984.
Zimmermann, H.: Roman und Revolution: Bibliographische Forschungen zur politischen Erzählliteratur der deutschen Spätaufklärung. Jb. f. Internationale Germanistik 18, 1 (1988), S. 126–140.

Organisationen, Publikationsorgane und Sammelwerke zur Erforschung des 18. Jh. und der Aufklärung

(Einzeltitel sind in den Literaturangaben zu den jeweiligen Kapiteln nicht in allen Fällen nachgewiesen.)

Das achtzehnte Jahrhundert. Mitteilungen der Deutschen Gesellschaft für die Erforschung des 18. Jh. Marburg 1977 f.
The Age of the Enlightenment. Studies presented to Theodore Besterman. Ed. by W. H. Barber (u. a.). Edinburgh, London 1967.
Annales de la Société Jean-Jacques Rousseau. Genf. Seit 1905. [Bd. 38 erschien 1969–71.]
Best, Otto F. (Hrsg.): Aufklärung und Rokoko. In: Otto F. Best, Hans-Jürgen

Schmitt: Die deutsche Literatur. Ein Abriß in Text und Darstellung. Bd. 5. Stuttgart 1976.
Deutsche Akademie der Wissenschaften zu (Ost-)Berlin. Arbeitsgruppe zur Geschichte der deutschen und französischen Aufklärung (u. a. Werner Krauss). [Publiziert Einzelstudien.]
Deutsche Dichter des 18. Jh. Hrsg. von Benno v. Wiese. Berlin 1977.
Deutsche Vierteljahrsschrift für Literaturwissenschaft und Geistesgeschichte (DVjs), Sonderh. „18. Jh." 1975.
Diderot-Studies. Hrsg. v. O. E. Fellows (u. a.). Genf. Seit 1949. [Bd. 18 erschien 1977.]
Dix-huitième Siècle. Revue annuelle publiée par la Société française d'Étude du XVIIIe siècle avec le concours du C. N. R. S. Paris. Seit 1969. [Bd. 7 erschien 1975.]
Enlightenment Essays (EE). Chicago. Jährl. seit 1970.
Eighteenth-century Life. Pittsburgh, Pa. 1 (1975).
Europäische Aufklärung. Herbert Dieckmann zum 60. Geburtstag. Hrsg. von Hugo Friedrich u. Fritz Schalk. München 1967.
Europäische Aufklärung. Hrsg. von Walter Hinck. 1. Teil. In: Neues Handb. der Literaturwiss. Bd. 11. Frankfurt a. M. 1974.
Études sur le XVIIIe siècle. Univ. libre de Bruxelles. 1 (1974). [Als Hrsg. erscheint eine «Groupe d'études du XVIIIe siècle».]
Fabian, Bernhard, Wilhelm Schmidt-Brüggemann (Hrsg.): Das achtzehnte Jahrhundert als Epoche. Nendeln 1978.
Frühsorge, Gotthardt, K. Manger, K. Strack (Hrsg.): Digressionen: Wege zur Aufklärung. Festschr. f. P. Michelsen. Heidelberg 1984.
Institut et Musée Voltaire. Genf. [Publiziert:] Studies on Voltaire and the Eighteenth Century. Hrsg. von Theodore Besterman [dem Direktor des Instituts]. Bisher über 100 Bde. in unregelm. Reihenfolge. Ab Bd. 85: Banbury/Oxfordshire (The Voltaire Foundation).
Killy, Walther (Hrsg.): 18. Jh. Texte und Zeugnisse. In: Walther Killy (Hrsg.): Die deutsche Literatur. Texte und Zeugnisse. Bd. 4. München 1983.
Kimpel, Dieter (Hrsg.): Mehrsprachigkeit in der deutschen Aufklärung. Hamburg 1985.
Kopitzsch, Franklin (Hrsg.): Aufklärung, Absolutismus und Bürgertum in Deutschland. 12 Aufsätze. München 1976.
Lessing-Akademie. St. 1971 in Wolfenbüttel (mitbegr. u. a. von Paul Raabe). Publiziert: Wolfenbütteler Studien zur Aufklärung. Hrsg. von Günter Schulz. Jährl. seit 1974. Bisher 3 Bde. (In Bd. 1, 1974, S. 331–338 über die Akademie und ihre Aufgaben).
Lessing Society (LS). Bis 1974: American Lessing Society. [Fördert Untersuchungen, Vorlesungen etc.; publiziert an der Univ. of Cincinnati:] Lessing-Yearbook. Lessing-Yearbook. Bd. I – Bd. XIX. München 1969–1987.
Lessing und die Zeit der Aufklärung. Vorträge gehalten auf d. Tagung d. Joachim Jungius-Ges. d. Wiss. Hamburg am 10./11. 10. 1967. Göttingen 1968.

McMaster-Univ.-Ass. for 18th-Century-Studies. Hamilton/Ontario (Kanada). [Tritt als Hrsg. von Einzelstudien auf. Bd. 1 erschien 1971.]

Millenbrock, Heinz-Joachim (Hrsg.): Europäische Aufklärung. In: Klaus v. See (Hrsg.): Neues Handbuch der Literaturwissenschaft. Bd. 12. Wiesbaden 1984.

Naumann, Dietrich: Aufklärung, Romantik, Idealismus. In: Ders.: Literaturtheorie und Geschichtsphilosophie. T. 1 Bd. 1 Stuttgart 1979.

Pütz, Peter (Hrsg.): Erforschung der deutschen Aufklärung. Königstein 1980.

Raabe, Paul, Wilhelm Schmidt-Brüggemann (Hrsg.): Aufklärung in Deutschland. Bonn 1979.

Rasch, Wolfdietrich: Zum Verhältnis der Romantik zur Aufklärung. In: Ernst Ribbat (Hrsg.): Romantik. Ein literaturwissenschaftliches Studienbuch. Königstein 1979, S. 7–21.

Rilla, Paul: Lessing und sein Zeitalter. München 1977.

Sauck, Gerhard, Jochen Schlebach (Hrsg.): Aufklärungen. Frankreich und Deutschland im 18. Jh. Heidelberg 1986.

Schmidt, Jochen (Hrsg.): Aufklärung und Gegenaufklärung in der europäischen Literatur, Philosophie und Politik von der Antike bis zur Gegenwart. Darmstadt 1989.

American Society for Eighteenth-Century-Studies (ASECS). An der Univ. of Pennsylvania. [Seit 1969. 1976: 1800 Mitglieder, darunter knapp 100 Universitäten der USA. Interdisziplinär.] Publiziert (1) als Mit-Hrsg.: Eighteenth-Century-Studies. An Interdiscipl. Journal. Publ. by the Univ. of Calif., sponsored by the Amer. Soc. for Eighteenth-Century-Studies seit 1967. Bd. 8 ersch. 1974/75. [Für die einz. hist. u. literaturwiss. Disziplinen jeweils Berater, für die deutsche Literatur Ruth Angress, Virginia.] (2) publiziert die Gesellschaft bzw. ist beteiligt an: The Eighteenth Century: A Current Bibliography. Jährl., in: Philological Quarterly (PQ) mehrere hundert Seiten. (3) Studies in Eighteenth-Century Culture. Jährl. seit 1971. [Außerdem jährl. Versammlungen, interne Nachrichten.]

Tijdschrift voor de studie van de Verlichting. Bruxelles. Jährl. seit 1973. [In Bd. 1, 1973, S. 1–435 u. Bd. 2, 1974, S. 1–82 Acta van het Colloquium Utopie, Kritiek en Verlichting.]

Transactions of the 1st internat. Congress on the Enlightenment. Genf 1963 (= Studies on Voltaire and the Eighteenth Century 24–27).

Transactions of the 2nd internat. Congress on the Enlightenment. Genf 1967 (= Studies on Voltaire and the Eighteenth Century 55–58).

Transactions of the 3rd internat. Congress on the Enlightenment. Genf 1972 (= Studies on Voltaire and the Eighteenth Century 87–90).

Wessels, Hans-Friedrich (Hrsg.): Aufklärung: Ein literaturwissenschaftliches Studienbuch. Königstein 1984.

Wolfenbütteler Studien: s. Lessing-Akademie.

Zeitgeist der Aufklärung. Im Auftr. d. Ges. f. Geistesgeschichte. Hrsg. von Hans-Joachim Schoeps. Paderborn 1972.

NAMENREGISTER

Abbt 16. 17. 127
Abel *142*. 157
Adelung 12. 17. 21
Adorno 41. 42. 73. 134. *138*. 156. 159. 167. 179. 180. 182. 183. 187. 189. 190
Aikin-Sneath 104
Albert 157
Albertsen 109
Albrecht 100
d'Alembert 53
Alewyn *90*. 94. 96
Alexander 42
Allen 193
Allerdissen 107
Allerhand 61
Allison 37. 43
Altenhein 102
Ammermann 100
Anacker 78
Anaxagoras 168
Andreas 132
Andres *90*. 101
Aner *57*. 58. 61
Anger 94
Angress 195
Antoni *126*. 132
Anz 60. 61
Apel 180. 181
Aretin, v. 44
Aristoteles 53
Arntzen 104. 110
Atkins 111
August der Starke 117
Augustinus 13. 50
Austin 183
Averroës 153

Baasner 107
Bach 117
Bäumler *68*. 69. 77. 78
Bahner 94
Bahr 62
Bahrdt *47*
Balet/Gerhard 134. 135. *154*. 155. 156. 157
Barber 193
Barbeyrac 54
Barnard 191
Barner 94
Barth 36. 43. 48. *58*. 59. 61
Basedow 18
Batteux 100
Baudrillard 186. 188
Bauer, B. *116*. 117. 118. 123. 124
Bauer, R. 115
Baumgärtner 114
Baumgarten 69. 100
Bausinger 61
Bayle 36. 53. 82. 86. 98. 144
Beaujean 115
Beausobre 54
Beck 157
Becker, C. L. *72*. 78
Becker, E. D. 105
Becker, J. 157
Becker-Cantarino 113. 163
Beetz 108
Begemann 94
Behler 191
Behm-Cierpka 108
Bender 100
Benjamin 180
Benz 80. *122*. 123. 124
Berg, E. 113
Berg, F. 65

Berger *81.* 94
Bergfleth 186. 188
Bersier 112
Bertens 186
Best 193
Besterman 193. 194
Beutin 94
Beyer-Fröhlich *55.* 61
Biedermann *117.* 118. 119. 123. 124
Biester 17. *22. 24. 25. 26*
Biesterfeld 112
Birk 102
Blankenburg, v. 17. 93. 105
Bloch 41. 157. 160
Blume 94
Blumenberg *72. 73. 75. 77. 78.* 141
Boas 101
Boccaccio 9. 20
Bodin 81
Bodmer 20. 81. 126
Böckmann *88.* 94. 97
Bödeker 94. 124. 157
Böhi *57.* 61
Boehlen 104
Böhler 104
Boehm *67.* 78
Boehn, v. *119.* 124
Bönig 157
Boeschenstein *90.* 95
Boeschenstein-Schaefer 111
Bössenecker *56.* 61
Boetius 100
Bohnen 37. 43. 95. 108
Bohrer 186
Boileau 84
Bolingbroke 87
Bollacher 61
Boom, van den 104
de Boor 95. 97
Borcherdt 97
Bormann, v. 95. 124
Boussuet 86
Brady 124
Bräuner 105
Brandes 45

Braubach 44
Braunbehrens 132
Brecht, B. 103
Brecht, M. 61
Breitinger 20. 100
Brenner 105
Brinkmann, H. *130.* 131. 132
Brinkmann, R. 103
Brockdorff, v. 78
Brockes 2. 58. 68. 109. 110
Brockmeyer 113
Brown *58.* 61
Brück *51.* 60. 61
Brüggemann, F. 42. 78. *150.* 157
Brüggemann, Th. 114
Bruford 141. 142. 154. 156. 157
Brummack *93.* 103. 110. 111
Brunner 46
Bruno 82
Brunschwig 191
Buch *93.* 114
Büchner 102
Bürger, Chr. 157. 186
Bürger, P. 157. 186
Buhr 45
Burger *81.* 95
Busse *90.* 95

Calvin 81. 150
Campe 17. 21. 95
Carels 111
Carmely 62
Cassirer 7. 66. *70.* 71. 72. 77. 149
Castoriadis 188
Catholy 101. 104
Claudius 123. 148
Cleve 104. 157
Cocalis 157
Colleville 108
Condillac 71. 170
Conze 46
Creed 62

Dahnke 95
Dahrendorf 157

Dann 157
[DDR]-Kollektiv 85. *151*. 153. 156. 157
Dedner *90*. 95
Defoe 107. 150
Deleuze 186
Dell'Orto 114
Derham 58
Derrida 165. 174. *176*. 177. 178. 180. 181. 182. 183. 184. 185. 186. 188. 191
Descartes 2. 12. 13. 14. 20. 27. 67. 70. 82. 168. 174. 177. 179
Deschamps 54
Diderot 87. 94. 95. 97. 144. 180. 194
Dieckmann *57*. 62. 78. *89*. 90. 94. 95. 194
Dilthey *80*. 82. 93. 95
Dithmar 110
Doktor 95
Donner 186
Donnert 156. 157
Dreyfus 185. 186
Dülmen *53*. 60. 62. 157
Düntzer 131

Eberhard *23*
Echnaton 122
Eder 107
Effenberger 158
Ehrensperger *51*. 60. 62
Eibl 108
Elias 124
Empedokles 67
Engel, E. 95
Engel, J.J. *38*. 39. 43
Engell 191
Engelmann 186
Engels, E. 21. 45
Engels, Fr. *135*. 139. 155
Engels, J.J. 115
Engelsing 142. *143*. 149. 156. 158
Epiktet 67
Epikur 118
Erasmus 81
Erb 114
Erdmann 186

Ermatinger 95. *120*. 121. 122. 124
Erning 158
Ewers 114
Ezechiel 27. 42

Fabian 106. 124. 125. 163. 194
Fabricius 58
Faivre *52*. 53. 62
Fauchery 105
Febronius 53
Feldmann 45
Fellows 194
Fénelon 86
Fertig 95. 158
Fetscher *135*. 155. 158
Feuerlicht 111
Feulner 132
Fichte 2. 39. 140. 189
Fielding 107
Fink-Eitel 186
Finsler *119*. 124
Fischer 44
Fittbogen 36. 43
Fleischhauer 109
Flemming 95
Fohrmann 112
Fokkema 186
Fontane *47*. 48. 60
Fontenelle 86
Forget 185. 186
Formey 54
Forssmann *55*. 62
Forst 186
Forster, G. 113
Forster, J.R. 17
Foucault 165. *167*. 168. 169. 170. 171. 172. 173. 174. 176. 183. 184. 185. 188
Frank 167. 181. 184. 187
Franke 44
Franz 67. 78
Freimark 104
Freschi 112
Fresenius 114
Freud 175
Freudenreich 105

Frick 105
Fricke 129. *130*. 131. 132
Friedeburg, v. 187
Friedell *122*. 124
Friederici 104
Friedrich 194
Friedrich II. 22. 38. 41. 44. 48. 85. 117. 119
Frühsorge 95. 102. 194
Frühwald 158
Fuhlrott *90*. 95
Funk 191
Funke *69*. 78

Gabler 158
Gadamer 178. 181
Gaede *88*. 95. 100
Garber, J. 124
Garber, K. 111
Garve 17. 22. *25*. 26. 69. 100
Garvin 187
Gaus 45
Gawlick 42
Gay 96
Gebauer *119*. 124
Gebhardt, B. 44
Gebhardt, W. 105
Gedike 22
Geiger *55*. 62
Geißler 111
Gellert 2. 84. 97. 105. 108. 122. 130. 147
Gerhard 107
Gerth 143. 158
Gervinus 132
Gessinger 158
Geßner 111. 112
Geulen 105
Glarner 158
Glaser 99. 102. 164
Glotz 162
Gnüg 113
Gockel 78
Godfroid *55*. 61. 62
Göbel 43
Göpfert 42. *147*. 158

Görres 97
Gösse 105
Goethe 2. 27. 42. 60. 96. 97. 99. 102. 107. 108. 109. 111. 118. 126. 128. 156. 157. 160
Götte 102
Götz 106
Goeze 37
Goldmann 48. *59*. 62
Gottlob 96
Gottsched 2. 11. 12. 20. 84. 88. 89. 91. 95. 96. 100. 101. 102. 112. 119. 132. 148
Graber 106
Grätz 114
Graevenitz, v. 105. *146*. 156. 158
Graff *50*. 62
Grappin 80
Grasshoff 46
Greiner 60. 61. 115. *135*. 155. 158
Grenz 158
Greschat 62
Grimm, G. E. 96. 111
Grimm, K. 101
Grimminger 96. 158
Grohnert 112
Grotegut 193
Grotius 36
Gründer 62
Gruenter 102
Gryphius 102
Günther. H. R. *56*. 62
Günther, K. 20. 46
Guthke 101. 102. *146*. 158

Haacke *130*. 132
Haas 185
Haaß *53*. 62
Habermas 17. 41. 42. 134. *140*. 141. 143. *144*. 145. *146*. 156. 159. 167. 180. *181*. 182. 183. 184. 185. 186. 187. 188
Hadley 193
Hämmerling 111
Händel 117. 122
Häufl 159

Namenregister

Haferkorn *148*. 156. 159
Hagelweide 20
Haider-Pregler 159
Haller 2. 126
Hamann 83. 99. 126. 127
Hampson 124
Handke 103. 176
Hansen 104
Harsdörffer 11. 20
Hartinger *142*. 159
Hartmann 159
Hartung 44
Hasubek 110
Hatzig 60
Hauser *150*. 156. 159
Hay *90*. 96
Hazard 36. 43. 69. 80. *86*. 87. 94. 96. 120. 149
Heftrich 62. 104
Hegel 2. 4. *40*. 41. 43. 44. 47. 66. 70. 140. 152. 161. 177. 189
Heidegger 172. 176. 178. 179. 180. 181. 182. 183
Heimpel-Michel 20. 46. *69*. 77. 78
Heine 109
Heinse 52. 84
Heitner 101
Held 124
Henrich 181
Herder 17. *37*. 38. 39. 41. 43. 83. 84. 101. 110. 118. *126*. 127. 128. 130. 131
Hermand 159
Hermann 124. 157. 159
Hermes 17
Herrmann *93*. 100
Hettner 1. *84*. 85. 86. 87. 96. 120. 149. 151
Heyne 17
Hillmann 114
Hinck *92*. 98. 100. 102. 103. 104. 106. 110. 114. 159. 194
Hinderer 109
Hinrichs *56*. 62
Hinske 41. 42. 45. 78
Hinterhäuser 101

Hippel, v. 112
Hirsch, A. 106
Hirsch, E. *59*. 62
Hobbes 71. 144
Hoerner *81*. 96
Hoff 108
Hoffmann, A. 124
Hoffmann, H. *49*. 60. 62
Hoffmann, J. A. 68
Hoffmeister, G. 111
Hoffmeister, J. 43
Hohendahl 107. 112
Hohner 100
Honneth 186. 187
Horch 100
Horkheimer 41. 42. 73. 134. *138*. 139. 156. 159. 167. 183. 189. 190
Hornaday 96
Hubatsch 44
Huber *88*. 96
Hudde 113
Hurrelmann 114
Husserl 182
Hutten, v. 127
Huyssen 102. 187

Ide 159
Iffland 102
Iggers 94
Imdahl 100
Im Hof 159
Inbar 103
Iselin 17. 127

Jacobi 118
Jacobs 102. 106. 107. 111. 114
Jaeger, G. 107
Jäger, H. 111
Jäger, H. W. *93*. 100. 109
Jaumann 159
Jauß *95*. 100
Jenisch 191
Jesus Christus 36. 47
Jørgensen 95
Johannes 21

Jordahn 50. 62
Joseph II. 44
Joswig 108
Jung-Stilling 55. 62
Jungius 64. 194
Just 44

Kästner 17
Kafitz 102
Kahl-Pantis 103
Kahn 108
Kaiser, A. 159
Kaiser, G. 55. 62. 87. 88. 94. 96
Kamper, Dieter 187
Kamper, Dietmar 187
Kant 4. 5. 10. 14. 15. 20. 27. 32. 33. 34. 35. 37. 38. 39. 40. 41. 42. 43. 47. 59. 63. 66. 69. 74. 76. 77. 78. 118. 128. 132. 135. 138. 139. 140. 144. 149. 161. 168. 169. 171. 172. 174. 179. 180. 189
Kantzenbach 55. 61. 63
Kapitza 159
Kayser 106. 110
Kemper, H. G. 108
Kemper, P. 187
Kende 44
Kesselmann 111
Ketelsen 89. 96. 109. 110
Kettler 80. 93. 96
Kiesel 159
Killy 194
Kimpel 105. 106. 108. 194
Kindermann 130. 132. 150
Kittler 187
Klaus 45
Kleinschmidt 105
Kleist 104. 150
Klopstock 81. 84. 85. 97. 109. 119. 121. 132
Kluckhohn 88. 96
Kluge-Götze 20
Knigge 17
Kocka 124
Koebner 102

Koehn 107
Köster 119. 120. 123. 124. 149
Kofler 143. 144. 160
Kohnen 45
Kondylis 78
Konfuzius 153
Koopmann 102. 107. 113
Kopernikus 127
Kopitzsch 194
Kopper 78
Korff 82. 94. 95. 96
Koselleck 46. 143. 144. 160
Koslowski 187
Kotzebue 102
Kovacs 63
Krauss 136. 147. 160. 191. 194
Krebs 102
Kremer 78
Kreuzer 112
Krueger, G. 49. 60. 63
Krüger, R. 122. 123. 124
Küfner 90. 96
Kügel 160
Küntzel 114
Kuon 113
Kurth 106
Kurz 78

Laan, van der 114
Labroisse 96
Lacan 165. 174. 175. 176. 185. 187
Lämmert 101. 105. 162
Lange, K. 96
Lange, S. G. 45
Lange, Th. 112
Lange, V. 90. 96. 100. 106
Langen 46. 55. 63. 88. 97
Laurens 53. 64
Lavater 55. 62
Lecke 159
Lehmann, H. 55. 63
Lehmann, J. 113
Lehmann, U. 46. 81. 97
Leibfried 110. 114

Namenregister

Leibniz 2. 11. 13. 29. 37. 49. 66. 67. 68.
  69. 71. 74. 86. 87. 88. 121. 127. 128.
  129. 180
Leisegang 43
Leiste *69*. 77. 78
Lempp 63
Lenaux 193
Lenfant 54
Lengauer 45
Lenz 103
Lepenies 124
Lessing, G. E. 2. 9. 10. 16. 17. *35*. 36. 37.
  38. 40. 42. 43. 58. 61. 62. 64. 68. 74.
  84. 85. 87. 89. 96. 100. 102. 103. 104.
  110. 111. 114. 118. 119. 128. 129. 131.
  148. 151. 161. 184. 190. 191. 194. 195
Lessing, K. 35
Levie, de 97
Levinas 188
Ley 63. *122*. 124
Lichtenberg 69. 100. 111. 171
Liepe 97
Lindemann 21. 45
Linden 95
Liscow 111
Locke 58. 61. 71. 86. 144
Lodge 187
Loën 105
Löw 187
Lohmeier 112
Lorenz 193
Ludwig XIV. 85
Lübbe 63. *137*. 141. 156. 160
Lühe, von der 100
Lugowski 106
Luhmann *137. 141*. 156. 160
Lukács 114. *136*. 139. 160
Luther 50. 63. 68. 150
Lutz 160
Lyotard 165. *178*. 179. 180. 181. 185.
  187. 188

Maaß 21
Mably 85. 152
Mälzer 160
Mahlmann 46
Maimonides 20. 53. 54
Malebranche 86
Manger 194
Manheim 160
Mann 36. 43
Marck *128*. 131. 132
Marivaux 104
Mark Aurel 67
Markwardt 99. 100
Marquard 75. 77. 79. 187
Martens 15. 21. 45. 63. 109. 111. *147*.
  148. 158. 160
Martini 80. *83*. 87. 94. 97. 100. 109.
  149
Martino 158
Martinson 100
Marx *135*. 139. 140. 152. 155. 189
Mathes 103
Mattenklott 154. 156. 161
Maurer, F. 46
Maurer, M. 97
Maurer, W. 60. 61
May, Karl *47*. 48. 60
May, Kurt 106
Mayer, D. 103
Mayer, H. 161
Mc Carthy 187
Mecklenburg 109
Mehnert 63
Mehring 37. 43
Meier 45. 100
Meinecke 44. *127*. 128
Meiner 41
Meinicke 103
Mendelssohn 16. 17. *18*. 27. *28*. 29. 31.
  32. 34. 35. 42. 54. 62. 69. 77. 79. 99.
  135. 189
Menhennet 161
Merker, N. 97
Merker, P. 98
Merkle *52*. 60. 63
Metz *59*. 63
Meyer, H. *90*. 92. 95. 97
Meyer, R. 103

Meyer-Krentler 108
Michelsen *92*. 95. 102. 103. 106. 194
Millenbrock 195
Miller 108
Milton 11. 20
Mitchell 110
Mithal 107
Mittelstraß *75*. 76. 77. 79
Mittner 97
Möhrmann 113
Moeller, Helmut *142*. 161
Möller, Horst 21. 41. 44. 97
Mönch 125
Mörikofer 132
Möser 126
Mog 97. 100
Moltmann *59*. 63
Montesquieu 96
Moravia 79
Morelly 85. 152
Morgan 36
Moritz 148
Mortier 97
Moser, v. 17. 127. 148
Moser-Rath 111. 115
Moses 163
Motekat 97
Motsch 113
Mühlpfordt 161
Müllenbrock 125
Müller, G. *81*. 94. 97
Müller, Nikolaus 112
Müller, Norbert 104
Münch 159
Muse, H. 161

Nadler *127*. 131. 132. 150
Namowicz *56*. 63. 112
Narr 46. *56*. 63
Nasse 161
Nassen 125
Naumann, D. 112. 195
Naumann, H. 132
Neisser 56. 63
Nemoianu 112

Nero 27
Newald 80. 95. 97
Newton 66. 70. 71. 82. 85. 86. 99. 189
Nickisch 113. 161
Nicolai 12. 16. 18. 21. 22. 40. 44. 45. 148
Nicolson *84*. 97
Niesz 102
Nietzsche 3. 47. 139. 167. 168. 170. 171. 173. 174. 176. 182. 184
Nigg 36. 43
Niggl 113
Nitzsch *49*. 60. 63
Nivelle 100
Noel 110
Nohl 109
Novalis 189. 190. 191
Nyssen 159

Obenauer 132
Øhrgaard 95
Oelmüller *59*. 63. 134. *136*. *137*. 156. 161. 167
Oesterle 114
Oetinger 65
Offe 187
Oncken 44
Opitz 84. 105. 150. 162
Orlowski 107
Osinski 188
Ost 21. 45

Pace 125
Pälmer *130*. 132
Pascal 113
Paul 79
Paulsen 162
Paulus 50
Paustian 109
Peil 45
Peirce 182
Penz 79
Perels 109
Pestalozzi 109
Peter 191
Petig 63. 111

Namenregister

Petriconi *90*. 97
Philipp *58*. 63
Picard 108
Picht *59*. 61. 64
Piechotta 112
Pikulik *90*. 97. 103. 161
Pirandello 103
Platon 13. *67*. 176
Ploss 161
Polheim 114
Poliakov 64
Pope 70. 87
Popper *137*. 138. 139. 157. 161
Poser 106
Prignitz 132
Prinsen 112
Promies *89*. 94. 97
Prüsener 161
Prutz *126*. 131. 132
Pütz *56*. 64. 90. *97*. 102. 109. 195
Pyra 81

Raabe 45. 162. 193. 194. 195
Rabener 111
Rabinow 185. 186
Radandt 98
Rahner 53
Rajchman 188
Rasch *80*. 98. *129*. 131. 132. 195
Raub 64
Raulet 187. 188
Reh 162
Reichert 112
Reichmann *88*. 98
Reijen, van 162. 187
Reill 79
Reimarus 36. 37. 42. 58
Reinalter 162
Reinhold 17. 77
Reitz 163
Rendtorff 59/60. *60*. 61. 64
Rengstorf 62
Resewitz 17
Ribbat 195
Richardson 86. 103. 107. 108. 147

Richter, E. 54. 60. 64
Richter, K. 109
Richter, L. *67*. 77. 79
Le Rider 188
Rieck *146*. 162
Riedel 162
Riem 47
Rietschel 98
Rietzschel, E. 162
Rietzschel, Th. 162
Rilla 37. 43. 195
Ritschl *55*. 64
Ritter 46
Rössner 101
Rötzer 188
Rohde 11
Rohrmoser *58*. 64
Rommel 106
Rorty 188
Rosenthal *88*. 98
Rotenstreich 62
Rothacker 132
Rousseau 85. 86. 108. 123. 152. 174.
    177. 178. 193
Rückert 64
Rüdiger 96
Rüsen 162
Rumpf *149*. 162
Rupp 46

de Sade 139
Sägmüller *52*. 64
Saine 98. *123*. 125
Sallis 188
Salomon 79
Salzmann 69
Saße 102
Sauck 195
Sauder *82*. *90*. 91. 94. 98. 162
Saussure, de 175
Schaaf 110
Schäfer 125
Schaefer 107
Schaer 103
Schalk 46. 62. 194

Schanze 191
Scheffczyk 64
Scheffers 162
Schellong 48. *58. 59.* 61. 64
Schenda 162
Schenkel 103
Scherpe 101. 161. 187
Scheunemann 101
Schieder 44
Schiller 2. 63. 99. 103. 118. 128
Schilson 64
Schindler 160
Schings 98. 102. 106. 112
Schiwy 188
Schlaffer 114. 162
Schlebach 195
Schlegel, A. W. 190
Schlegel, F. 3. *39.* 40. 41. 43. 189. 190. 191
Schleiermacher 64
Schlumbohm 162
Schmid-Noerr 162
Schmidt, E. 36. 43. 108
Schmidt, H.-M. 101
Schmidt, J. 98. 195
Schmidt, M. *55. 56.* 64
Schmidt-Biggemann 79. 162
Schmidt-Brüggemann 125. 163. 194. 195
Schmithals 64
Schmitt 194
Schneider, Ferd. J. 83. *84.* 87. 98
Schneider, Franz 147. 149. 162
Schneider, H. 112
Schneider, U. 45
Schneiders *76. 77.* 79. 98
Schnelle *53.* 64
Schnürer *52.* 64
Schöffler 98. *146. 150.* 162
Schöne *55.* 64. *146.* 162
Schönert *92.* 111
Schoeps *54.* 60. 64. 78. 98. 195
Scholder *50.* 60. 64
Scholz 102
Schondorff 132

Schott 65
Schrader 163
Schreiber 102
Schröder, F. L. 102
Schröder, W. 191
Schröter 109
Schütz *51.* 65
Schuhmann 163
Schulte-Sasse 115. 157
Schultze 45
Schulz, Georg-M. 100. 103
Schulz, Günter 194
Schuppenhauer 109
Schusky 114
Schwab *52.* 65
Schwaben 20
Scott-Prelorentzos 104
Searle 183
See, v. 100. 163. 195
Seibert 111
Seiler 50. 51. 62
Selver 103
Semenjuk 45
Seneca 67
Sens 188
Serres 188
Shakespeare 67. 103
Siegrist 98. 110
Simon, J. 188
Simon, J. F. 144
Singer 106
Sloterdijk 188
Smith 62
Sørensen 101. 102
Söter 191
Sokrates 67. 69. 78
Sommerfeld *83.* 84. 98. 105. 127. 132. 155
Sonnenfels 127
Spaemann 187
Spalding 17. 22. *26*
Sparn 65
Spiegel 106
Spindler 65
Spinoza 2. 14. 36. 54. 86

Namenregister

Stackelberg, v. 125. 163
Stahl 92. 107
Stammler 98
Stanitzek 125
Stapf 193
Stebbins 65
Steele 104
Stefanczyk 103
Steffen 114
Steinbach 12. 20
Steinmetz 90. 98. 102. 104
Stemme 56. 65
Stenzel 163
Stephan-Kopitzsch 125
Sterne 92. 106
Stewart 115
Stieler 11. 20
Stockinger 113
Stolpe 98
Strack 194
Stränge 67
Stuke 40. 43. 46. 47. 60
Sudhof 191
Sulzer 69
Suphan 43
Svarez 22. 152
Szondi 103

Tarot 101
Teller 17. 22
Ter-Nedden 103
Tertullian 73
Tetens 67
Thalmann 115
Thielicke 36. 43. 48. 58. 65
Thomas v. Aquin 13
Thomasius 2. 9. 10. 11. 13. 14. 18. *30*. 31. 42. 56. 63. 67. 68. 111. 121. 127. 135. 157. 189
Tieck 191
Toellner 98. 163
Töpsel 52
Toland 36
Topitsch 156. 163
Totok 110

Touaillon 106
Träger 191
Trapp 17
Treichel 92. 109
Treitschke, v. *127*. 128. 131
Troeltsch 57. 58. 65
Tronskaja 93. 111
Turk 187

Ueding 79
Ulrich 110
Unger *83*. 87. *88*. 99
Ungern-Sternberg, v. 125
Uz 109

Vajda 191
Valentin 104
Valjavec 20. 44. *153*. 163
Varga 188
Veit *52*. 60. 65
Venturi *149*. 163
Verweyen 109
Vierhaus 44. 99. 125. *142*. 162. 163
Vierkandt 123. 125. 131
Viëtor *129*. 131. 132
Virilio 188
Voges 106
Voltaire 53. 82. 87. 94. 96. 144. 152. 194. 195
Vontobel 92. 110
Vormweg 188
Voss, E. Th. 108
Voss, J. 163
Voss, J. H. 111. 112
Voßkamp *93*. 101. 105. 106. 113. 163

Wagner, B. 101
Wagner, F. 44. *82*. 99
Wagner, H. L. 103
Wahrenburg 107
Waldberg, v. 109
Waldeyer 159
Walzel 99
Warburton 36
Ward 163

Warde 109
Warning 104
Watson 188
Watt 107
Weber, A. 123
Weber, E. 107
Weber, H.D. 99
Wechssler *128*. 131. 133
Wegmann 99
Wehler 163
Weigl 79
Weimann *136*. 163
Weiss 90. 99
Weiße 16. 114. 148
Wellek *91*. 101
Wellmanns 111
Wellmer 187. 188
Welsch 188
Wernle 65
Wessels 195
Westenrieder, v. *51*. 65
Wetzel 105
Weydt 160
Wezel 100
Wicke 105
Wiedemann 105
Wieland 2. 12. 20. 52. 68. 84. 128. 148
Wierlacher 103. 110
Wiese, v. 80. 93. 99. 125. *129*. 131. 133. 194
Wieser *128*. 131. 133
Wild 163
Wilke, Ch. H. 110
Wilke, J. 45

Wilkinson 99
Willenberg 104
Winckelmann 126
Winter, E. *59*. 65. 157
Winter, H.G. 115
Winter, M. 113
Witte, B. 108
Witte, J. H. 36. 42
Wittgenstein 179
Wittkowski 99
Wittmann, R. 163
Wittmann, W. 163
Wölfflin 154
Wöllner 16. 17
Wolff, A. 99. 152
Wolff, Chr. 2. 14. 17. *29*. 36. 42. 49. 51. 54. 55. 57. 58. 67. 69. 71. 79. 119. 121. 128. 150. 162. 189
Wolff, H.M. 67. *68*. 77. 79. *80*. 90. 99
Wundt 67. 68. 77. 79
Wuthenow 99. 101. 113. 115. 163

Zeim 125
Zelle 101
Zeman 109
Zimmerli 188
Zimmermann, H. 107. 193
Zimmermann, W. *130*. 131. 132. 133
Zinke *52*. 65
Zinzendorf 12. *24*. 67
Žmegač 99
Zöllner 22. 24. *27*. 32. 42
Zorn 164